LOS VERDUGOS Y LAS VÍCTIMAS

MEMORIA CRÍTICA

LAURENCE REES

LOS VERDUGOS Y LAS VÍCTIMAS

Las páginas negras de la historia de la segunda guerra mundial

Traducción castellana de
Antonio-Prometeo Moya

CRÍTICA
BARCELONA

Primera edición: febrero de 2008
Primera edición en esta nueva presentación: marzo de 2025

Los verdugos y las víctimas. Las páginas negras de la historia de la segunda guerra mundial
Laurence Rees

Título original: *Their Darkest Hour*

Av. Diagonal, 662-664, 08034 Barcelona (España)
Crítica es un sello editorial de Editorial Planeta, S. A.

editorial@ed-critica.es
www.ed-critica.es

ISBN: 978-84-9199-728-3
Depósito legal: B. 3.596-2025
Impresión y encuadernación: Arteos Digital
Printed in Spain - Impreso en España

PEFC Certificado
Este libro procede de bosques gestionados de forma sostenible
PEFC
PEFC/14-38-00305
www.pefc.es

Para Helena

Introducción

¿Cómo pudieron los nazis disparar a bocajarro a los niños y mujeres judíos? ¿Por qué los soldados japoneses violaron y mataron a una escala tan monstruosa durante la guerra? ¿Cómo pudo soportarse el infierno de un campo de exterminio nazi?

Durante casi veinte años he tratado de encontrar la respuesta a estas preguntas y a otras parecidas, hablando con cientos de personas que vivieron la segunda guerra mundial. Me interesaba en particular la motivación de los responsables —los que cometieron atrocidades—, aunque también conocí a muchas víctimas suyas y a otras personas que tuvieron que tomar decisiones difíciles, a veces descabelladas, durante la guerra.

En el curso de mis investigaciones viajé de Japón a los países bálticos, de Polonia a Estados Unidos, de Alemania a Borneo y de Italia a China. He conocido a violadores, asesinos y caníbales. He hablado con soldados que se comportaron heroicamente, con supervivientes de las peores atrocidades imaginables, incluso con un hombre que mató a tiros a niños de corta edad. He sostenido centenares de entrevistas, de varias horas cada una, y todas se filmaron.

Aproveché parte de este material para una serie de documentales de televisión sobre la guerra (y para los libros que los complementaban), dejando en el tintero, sin embargo, la mayor parte de la información. Así que volví a analizar detenidamente todas las transcripciones (más de siete millones de palabras, aproximadamente un centenar de libros como el presente), con intención de escribir una serie de ensayos sobre los treinta y cinco individuos más singulares que conocí durante mis viajes.

Este método me permitió incluir en ellos información inédita hasta entonces, del mismo modo que su publicación en este libro me permite ahora incluir entrevistas no publicadas hasta la fecha, en particular las sostenidas con Hiroo Onoda, Nigel Nicolson, Maria Platonov, Fritz Hippler y Kristina Söderbaum. Gracias al nuevo formato puedo introducir mi propio punto de vista, algo imposible en la modalidad narrativa anterior.

Mientras entrevistaba y preguntaba a personas que habían vivido experiencias totalmente ajenas a mí, también yo me formulaba preguntas. Y la primera que me parecía de rigor era muy sencilla: qué habría hecho yo en las mismas circunstancias. Lógicamente, no lo podía saber. Si hubiera estado en aquellas circunstancias, no sería la persona que soy actualmente, puesto que todos estamos más o menos determinados por la época en que vivimos. Pero para interpretar la historia debemos imaginar el pasado y recrear las circunstancias que vivieron las personas reales. También podemos, con ayuda de la imaginación, situarnos en el contexto histórico concreto y preguntarnos cómo seríamos en esa situación y qué decisiones habríamos tomado.

El pasado no es un mundo ajeno a nosotros. Es posible que sus habitantes «obraran de otro modo», pero eso es porque las circunstancias eran diferentes, no porque ellos fueran diferentes en tanto que seres humanos con necesidades y motivaciones. La psicología humana no ha cambiado en los últimos milenios (y menos desde la segunda guerra mundial), lo que quiere decir que las personas que afrontaron los dilemas y problemas que se describen en este libro eran básicamente idénticas a nosotros: en realidad, eran nuestros padres y nuestros abuelos. Creo, pues, que podemos aprender mucho preguntándonos qué habríamos hecho nosotros.

Algo fundamental, naturalmente, fue acoger las declaraciones de los entrevistados con cierto escepticismo, sobre todo porque hablaban de acontecimientos sucedidos hacía mucho. Antes de proceder a las filmaciones investigamos en profundidad a todos los entrevistados y comprobamos si sus testimonios eran coherentes y si coincidían con otra documentación de la época, por ejemplo, con los diarios de guerra de las diversas unidades militares afectadas. Cuando teníamos dudas sobre la veracidad básica de las declaraciones de un posible testigo, no filmábamos la entrevista.

A diferencia de las entrevistas pensadas para reconstruir la historia oral, las que filmé giraron alrededor de unos cuantos temas básicos. Había dos motivos. Primero, me di cuenta de que cuando nos concentrábamos en episodios concretos obteníamos respuestas más provechosas que cuando tratábamos de perfilar una vida completa; segundo, este procedimiento nos permitía investigar mejor la coherencia interna de lo que se nos estaba contando.

Como es lógico, hay que preguntarse hasta dónde podemos esperar que recuerde la memoria humana después de los años transcurridos. Aquí quisiera hacer una puntualización que creo importante. Cuando se entrevista a una persona a propósito de datos aparentemente secundarios, como el nombre exacto de todos sus compañeros de entonces, es probable que sus respuestas contengan errores. Pero cuando nos concentramos en momentos de gran carga emocional, los recuerdos de muchas personas son detallados y exactos. Creo que es algo que todos sabemos por experiencia. Yo, por ejemplo, no sabría decir qué comí hace cuatro semanas. En cambio, puedo contar con exactitud las circunstancias y emociones que rodearon la repentina enfermedad y muerte de mi madre, hace treinta años. El primer acontecimiento no tuvo importancia para mí; el segundo fue terrible, de los que cambian una vida, y lo recuerdo casi con detallismo fotográfico.

Los historiadores, como es lógico, están obligados a investigar la procedencia de todo su material, y los testimonios orales no son una excepción. Pero como comentaré más abajo, a propósito de las declaraciones de Nigel Nicolson y del envío de miles de yugoslavos hacia la muerte, conviene recordar que los documentos pueden mentir tanto como las personas.

En cuanto al formato del presente libro, la tabla de contenidos indica ya que está dividido en siete secciones. Debo decir, sin embargo, que algunos entrevistados habrían podido estar en varias categorías a la vez. Un individuo que aparece en la sección de los «genocidios», por ejemplo, aparece luego como «prisionero». En estos casos he situado al testigo en la categoría históricamente más importante para él. Creo que ha sido la mejor forma de presentar el material, porque ha permitido hacer comparaciones nacionales que no se han tenido en cuenta hasta hoy. Sin embargo, soy el primero en reconocer que el principal valor de las declaraciones es la experiencia individual concreta.

Conocer a estas personas ha cambiado mi concepción del mundo. Es posible que hablaran sobre el pasado, pero creo que lo que dijeron tiene valor para el futuro.

Laurence Rees
Londres, julio de 2007

Primera parte
GENOCIDIOS

En la segunda guerra mundial murieron más de sesenta millones de personas, más que en ningún otro conflicto bélico de la historia. Que fuera posible una carnicería tan elevada se debió a la capacidad de los modernos métodos de matar. Dos de las tres historias personales de esta sección ejemplifican lo fácil que se había vuelto —tecnológica y psicológicamente— matar personas a gran escala a mediados del siglo XX. Oskar Gröning cuenta que las modernas técnicas de exterminio de Auschwitz le permitieron «aislarse» de los crímenes mientras trabajó en el campo. Y Paul Montgomery habla del efecto «distanciador» de bombardear civiles desde el aire.

Es un material turbador por múltiples razones y no en menor medida porque nos obliga a afrontar el delicado tema de la capacidad humana para matar. ¿Qué ocurre cuando basta apretar el botón que tenemos delante para eliminar a nuestro peor enemigo, a la persona que amenaza nuestra vida? No volveremos a verlo nunca más. No habrá malos recuerdos ni tensiones postraumáticas. En realidad, sería como si no matáramos a nadie. A fin de cuentas, se trata solo de apretar un botón. Paul Montgomery lo planteó con sencillez durante la entrevista cuando dijo que destruir personas lanzando bombas era como jugar a «un videojuego».

Estos modernos métodos no solo permitieron destruir a más personas que nunca y con menos implicación personal de los ejecutores, sino que además hicieron difícil la cuestión de la culpabilidad y la inocencia. No cuesta entender que la tercera persona entrevistada en esta sección, Petras Zelionka, fuera considerada culpable de homicidio. Estaba frente a sus víctimas y apretó el gatillo. En consecuencia, al terminar la guerra fue condenado a pasar veinte años en un campo de prisioneros. Pero ¿y Oskar Gröning? Trabajó en una oficina de Auschwitz clasificando dinero. No mató a nadie directamente, aunque contribuyó al buen funcionamiento de la fábrica de muerte que fue Auschwitz.

Al igual que otros miles de SS que trabajaron en Auschwitz, Gröning no fue acusado de ningún delito: no hubo ningún castigo para el 85 % de los SS que trabajaron allí. Esto se debió fundamentalmente a que las autoridades jurídicas de casi todos los países llegaron a la conclusión de que la mayoría de los SS de Auschwitz no cometió personalmente ningún homicidio: la culpable fue la tecnología. Y no se puede llevar a juicio a las cámaras de gas. Todo lo cual nos conduce a la siguiente pregunta: ¿significa esto que nadie será culpable de nada si un Estado organiza en el futuro una forma totalmente mecanizada de exterminio?

Las declaraciones que siguen plantean otra cuestión relativa a la culpabilidad y la inocencia. Los nazis de la época y otras personas en fecha posterior han aducido que hubo cierta equivalencia entre el exterminio de judíos en las cámaras de gas y el exterminio en masa de japoneses y alemanes por los bombarderos aliados. El mismo Oskar Gröning alude a este supuesto parecido. Es una cuestión polémica que analizo al final de mi comentario sobre Gröning.

Ninguno de estos problemas tiene solución fácil. Pero las preguntas que nos plantean son fundamentales para el juicio que nos formemos sobre la legalidad y la moralidad de la guerra.

1

Paul Montgomery y el bombardeo total de los japoneses

Tengo la sospecha de que soy la persona viva que ha conocido a más genocidas de la segunda guerra mundial: japoneses, alemanes, norteamericanos y ciudadanos de la antigua Unión Soviética. Es un mérito dudoso y nunca ha figurado entre los objetivos de mi existencia. Pero me ofrece la oportunidad de hacer juicios comparativos.

Y uno de los hallazgos más sorprendentes fue que casi todos los implicados en las matanzas de hombres, mujeres y niños vivían prácticamente libres de preocupaciones al respecto. Veamos, por ejemplo, el caso de Paul Montgomery.

Lo entrevisté en 1999 en su granja del Medio Oeste. El paisaje era de ensueño. La granja estaba rodeada de verdes prados y se llegaba a ella por una larga carretera comarcal. Llevaba muchos años felizmente casado con su mujer y entre los dos habían fundado una gran familia con hijos, nietos y bisnietos. La casa era un lugar tranquilo y alegre.

Paul Montgomery había sido siempre un ciudadano modelo, sin defectos. Así pues, la idea de que este hombre hubiera participado en la matanza de miles de personas resultaba casi inimaginable.

Obviamente, fue la guerra lo que le dio la oportunidad de cometer estos actos. Aunque no solo la guerra, sino también la sección de las fuerzas armadas en la que se alistó, dado que fue aviador de las fuerzas aéreas estadounidenses.

Se alistó poco después de lo de Pearl Harbour y el recuerdo de aquel ataque «a traición» condicionó su postura durante todo el conflicto.

—Empecé a odiar a los japoneses —me dijo— por lo que habían hecho tan furtivamente. Los japoneses habían destruido propiedades nuestras [...] y quería enfrentarme con ellos mucho más que con los alemanes. En Pearl Harbour perdí a algunos amigos y me sentía responsable de ellos.

Que los japoneses hubieran bombardeado Pearl Harbour antes de declarar la guerra a Estados Unidos indignaba a los ciudadanos de este país. Fue un catastrófico error de cálculo de los japoneses. Lógicamente, cualquier país habría reaccionado con furia ante un ataque así, pero en el caso de la reacción norteamericana había un factor añadido. Afectaba a algo muy arraigado en la psique estadounidense, a algo que tenía que ver con la idea casi mítica del «juego limpio» y el «trato justo», fundamental en la concepción que tenían muchos ciudadanos sobre sí mismos y su país.

Este factor hizo que Paul Montgomery y millones de compatriotas suyos participaran en la guerra con el corazón rebosante de odio justificado. Como desde siempre había querido volar, el arma de la venganza que eligió Montgomery fue el bombardero cuatrimotor.

Al principio se enroló en el entrenamiento de pilotos de las fuerzas aéreas, pero como le dijeron que había ya demasiados pilotos, optó por ser operador de radio. Al final lo destinaron a una base aérea de la pequeña isla de Tinian, en el Pacífico, como tripulante de una superfortaleza Boeing B29, el bombardero de mayor capacidad y volumen de la guerra. Su misión era guiar al avión hasta el objetivo japonés y ayudar a los artilleros a que las bombas cayeran donde debían.

Su primer ataque fue contra las refinerías del puerto de Yokohama:

—Después de bombardear el objetivo, volvimos la cabeza y vimos la refinería en llamas y al final pensé que había sido una especie de hazaña.

Hubo otros objetivos industriales (por ejemplo, el complejo de maquinaria pesada de Mitsubishi, en Osaka) y la tremenda capacidad destructora de los norteamericanos no tardó en reducir a escombros todas las fábricas bajo las bombas.

De este modo, Paul Montgomery y sus compañeros se vieron envueltos en una de las operaciones militares más polémicas de la guerra: el lanzamiento de bombas incendiarias sobre ciudades japonesas.

—Se pensaba que teníamos que reducir no solo su capacidad bélica, sino también su deseo de hacer la guerra. Y así surgió lo de lanzar bombas incendiarias sobre los objetivos más importantes. Empezamos por Osaka, Tokio, Nagoya y todas las grandes ciudades, y las bombardeamos hasta que no quedaron más que escaleras y chimeneas. Destrucción total al ciento por ciento.

Con las lluvias de bombas, los norteamericanos lanzaban también artefactos «antibomberos» que explotaban después para impedir que los bomberos sofocaran las llamas. Estas bombas no eran necesarias, ya que los japoneses no tenían casi capacidad, ni terrestre ni aérea, para repeler aquellos ataques. Los aviones estadounidenses bombardeaban desde las alturas, eran casi inexpugnables, y Paul Montgomery no pasó miedo durante sus misiones.

Los pocos que sobrevivieron a aquellos bombardeos hablan de «tormentas de fuego» y de «gente quemada viva». Las casas japonesas de madera y papel se consumieron en el acto y las granizadas de bombas aniquilaron comunidades enteras. En el bombardeo que sufrió Tokio la noche del 9 al 10 de marzo de 1945 murieron alrededor de cien mil japoneses, más que en Hiroshima o Nagasaki bajo las primeras bombas atómicas de la historia.

—Por decirlo lisa y llanamente, no lo lamenté —dijo Paul Montgomery—. Cumplí veintiún años aquel verano de los bombardeos. La verdad es que deseaba que se acabara la guerra, quería volver a mi casa. Y si me decían que bombardeara algunas ciudades, iba y bombardeaba ciudades.

Admitía abiertamente que allá abajo, sufriendo en medio de la devastación, «debía de haber mujeres y niños, es verdad», pero seguía pensando que «solo hice lo que me dijeron que hiciera para contribuir a la guerra».

Estas palabras hacen que Paul Montgomery parezca un hombre irreflexivo. Pero no es así. Cada vez que yo le preguntaba se esforzaba por indagar en sus sentimientos y por responder con sinceridad. En cierto modo era como si aún le costase darse cuenta, a nivel emocional, de que había participado en una operación militar que acabó con la vida de millares de mujeres y niños. Hasta cierto punto se debía a que había sido un tripulante más del avión, a que había formado parte de un grupo. Así era imposible concretar a cuántas personas había matado cada uno. Además, él mismo dio otra razón, más importante aún, de que le afectara tan poco la destrucción que había contribuido a producir:

—No es como clavarle la bayoneta a otro, ¿no cree? Matar a distancia no produce ese efecto desmoralizador que sentiría si en el curso de un combate le hundiese la bayoneta a otro en el estómago. Es diferente. Es un poco como hacer la guerra a través de un videojuego.

Yo creo que este «distanciamiento» es clave para entender por qué un hombre de aspecto «normal» puede participar en el exterminio de mujeres y niños a gran escala y no sufrir ninguna consecuencia psicológica. Los modernos métodos de matar no solo permiten exterminar a más personas que nunca, sino que además facilitan psicológicamente el trabajo de los ejecutores. Es casi seguro que matar a una sola persona con un hacha de piedra era más difícil para nuestros antepasados que para Paul Montgomery y sus compañeros exterminar a miles con bombas desde seis mil metros de altitud.

Esta facilidad para matar venía potenciada de un modo explosivo por la sensación de obrar justamente que tenían los tripulantes de los bombarderos por querer «vengarse» de los japoneses. Los norteamericanos no habían iniciado la guerra, no codiciaban nada que los japoneses poseyeran y pensaban que no les habían dejado más salida que combatir. Los japoneses habían sembrado vientos en Pearl Harbour; ahora recogían las tempestades. Además, muchos combatientes norteamericanos pensaban que luchaban contra personas racialmente inferiores: los chistes gráficos norteamericanos solían representar a los japoneses como simios. Pero Paul Montgomery negaba que entre sus motivos personales figurase el racismo.

—Un hijo mío está casado con una japonesa, de Hawái, y es lo mejor que le ha ocurrido en la vida. No siento ninguna hostilidad en absoluto hacia los japoneses. En aquella época sí, sentía hostilidad hacia el apoyo que daban a la guerra los alemanes y los japoneses [...]. Y estaba resuelto, como todos los demás, a poner fin a la guerra [...]. Y si había que bombardear ciudades civiles, pues se hacía.

Pero durante una misión (durante una sola misión), Paul Montgomery sintió cierta empatía con la gente que había en tierra. Fue durante un ataque a la ciudad de Kuri, en la costa suroccidental de la isla de Honchu. Su avión fue el último en lanzar las bombas. La ciudad ardía a sus pies.

—Kuri ardía con tal intensidad y nosotros volábamos tan bajo que el olor de lo que se quemaba llegaba hasta el avión. Veíamos las paredes metálicas de los retretes exteriores y aquello subía casi hasta nuestra altura [...]. Yo estaba medio asfixiado [...] era un hedor nauseabundo e indescriptible. Como si quemaran orina y excrementos humanos [...]. Fue una experiencia repugnante.

—¿Qué sintió usted al percibir aquel olor?

—No lo sé. Sentí de todo, menos piedad por la gente, no sé por qué. No me preocupaba la compasión. Era así de simple. Yo era joven y estaba muy curtido.

A pesar de haber dicho que no sentía piedad por la gente, el olor a excremento humano que brotaba de las llamas le afectó. Mientras describía el ataque contra Kuri pareció inquietarse por primera vez desde que había comenzado la entrevista. Fue como si todavía se esforzara por borrar el mensaje que le transmitían los sentidos: he aquí la consecuencia de lo que has hecho, el calor infernal, las ruinas de metal y madera, la eliminación de seres humanos de los que no queda más que el olor de su excremento. Las circunstancias del bombardeo de Kuri forjaron sin duda estas emociones en lo más profundo de su ser, emociones que no habían aparecido en los bombardeos anteriores gracias al «distanciamiento».

Es evidente que los mandos sabían que los tripulantes de los bombarderos norteamericanos iban a tener problemas psicológicos, dado que en cuanto volvieron a la base de Tinian e informaron de la misión, un suboficial de vuelo les ofreció un vaso de licor fuerte.

—«No bebo», le dije. Él dijo: «Bebe de todos modos». Y bebí. Y lo que digo es que me tumbó de tal manera que apenas pude volver al cuartel. Me fui a dormir inmediatamente. Y él [el suboficial de vuelo] dijo: «Es para impedir que tengas pesadillas o no concilies el sueño». Y me fui a dormir inmediatamente. Me quedé frito. Es la única vez que he bebido alcohol en toda mi vida.

Las autoridades médicas estaban tan preocupadas por la salud psicológica de los tripulantes de los bombarderos que un miembro del personal médico recorría las filas de camas para comprobar que todos dormían.

—Más tarde nos explicó que era necesario, vital, irse a dormir inmediatamente. Que no nos traumatizáramos cavilando después. Y funcionó. No sentí compasión por los japoneses en ningún momento.

Como ya he señalado, estas expresiones («No sentí compasión por los japoneses en ningún momento») resultan crueles. Sin embargo, apuesto lo que sea a que cualquiera que conozca a Paul Montgomery simpatizará con él. Un rasgo típico de su personalidad fue que, al despedirme, me obligara a llevarme a Londres, para mi familia, un tarro de mermelada casera.

Paul Montgomery me resultó una persona muy curiosa. Admitía libremente haber participado en la matanza de miles de civiles japoneses, hombres, mujeres y niños. Y pese a haberlo hecho, siguió siendo un hombre tranquilo, totalmente en paz consigo mismo.

2

Petras Zelionka y los campos de exterminio nazis

Cuando lo conocí en Kaunas, Lituania, hace unos diez años, Petras Zelionka era un abuelito lleno de arrugas. Pero en el verano y el otoño de 1941 era un joven de veinticuatro años que participó en uno de los peores crímenes de la historia. Zelionka mató a hombres, mujeres y niños judíos durante el vil exterminio que siguió a la invasión alemana de la Unión Soviética.[1]

Filmé una entrevista con él en el escenario de una de las matanzas, la 7.ª Fortaleza de Kaunas. Nos concedió alrededor de una hora, según dijo, mientras su mujer estaba de compras en la ciudad y él esperaba su regreso para volver los dos a casa. Vivían en el campo. Tuvimos mucha suerte de que aceptara someterse a la entrevista.

Lo que yo quería era comprender, hasta donde fuera humanamente posible, por qué había tomado parte en aquel crimen. Y saltaba a la vista que para penetrar en su mentalidad necesitaba conocer el contexto de la matanza.

En Lituania existía una larga y arraigada «tradición» antisemita, basada hasta cierto punto en la envidia que despertaban las riquezas (por lo general imaginarias) de la población judía local, y los acontecimientos que se produjeron un año antes de la invasión alemana fortalecieron este prejuicio. En 1940, el Ejército Rojo invadió Estonia, Letonia y Lituania y entre los ciudadanos locales (entre ellos Petras

Zelionka) corrió el (falso) rumor de que los judíos eran responsables de gran parte de las peores atrocidades de los rusos.

—En términos generales —dice Zelionka— hubo mucha indignación cuando llegaron los rusos, muchos judíos pasaron a ser dirigentes políticos, se integraron en la policía [...] y todos decían que en el departamento de seguridad quienes más torturaban eran los judíos. Ponían unas abrazaderas en la cabeza y apretaban las tuercas, y así torturaban a los maestros y profesores.

Cuando los alemanes invadieron los países bálticos y el resto de la Unión Soviética en junio de 1941, las unidades de exterminio se dedicaron a matar a los varones judíos adultos; luego, durante el verano y comienzos de otoño exterminaron también a las mujeres y los niños. Los nazis estaban motivados sobre todo por el fervor ideológico: ¿cómo podía crearse en el Este el paraíso ideado por Adolf Hitler si había judíos viviendo allí?

Los alemanes y los colaboracionistas lituanos, como Petras Zelionka, conducían a los judíos al campo, donde se habían abierto grandes fosas. Muchos lugareños seguían por curiosidad a esta lamentable comitiva. Los judíos sabían que iban a morir y rompían los billetes que llevaban en los bolsillos para que sus asesinos no sacaran provecho del crimen. Ya al borde de las fosas, se indicaba a los judíos que se desnudaran. Poco antes de recibir los disparos, algunos, en un rasgo de generosidad, lanzaban a los mirones no judíos un abrigo o una chaqueta de buen paño.

Petras Zelionka admitió que él y sus compañeros sacaban a los judíos de las aldeas o los guetos, los conducían hasta las fosas, los desnudaban y apretaban el gatillo:

—Todo rápido y sencillo. Sin ceremonias, nada. Los dábamos por desaparecidos y punto. [A veces, poco antes de recibir los balazos], al pie de la fosa, alguno gritaba «¡Viva Stalin!». Solo estas travesuras [...]. En ocasiones, cuando pienso en la historia de mi vida, se podría escribir todo un libro. Se leería hasta la última página [...]. Puede que la gente lo entendiera, pero a lo peor no.

Zelionka contó también que él y sus compañeros solían estar borrachos cuando disparaban a los judíos: el alcohol desempeñó un papel importante en las matanzas.

—Cuando se toman unos tragos, todo el mundo es más decidido.

Al final de una jornada de matanzas él y sus compañeros volvían a la base militar lituana.

—Cuando volvíamos al cuartel, nadie nos prestaba particular atención. Nos daban vodka; podíamos beber todo el que quisiéramos [...]. Si me lo daban, lo bebía.

Zelionka bebía después de cada matanza, entre otras cosas para «eliminar» las «desagradables» imágenes que le quedaban en la memoria.

Pero el caso es que Petras Zelionka quiso tomar parte en las matanzas: fue un verdugo voluntario. Y aunque cincuenta años después se guardaba mucho de expresar abiertamente su violento antisemitismo, confesó que entre sus compañeros:

—Algunos decían que [los judíos] se lo merecían, que torturaban a otros o ayudaban a torturarlos [...] había muchos que estaban indignados con los judíos. Nos decían lo que habían hecho, que mataban incluso a mujeres [...] otros lo hicieron porque estaban indignados. Los judíos son muy egoístas.

Y aunque, en mi opinión, se esforzó durante la entrevista por ocultar su odio personal por los judíos y por alejarse un poco de las ideas de aquellos «otros» que participaron en las matanzas, hubo momentos en los que me pareció que afloraban a la superficie sentimientos sinceros. Se definía como «lituano de verdad» y no dudaba en señalar que no había matado a otros lituanos, «solo a judíos» (aunque los judíos a los que exterminó también eran de nacionalidad lituana). Y cuando le pregunté si habría matado a lituanos no judíos, se apresuró a responder: «No los habría matado». Admitió asimismo que le preocupaba la posibilidad de que le hubieran indicado que matase a algún «inocente» (es decir, a personas no judías, lo que quiere decir que las mujeres y los niños judíos no eran inocentes, ni siquiera los niños de pecho).

Estimulados por la «indignación» que les producían los judíos «egoístas», los verdugos perpetraban su labor básicamente por odio. Otro motivo era la codicia:

—[Los alemanes] los buscaban [a los judíos] y les quitaban todo el oro que tenían, relojes, etcétera, todo lo que fuese de oro [...]. Nuestro primer suboficial tenía una maleta donde guardaba estos objetos.

Petras Zelionka negó que sacara provecho personal de los robos, pero es evidente que los asesinos estuvieron en condiciones de quedarse con algo, aunque según Heinrich Himmler, jefe supremo de las SS, los «beneficios» de las matanzas debían ser para el Estado nazi.

Cuando la entrevista se acercaba a su fin, y conforme aumentaba su temor de no localizar a su mujer cuando volviera de sus compras, Petras Zelionka nos dio dos claves misteriosas en relación con sus motivos para participar en las matanzas. En primer lugar, reveló que le resultaba admisible matar niños, porque sentía una especie de «curiosidad» por saber lo que sucedía cuando apretaba el gatillo.

Es posible que, en principio, «curiosidad» sea una palabra demasiado débil para describir la motivación de un asesino que dispara a un niño a bocajarro. Pero la curiosidad es un factor muy poderoso en nuestra vida. Sin duda es la base de buena parte del progreso humano. Los niños se ponen a gatear porque sienten curiosidad por saber lo que hay en el otro extremo de la habitación, del mismo modo que Cristóbal Colón emprendió su viaje de descubrimiento movido por la curiosidad por saber lo que había al otro lado del Atlántico. La curiosidad puede ser también una fuerza muy tenebrosa. Los mitos y los cuentos maravillosos se han concentrado durante milenios en la capacidad de la curiosidad para vencer a la sensatez. Lo que trajo la desgracia al mundo, según la antigua leyenda griega, fue la curiosidad de Pandora por ver lo que contenía la caja que le habían dado los dioses y que le habían prohibido abrir.

La segunda pista de última hora que nos dio Zelionka a propósito de sus motivos fue una observación que hizo casi por casualidad, en el sentido de que «la juventud es muy impulsiva» y de que, «cuando se es joven, se cometen muchas tonterías». Fue una forma de decir que las matanzas se perpetraron cuando el anciano de pelo blanco era un vigoroso veinteañero. La verdad es que, en la mayoría de los países, los crímenes violentos los cometen principalmente jóvenes que tienen entre dieciocho y veinticinco años, precisamente la franja de edad en la que entraban Petras Zelionka y sus compañeros de matanzas.

Terminada la entrevista, Petras Zelionka fue recibido como una especie de héroe por uno de los oficiales del ejército lituano que nos ayudó en la filmación que hicimos en la 7.ª Fortaleza.

—Usted es periodista —me dijo este militar veinteañero— y no se ha enterado de lo principal. Lo importante no es lo que hicimos a los judíos. Es lo que los judíos nos hicieron a nosotros.

Miró entonces hacia donde estaba Petras Zelionka, que acababa de reunirse con su mujer, y sonrió.

3

Oskar Gröning y la doble vida en Auschwitz

Una de las pocas cosas seguras que he aprendido en este trabajo es que las personas no suelen coincidir con las ideas previas que tenemos sobre ellas. Tomemos por ejemplo a una persona que hubiera podido trabajar en Auschwitz. Imaginemos a un individuo que fuera fanático del nazismo en los años treinta, que ingresara voluntario en las SS durante la guerra y que participara en las matanzas que hicieron de Auschwitz la mayor fábrica de muerte de la historia. ¿A quién tenemos delante? Bien, quienquiera que sea, dudo mucho que se parezca a Oskar Gröning.

Se trata de una de las personas más tranquilas que he conocido. Llevaba gafas y era muy amable. Después de la guerra fue jefe de personal de una fábrica de vidrio. Y no parece que el tiempo que estuvo en Auschwitz le haya quitado el sueño.

Lo conocí en Hamburgo hace un par de años y al verlo le encontré cierto parecido con un tío mío que es escocés y que se ha pasado la vida trabajando en un banco. A semejanza de mi pariente de Glasgow, Oskar Gröning era un ciudadano honrado, bien vestido y muy respetable.

No me extrañó que Oskar Gröning me recordara a mi tío, ya que también él había trabajado en un banco antes de la guerra. Gröning no fue nunca un hombre de acción y su única ambición fue que lo considerasen un miembro útil de la sociedad. Pero la sociedad en que vivió durante sus años de aprendizaje fue la creada por los nazis, y Gröning hizo suyos sus valores.

Cuando estalló la guerra tenía dieciocho años y quiso ingresar en una unidad de élite del ejército (le influyó mucho la historia de su familia, ya que un abuelo suyo había sido corneta de un regimiento de caballería), así que, a pesar de que era miope, presentó una solicitud para ingresar en las SS. Tuvo suerte y le dieron un destino administrativo en el sur de Alemania.

En 1942 lo destinaron a otro lugar, a un campo de concentración del Este que se llamaba Auschwitz. Nunca había oído este nombre, aunque, como es lógico, sabía de la existencia de campos de concentración donde se vigilaba y castigaba a los «enemigos internos del país».

Cuando llegó al principal campo de Auschwitz, junto al río Sola, en el sur de Polonia, pensó que se trataba de un campo de concentración «normal». Fue destinado al «departamento económico» del campo, para guardar el dinero que llevaban los internos al llegar y que él pensaba que les devolverían cuando salieran. Solo cuando le dijeron que el dinero que se quitaba a las multitudes de judíos que llegaban al campo «no iba a ser devuelto», se dio cuenta de que Auschwitz no era un campo de concentración «corriente».

Le explicaron que estaban «reduciendo» y «librándose» de los judíos que no podían trabajar. Preguntó qué significaba exactamente «librarse» de ellos, y cuando le dijeron que significaba exterminarlos, no quiso creerlo. No comprendió la verdad de lo que ocurría hasta que vio en persona que llegaba un cargamento de judíos y a unos se les seleccionaba para trabajar y a otros para morir inmediatamente en las cámaras de gas de Auschwitz/Birkenau.

Enterarse de lo que sucedía le supuso «una conmoción», según sus propias palabras.

—No olvidemos, sin embargo, que desde 1933 e incluso antes, cuando yo era un niño, la propaganda de la prensa y la radio repetía que el judaísmo, en Alemania, sobre todo, había sido la causa de la primera guerra mundial y de la «puñalada trapera» [la leyenda que acusaba a los judíos de la rendición de Alemania y de las humillantes condiciones del Tratado de Versalles]. Además, [los judíos] prepararon el terreno para que los comunistas hicieran la revolución de 1918-

1919 y se propagara. Los judíos fueron los verdaderos responsables del hundimiento de Alemania [...]. Nuestra concepción de las cosas nos hizo creer que había una gran conspiración judía contra nosotros. Auschwitz era la expresión de una idea que venía a decir: «Estamos exterminando a los judíos [...] hay que impedir que se repita lo que ocurrió en la primera guerra mundial, que los judíos nos hundieron en la desgracia. Los judíos son nuestros enemigos [...]». En realidad, solo estamos exterminando enemigos.

Es posible que Gröning, a nivel teórico, estuviera de acuerdo con las mentiras que lanzaba la propaganda nazi contra los judíos, pero implicarse en su ejecución masiva era algo muy distinto. Cuando vio que los «sádicos» de las SS despejaban el andén golpeando a los niños perdidos, los enfermos y los ancianos, corrió a quejarse ante sus superiores y solicitó el traslado (que le negaron). Sin embargo, no se le ocurrió protestar por las ejecuciones en masa, solo por la forma de llevarlas a cabo. Dijo a su jefe que «si no había más remedio que exterminar a los judíos, que por lo menos se hiciera con cierto orden».

Gröning aceptaba el criterio nazi de que los judíos eran un peligro que había que «reducir», aunque yo sospecho que también estaba de acuerdo con la política que se aplicaba. Así que se esforzó por cuidar que el proceso, en las escasas ocasiones en que lo presenció, se llevara a cabo del modo más ordenado, incluso más «civilizado», que se pudiera. En este aspecto, Auschwitz fue para él un lugar ideal para trabajar.

En el exterminio de los judíos solo intervenían directamente unos cuantos miembros de las SS. En Auschwitz/Birkenau había cuatro complejos de cámaras de gas y hornos crematorios, capaces de exterminar a 4.700 personas diarias en total, y en ellos no trabajaba más que una veintena de alemanes. Limpiar las cámaras de cadáveres y excrementos, incinerar los cuerpos y clasificar las pertenencias de las víctimas corría a cargo de prisioneros judíos que no tenían más remedio que participar en el proceso exterminador, so pena de sucumbir como los demás. (En realidad, lo único que hacían estos judíos era posponer el momento de su propia muerte.)

Esto significa que un miembro del departamento económico, como Oskar Gröning, muy raras veces se enfrentaba a la realidad del genocidio. La mayor parte del tiempo estaba en su despacho ordenando dinero o descansando en los dormitorios y bebiendo licor robado al último cargamento de judíos.

El campo principal de Auschwitz, donde Gröning trabajó la mayor parte del tiempo, estaba a dos kilómetros del complejo de muerte de Auschwitz/Birkenau y por este motivo se sentía emocionalmente al margen de los asesinatos físicos. En consecuencia, acabó convenciéndose de que el campo era como «un pueblo. Había chismorreos [...]. Había un cine y un teatro con funciones regulares». Había incluso un «club deportivo» al que Gröning acudía asiduamente; durante la entrevista contó que «me especialicé en el salto de altura».

Si Gröning llegó a creer que, desde este punto de vista, Auschwitz era un lugar «maravilloso» para vivir, a ello no contribuyeron solo las estructuras sociales, sino también la gente que trabajaba con él:

—Exceptuando a los cerdos que se dejaban arrastrar por sus impulsos personales, porque los había, la situación especial del campo propiciaba amistades que todavía recuerdo con alegría.

Su peculiar personalidad, enmarcada en la estructura de Auschwitz, le permitió «aislarse» de la realidad de las matanzas.

—Es una cualidad que tienen los seres humanos, incluso diría que es una buena cualidad, el poder aislar las cosas agradables de las desagradables, para no sufrir en una situación de estas características.

Gröning escondió la conciencia del genocidio en un rincón de su cabeza y cerró la puerta con llave. Pero la técnica del «aislamiento» solo funcionaba en la medida en que volvía la espalda a las tragedias del campo. Gröning sabía que si hubiera visto cotidianamente el exterminio, probablemente se habría vuelto loco. Así llegó a la conclusión de que «es más fácil lanzar una granada de mano por encima de una pared que matar a un hombre de frente».

Al igual que muchas otras personas a las que he entrevistado con el paso de los años (no solo antiguos nazis, sino también veteranos de todos los bandos), Gröning cree firmemente que en la vida hay que cuidar ante todo de uno mismo.

—Cada cual piensa, por encima de todo, en sí mismo. En la guerra murieron muchos, no solo judíos. Ocurrió de todo. Fusilaron a muchos, quemaron a muchos. Si hubiera meditado sobre eso, no habría vivido ni un minuto más.

Incluso le gustaría que creyéramos que se puede establecer una comparación legítima entre los bombardeos aliados durante la guerra y el exterminio de los judíos. Lo expresó con las siguientes palabras:

—Veíamos lanzar bombas sobre Alemania, veíamos morir entre las llamas a las mujeres y los niños. Veíamos estas cosas y decíamos: «De este modo hacen la guerra los dos bandos».

Otros nazis adoptaron el mismo punto de vista. Rudolf Höss, el comandante de Auschwitz, se comparó con el piloto de un bombardero al que hubieran ordenado atacar una ciudad que él sabía habitada por mujeres y niños.

Según este argumento, sostenido por los nazis y sus partidarios, los pilotos de los bombarderos fueron tan responsables de matar en masa a no combatientes como los SS de Auschwitz. Pese a todo, es exacto que los aliados bombardearon deliberadamente a la población civil de los países enemigos. Hacia el final de la guerra, entre los factores que determinaban la elección de las ciudades alemanas que había que bombardear figuraba su capacidad para arder: así se destruyeron ciudades antiguas como Wurzburgo.

Pero por muy cierto que sea todo esto, hay grandes diferencias entre el bombardeo masivo de las ciudades alemanas y japonesas y el genocidio nazi. Los bombardeos fueron autorizados por gobiernos democráticos que tenían un solo objetivo: derrotar los regímenes antidemocráticos que habían iniciado la guerra por puro afán de conquista. Los bombardeos habrían cesado en el acto con la rendición del enemigo. Los aliados tampoco bombardearon para acabar con grupos de población concretos ni para eliminar a todos los enemigos.

En cambio, las matanzas de judíos formaban parte de un amplio plan de exterminio que no habría cesado, aunque Alemania hubiera ganado la guerra. Los planes nazis para la Unión Soviética preveían la aniquilación de docenas de millones de personas, por hambre y otros medios. El genocidio no fue un recurso para poner fin a la guerra, sino que hasta cierto punto fue el objetivo de la guerra en el Este, por lo menos desde la perspectiva ideológica nazi.

A diferencia de las autoridades alemanas y japonesas, que habrían podido impedir los bombardeos rindiéndose, los judíos no pudieron hacer nada por impedir su exterminio. No había lugar para conversaciones, negociaciones ni rendiciones de ninguna clase.

No obstante, son muchos los ciudadanos que aún se sienten incómodos por los bombardeos que lanzaron los aliados. Y que hubiera diferencias entre los bombardeos y el genocidio nazi habría tranquilizado muy poco a las mujeres y los niños que murieron bajo las bombas aliadas en Hamburgo o en Dresde, o a las mujeres y los niños japoneses que murieron durante los ataques contra Tokio y Osaka. Pero no debemos olvidar nunca que los bombardeos cesaron en el momento en que terminó la guerra, mientras que, si la hubieran ganado los alemanes, no cabe duda de que la aniquilación de judíos habría continuado.

Algo que autojustificaba a muchos SS de Auschwitz era pensar que sus acciones no eran ni mejores ni peores que las de los pilotos aliados. Además de esta idea tranquilizadora, Gröning cultivaba la desconexión emocional con las matanzas. En realidad, todo su antisemitismo estaba vacío de emociones. Aunque los nazis «reconocían» que los judíos eran un «problema», aducían que «eso no significaba implicarse del mismo modo que cuando uno golpeaba a un judío en plena calle».

Pero precisamente a causa de su desconexión emocional (su frialdad, en el fondo) respecto del genocidio, conocer a Oskar Gröning resultó una experiencia extrañamente turbadora. Fue un verdugo «razonable». Esto quiere decir que fue capaz de explicarse con toda tranquilidad cuando le preguntaron por qué los nazis consideraron legítimo matar a más de doscientos mil niños en Auschwitz:

—Los niños no eran el enemigo en aquel momento. El enemigo era la sangre que portaban, su capacidad para crecer y convertirse en judíos potencialmente peligrosos. Por eso también los niños resultaron afectados.

Al terminar la entrevista, Oskar Gröning confesó que no estaba «avergonzado» de haber trabajado en Auschwitz. En cambio, admitió sentirse «avergonzado» de haber creído en la propaganda antisemita nazi, a consecuencia de lo cual pasó tanto tiempo trabajando en el campo.

—Creo que fue terrible lo que sucedió y el hecho de haber estado allí me parece repulsivo, pero ¿si me siento culpable? No.

A mí me cuesta creer que Gröning se haya perdonado con tanta facilidad por el tiempo que estuvo en Auschwitz. Pero por entonces era un hombre que había creído de pequeño en una fantasiosa conspiración judía internacional, y basándose en esto estaba preparado para formar parte de la maquinaria criminal de Auschwitz.

Segunda parte
RESISTENCIA

Las historias de esta sección ejemplifican las dos posturas dominantes en la resistencia durante la guerra. Por un lado estaban los hombres como Alois Pfaller y Vladímir Kantovski que, ya en fecha temprana y por pura cuestión de principios, decidieron enfrentarse a la injusticia; y por el otro, los individuos como Alexéi Bris, que resistió motivado básicamente por intereses personales. Estoy convencido de que el primer tipo de resistente fue menos frecuente que el segundo.

Fijémonos, por ejemplo, en la resistencia francesa. En contra de lo que afirma la leyenda popular, durante los primeros años de ocupación alemana hubo poca resistencia en Francia. Solo cuando cambiaron las tornas para Alemania con la derrota de Stalingrado, en enero de 1943, hubo resistencia en serio.

Las actividades bélicas de François Mitterrand, luego presidente de Francia, son muy ilustrativas. Estuvo al servicio del Gobierno de Vichy, que colaboraba con los nazis, pero jugó con dos barajas espiando al mismo tiempo para los franceses antinazis. Solo en 1943, cuando se dio cuenta del rumbo que estaba tomando la guerra, se comprometió totalmente con la Resistencia. Jugó sus cartas con cuidado y pragmatismo; si hubieran vencido los nazis, habría seguido donde estaba, habría ascendido y habría sido una figura destacada en el Gobierno de Vichy, si los nazis caían, podía afirmar (y afirmó) que era un miembro leal de la Resistencia.

No debería sorprender que los seres humanos se comporten así, es algo que casi todos presenciamos durante nuestra vida, aunque a una escala mucho menor. ¿Quién no ha visto en el trabajo a un directivo medio que de pronto se pone a criticar el régimen anterior cuando llega un nuevo director general con un enfoque diferente? Es significativo que, en la última de las tres historias de esta sección, Alexéi Bris se volviera antinazi solo cuando comprendió que no podía ser médico. Sí, se hizo miembro de la Resistencia, pero detrás de su postura solo había interés personal.

Tal es el motivo de que las historias de Alois Pfaller y Vladímir Kantovski sean tan llamativas. No parece que obraran por egoísmo. A pesar de todas las presiones, a pesar de los momentos en que lo «sensato» parecía ser la seguridad personal, prefirieron ser leales a sus convicciones. Eran de ese raro material con que se forjan los santos y los revolucionarios.

Aunque los dos eran de diferente nacionalidad, creo que no fue casual que ninguno de los dos fuera persona de trato fácil. Tengo la impresión de que eran de los que, después de la guerra, le decían al jefe que no querían hacer esto o aquello porque les parecía «injusto» o de los que se arriesgaban conscientemente por defender en la calle a un desconocido de un grupo de gamberros. No es la clase de postura que se pone y se quita como un traje.

Después de conocer a infinidad de individuos que se pusieron al servicio de varios regímenes represivos por egoísmo puro, doy gracias por que haya en el mundo personas como Alois Pfaller y Vladímir Kantovski.

4

Alois Pfaller y la lucha contra el nazismo

Resistir a los nazis equivalía a ponerse inmediatamente en peligro de ser torturado y muerto. Los nazis detuvieron a más de cien mil enemigos políticos antes de la guerra, y cuando comenzaron las hostilidades condenaron a muerte a millares acusados de «alta traición». Para enfrentarse a un régimen así (en cualquier momento de la historia) hacía falta mucho valor.

Fue por este motivo por el que conocer a Alois Pfaller, hace poco más de diez años, me causó tan honda impresión. Era un hombre que se había enfrentado incuestionablemente a los nazis desde el principio mismo.

Recuerdo perfectamente la casa de las afueras de Múnich en que vivía, pequeña y algo destartalada. Contrastaba con las demás casas que había visitado en aquel viaje de entrevistas filmadas. Todas eran lujosas y todas eran de antiguos nazis actualmente integrados en la próspera Alemania de posguerra. Saltaba a la vista que la actitud resistente y los padecimientos ulteriores no habían reportado recompensas materiales a Pfaller.

Nació en 1910 cerca de Ingolstadt, en Baviera. Tenía cuatro hermanos y su padre poseía una pequeña granja. Su madre murió cuando él tenía tres años y su padre volvió a casarse con una mujer que tenía una hija de cuatro. Fue un momento formativo en la vida del joven Alois:

—Había mucha competencia con mi hermana. A veces me daba envidia; una madre es una madre, y yo era hijo de otra mujer.

Uno de sus hermanos mayores se integró en las juventudes comunistas locales y Alois empezó a asistir a las reuniones con él:

—Se discutía sobre el papel de los sindicatos y los intereses de los trabajadores.

Estos temas adquirieron una relevancia particular cuando entró a trabajar de aprendiz con un pintor y decorador local. Se sentía «explotado» por el patrón y quiso organizar una célula sindical con los demás aprendices. Se declaró en huelga y el patrón lo puso de patitas en la calle. Luego se fue a Múnich y trabajó de pintor de paredes, con lo que «ganaba el doble».

Tenía claro lo que deseaba: «que el socialismo acabaría venciendo, que desaparecería el desempleo, que todos tendrían derecho al trabajo y todos ganarían más». Para lograrlo se afilió a las juventudes comunistas, en las que obtuvo más cosas:

—No solo interveníamos en política, además organizábamos juegos, bailes, etcétera. Incluso íbamos por los pueblos y representábamos obras de teatro.

Mientras militaba en las juventudes comunistas advirtió que había miles de jóvenes alemanes que se integraban en las organizaciones nazis.

—A veces me he preguntado por qué no me integré en la SA [las fuerzas de choque de los nazis]. Cerca de mi casa había una panadería donde trabajaban dos jóvenes que eran de la SA. Los vimos con uniforme y hablamos con ellos. Lo comentamos en nuestro grupo y acabé convencido de que por allí no se iba a ninguna parte, que solo apoyaban a los empresarios y no a los trabajadores; aquella gente era basura.

Tampoco entendía la actitud de los nazis hacia los judíos.

—Conocía a judíos, tenía amigos judíos con los que pasaba las horas y jamás vi la menor diferencia entre unos y otros; todos éramos humanos [...]. Había comprendido que [los nazis] querían una sociedad libre de judíos. Bueno, aquello no era asunto mío. Yo siempre he defendido la justicia, lo que es justo y razonable, esto sí era asunto mío. Y luchar contra la injusticia, también esto era asunto mío, no perseguir a otras razas o a otra gente.

A raíz de la gran depresión de Wall Street y el hundimiento de la agricultura, la situación económica alemana empeoró y Alois Pfaller empezó a intervenir en enfrentamientos callejeros con los nazis. Se dio cuenta de que la policía parecía estar siempre de parte de los nazis, pero lejos de arredrarse, Alois y sus compañeros redoblaron sus esfuerzos. Participó en batallas legendarias en cervecerías, con vasos y sillas volando por los aires, y en cierta ocasión, con la cara ensangrentada, tuvo que huir en plena noche por el ventanuco de unos lavabos.

Cuando Hitler fue nombrado canciller en enero de 1933, Alois supo que habían terminado las reyertas callejeras y comenzaba la persecución formal de los comunistas. Huyó a Moscú para no acabar encerrado.

—Mi hermano no vino conmigo, fue una equivocación que le costó la vida. Fue enviado directamente a Dachau en el 33. Salió al cabo de ocho años, mortalmente enfermo. Murió unos años después.

Aunque a salvo en Moscú, Alois no estaba contento. Las detenciones masivas de comunistas alemanes le impedían considerarse afortunado por haber huido y casi se arrepentía de no haberse quedado para luchar.

—Me dije a mí mismo que tenía que volver, no quedaba ya casi nadie, así que avisé que quería volver a Alemania.

Alois había tomado una decisión trascendental. Si hubiera sido el protagonista de una novela, sin duda habría meditado aquel paso cuidadosamente durante varios días. Pero no fue así. Alois Pfaller tomó aquella decisión movido por un impulso momentáneo, como si en su interior supiera qué era lo que debía hacer.

Así pues, volvió a Alemania en 1934, con «pasaporte falso y nombre falso». Estuvo en Fráncfort y en Offenbach para «reorganizar a los de las juventudes, a los que quedaban». Pero dado que los nazis consideraban particularmente peligrosos a los comunistas, no fue de extrañar que casi nadie quisiera arriesgar el pellejo asociándose con Alois Pfaller.

Con el tiempo se trasladó a Leipzig, donde imprimió octavillas contra los nazis y conoció a una mujer que antaño había sido comunista y que se ofreció a colaborar con él. Le organizó un encuentro con un supuesto «enlace» que trabajaba en una fábrica. Pero era una trampa. La mujer había cambiado de chaqueta y ahora era agente de la Gestapo. Alois Pfaller no le guarda ningún rencor, «porque como mujer, y por su aspecto, no habría soportado una paliza». Cuando llegó al lugar de la cita:

—Aparecieron de pronto varios individuos y me dijeron: Documentación. Yo les dije: «Oigan, he venido a Alemania para conocer los grandes triunfos del Tercer Reich, para buscar trabajo pacíficamente, y me detienen en plena calle. ¿Qué está pasando aquí?». Los agentes me miraban con una cara muy rara, así que seguí hablando, y uno dijo a otro que estaba detrás de mí: «Creo que nos hemos equivocado de hombre».

Pero Alois Pfaller tenía un problema: llevaba encima, en los bolsillos de la chaqueta, las octavillas antinazis que había impreso. Quiso deshacerse de ellas tirándolas por un terraplén cuando creyó que los agentes de la Gestapo no miraban. Pero lo vieron.

—Uno se puso a gritar de pronto: «¡Ha tirado algo! ¡Ha tirado algo!».

Lo condujeron a la comisaría, donde le aguardaba un comité de recepción:

—Abrí la puerta, y cuando me disponía a cruzarla recibí un puñetazo en plena cara. Me rompieron la nariz. Entonces se lanzaron sobre mí y me dieron una paliza.

Alois Pfaller negó que hubiera arrojado las octavillas y a cambio recibió otra paliza. Los policías lo sentaron en una silla y le ordenaron que vaciara los bolsillos. Encontraron su diario y una serie de mensajes en clave. Luego reanudaron los golpes, que esta vez fueron más contundentes.

Un agente se quitó el cinturón, que tenía una sólida hebilla metálica, y golpeó a Pfaller.

—Perdí el conocimiento enseguida, pero por poco tiempo. Volví en mí, repitieron los golpes y quedé otra vez inconsciente, y luego volvieron a golpearme otra vez, y así hasta cuatro veces. Entonces dejaron de pegarme, porque no les había dicho nada. Pero eso no fue lo peor. Lo peor fue cuando me golpearon en la cara. ¡Durante tres horas! Siempre en la cara. Me reventaron el tímpano y oía un barullo espantoso. Era una especie de rugido, como si estuviera en el fondo del mar, un rugido que me impedía entender bien las cosas.

Alois Pfaller decidió contraatacar; si iba a morir, al menos se llevaría a algún policía por delante. Pero antes de poder hacer nada, sufrió una abundante hemorragia.

—Entonces dejaron de pegarme, me trajeron un cubo y un trapo, para que limpiara la mesa y el suelo, tuve que limpiar toda la sangre, y entonces me entregaron a un guardia que me condujo a la celda.

En ningún momento, mientras estuvo prisionero, sintió Pfaller la tentación de traicionar a sus camaradas:

—Es una cuestión de honor. Habría preferido morir como un perro, que me mataran a golpes, pero nunca habría hecho una cosa así.

Sabía en lo más profundo de su corazón que delatar a los amigos era un acto indebido. No tenía intención de hacerlo. No pasó ninguna crisis moral, no sopesó alternativas, no se debatió interiormente. Y la intensificación de la tortura no hizo más que fortalecer su decisión de no revelar la información que querían sus verdugos.

En vista de que no conseguían sacarle nada, lo enviaron al campo de concentración de Sachsenburg, en Sajonia. Paradójicamente, Pfaller se sintió «seguro» en cuanto entró en el complejo del campo, porque pensó que allí no le castigarían con la dureza con que lo habían hecho en la comisaría. Y algunos guardias de las SS incluso parecían admirarle por su aguante.

En los años treinta murieron muchos prisioneros de los campos a manos de los miembros de las SS. La crudeza de las condiciones de vida imperantes tenía por objeto quebrantar la moral. Pero los campos de concentración no eran todavía campos de exterminio como Auschwitz y Treblinka, que no existían aún, y casi todos los presos políticos enviados por entonces a los campos de concentración eran liberados al cabo de períodos que oscilaban entre seis y dieciocho meses.

Pero a Pfaller no lo liberaron al cabo de año y medio, ni siquiera después de cinco años. Pertenecía al reducido grupo de los considerados muy peligrosos y permaneció encerrado desde 1934 hasta 1945, momento en que pudo huir en medio del caos que reinaba al final de la guerra.

Cuando lo conocí, todavía se rebelaba contra la injusticia de lo sucedido, y ahora las injusticias tenían caras y rasgos concretos:

—Los de las SS reciben una pensión, y eso me saca de mis casillas; yo estuve en el partido comunista, tenía el carnet que no debía. Y por eso no paso. No me cabrea por el dinero, sino porque fue así como me educaron, o como me eduqué yo solo, no sé: que la injusticia sigue siendo injusticia, venga de donde venga. Hay que luchar contra eso, porque si no luchamos, si no cambiamos las cosas, entonces que Dios nos ampare.

Después de oír la historia de Alois Pfaller y las vicisitudes de su larga resistencia, estaba deseoso de comprender hasta el fondo por qué había sido capaz de plantar cara a los nazis. Al final de la entrevista me dio la siguiente explicación:

—Ya le dije que tuve una madrastra y que ella prefería a mi hermanastra. Yo lo sabía, pero me resultaba insoportable. Y entonces me juré que cuando fuera mayor lucharía contra la injusticia, no importa quién sea el enemigo, hay que luchar siempre contra la injusticia. Esta idea me caló muy hondo y gracias a ella y solo a ella pude resistir y aguantar.

5

Alexéi Bris y el fin del sueño ucraniano

Parte de las dificultades para comprender la historia se debe a que los acontecimientos permanecen inamovibles en el pasado, exactos, inmutables, tan fijos como el hormigón. El Ejército Rojo venció en Stalingrado; Churchill fue un héroe nacional británico; Hitler perdió la guerra; estos hechos, y diez mil más, parecen tan innegables como el aire que respiramos.

Pero para penetrar en el corazón de las personas de la época tenemos que fijarnos en acontecimientos esculpidos con menor precisión, en momentos en los que los individuos se enfrentaron a decisiones que pudieron haber tenido efectos diferentes. Hagamos pues un esfuerzo e imaginemos que el Ejército Rojo fue derrotado en Stalingrado, que la carrera política de Churchill acabó en el arroyo y que Hitler no perdió la guerra.

Y es que mientras escuchaba a un viejo ucraniano de pelo blanco llamado Alexéi Bris, me dio la impresión de que había que enmarcar la historia de su vida en un contexto como el que acabo de describir. Porque cuando era un estudiante de dieciocho años, allá en el verano de 1941, Bris acogió la invasión alemana de su país con los brazos abiertos, creyendo que «cualquier guerra contra la Unión Soviética era una guerra buena».

Ucrania había sufrido mucho por culpa de Stalin. En los años treinta, en la época de la colectivización obligatoria, habían muerto alrededor de siete millones de ucranianos en medio de escenas de horror que todavía conmocionaban a la memoria colectiva de la nación.

—La represión había despertado la cólera de la gente —contó Alexéi Bris—, todos tenían miedo, estaban aterrorizados. Los que no lo habían vivido no podían ni imaginar lo que era. Por eso, cuando estalló la guerra entre Alemania y la Unión Soviética, todos pensamos que las cosas iban a mejorar.

Además de creer que los alemanes iban a tratarles mejor que los soviéticos, estaban convencidos de que Stalin y los suyos ya no iban a volver.

—Todos pensamos al principio que la guerra terminaría con la derrota de la Unión Soviética. Teníamos el convencimiento de que la URSS iba a caer; la caída que se produjo en los años noventa habría podido ocurrir entonces.

Confesó que durante los primeros tiempos de la ocupación nazi:

—Los ucranianos vivíamos de otro modo, podíamos ir al baile, vestir de distinta manera, había comunicación entre las personas.

Mientras Alexéi Bris hablaba con nosotros en su pequeña casa de las afueras de su pueblo de Horojiv, expuso un cuadro completo de lo que pudo haber sucedido. Es posible que estuviera en lo cierto, que el edificio soviético hubiera podido caer cincuenta años antes de su colapso real. Al fin y al cabo, Alfred Jodl, principal consejero militar de Hitler, había dicho a este poco antes de la invasión: «El gigante ruso es como la vejiga de un cerdo: pinchémosla y reventará».[1]

Pero Jodl, como se sabe, se equivocó. El gigante ruso no reventó como la vejiga de un cerdo. Y un motivo importantísimo fue que los nazis no capitalizaron el odio hacia Stalin que sentían las nacionalidades que formaban la Unión Soviética.

Los nazis no supieron ganarse el apoyo de la mayoría de los ucranianos ni el de los demás soviéticos no rusos porque el nazismo fue la ideología más discriminatoria que ha habido en la historia humana. Desde los comienzos mismos del partido, en la época inmediatamente posterior a la primera guerra mundial, los nazis se definieron básicamente por despreciar a una serie de grupos humanos, en particular a los judíos.

Adolf Hitler, que en 1921 pasó a ser jefe del incipiente partido nazi, se dio cuenta de que la política del partido se consolidaba mejor condenando (a los judíos, a los comunistas, el Tratado de Versalles, a los socialistas) que describiendo con exactitud lo que defendían.

Fue una estrategia efectiva para la época, porque cuando los nazis se reunían para concretar su política económica o social, se peleaban como niños. Hitler comprendió que era mucho mejor decir vaguedades sobre lo que querían —por ejemplo, «una Alemania fuerte, unida y racialmente pura»— y detallar en cambio lo que no querían.

Hitler fue una figura aclamada en los años treinta, entre otras cosas porque despertó el optimismo de los alemanes después de años de humillación, ya que predicaba que los alemanes «arios» (los alemanes judíos representaban menos del 1 % de la población) eran una raza superior. Como ya habían averiguado los japoneses siglos antes, la política discriminatoria podía ser eficaz mientras no hubiera expansión territorial y mientras la mayoría de la población perteneciera a una sola nacionalidad o un solo grupo étnico. Pero la estrategia de definir a los alemanes «puros» por aquellos que no lo eran empezó a ser un problema para los nazis cuando se pusieron a construir un imperio.

Hitler pensaba negar la ciudadanía del nuevo Reich a los eslavos de los países del Este. Para él solo eran seres inferiores que se reproducían como las alimañas. Refiriéndose al Este y al gran potencial agrícola de Ucrania, Hitler dijo: «Es inconcebible que un pueblo superior [es decir, el alemán] deba vivir con penalidades en un territorio demasiado pequeño para él, mientras masas amorfas que no aportan nada a la civilización ocupan vastas extensiones del suelo más rico del mundo».[2]

Erich Koch, uno de los seguidores más antiguos y leales de Hitler, fue nombrado comisario del Reich para Ucrania, y puso inmediatamente en práctica el sueño del Führer. Expuso su política ante los responsables municipales de Kiev, la capital de Ucrania: «Somos una raza superior que debe recordar que el trabajador alemán más humilde es racial y biológicamente mil veces más valioso que la población de aquí».[3] Aquello se tradujo en la práctica en una serie de medidas draconianas, entre ellas la destrucción de las esperanzas de los ucranianos, que deseaban una educación mejor para sus hijos. «Los niños ucranianos no necesitan escuelas —dijo Koch—. Ya les enseñarán sus amos alemanes todo lo que deben saber.»[4]

Todo esto afectó profundamente a la vida de Alexéi Bris, que, creyendo que los nazis recompensarían a los colaboracionistas ucranianos, trabajaba para ellos de intérprete. Incluso se relacionó sentimentalmente con una alemana que trabajaba en la administración local del partido. Pero no tardó en darse cuenta de que había una creciente barrera entre él y sus jefes alemanes. Su relación con la secretaria alemana se rompió cuando quedó claro que las relaciones íntimas entre los alemanes y los ucranianos (aunque fueran fieles servidores del Estado nazi) eran peligrosas.

Pero lo que colmó el vaso de Alexéi Bris fue una conversación que sostuvo con su jefe, Ernst Erich Härter, el comisario para Horojiv. Le preguntó si podía proseguir sus estudios de medicina. Daba por supuesto que los alemanes dirían que sí; al fin y al cabo, sería más valioso a los nazis siendo médico que siendo un simple intérprete. «No necesitamos que los ucranianos seáis médicos ni ingenieros —replicó Härter—. Lo que necesitamos es que cuidéis vacas.»

Alexéi se quedó de piedra al oír aquellas palabras. Era un joven inteligente y ambicioso y no le entusiasmaba la ganadería. Pero ¿qué podía hacer, si los alemanes tenían el poder?

Su frustración y su ira estallaron con violencia un día de otoño de 1942, en Horojiv. Estaba observando a un grupo de lugareños que hacían cola para comprar cacharros de cocina, cuando el policía alemán que cuidaba del orden de la cola apartó de esta a un ucraniano y empezó a darle golpes con la porra. Aquella paliza disparó algo en su interior:

—Cada vez me sentía más furioso, hasta el punto de que creí estar al borde de un ataque de nervios [...] cuando las emociones nos dominan no pensamos en las consecuencias [...] me dije que no estaba dispuesto a tolerar que nuestro pueblo quedara reducido a la esclavitud. Cuando te das cuenta de que están humillando a toda una nación, has de hacer algo, te guste o no, y yo estaba dispuesto a todo.

La ira que le producía ver repentinamente rotos sus sueños y sus esperanzas explotó como una bomba. Sin poder contenerse, se acercó y sujetó al policía por el brazo para impedir que siguiera golpeando al otro.

Otros alemanes que había por allí desenfundaron las pistolas y salieron en su persecución, pero Alexéi corría como una liebre, salió del pueblo y se escondió en el bosque. Allí se unió a la Ukrainska Povstanska Armiia, el Ejército Nacional Ucraniano.

Durante los dos años siguientes intervino en las acciones bélicas del movimiento. La Ukrainska Povstanska Armiia no combatía solo a los alemanes, sino también a los soldados de Stalin. Ningún bando hacía prisioneros. Circulaban infinitas anécdotas sobre el trato que daban los miembros del Ejército Rojo a los ucranianos: les cortaban la lengua, les arrancaban las orejas... En comparación, al menos por lo que recordaba Alexéi, los alemanes eran menos brutales: se limitaban a ahorcar a la gente y no se entretenían torturándola antes.

El giro psicológico que experimentó Alexéi Bris (de esperar que los alemanes les llevaran la independencia a la angustia de ver que estaban convirtiendo Ucrania en un estado esclavo) lo experimentaron también muchos otros ucranianos. Y era indudable que la política de ocupación alemana dificultaba la lucha contra la Unión Soviética. El racismo de los nazis había excluido toda posibilidad de colaboración por parte ucraniana y acabó transformando a los ucranianos como Alexéi Bris en enemigos con los que los alemanes no habían contado.

Visto retrospectivamente, es lícito preguntarse por qué Hitler no se comportó con más sensatez, por qué no hizo que la ocupación de territorios como Ucrania fuese más apacible. Bueno, el caso es que, en esta cuestión, como en muchas otras, Adolf Hitler era incapaz de comportarse con sensatez. Hitler estaba tan convencido de que los alemanes eran una raza superior enviada para esclavizar a los eslavos que alterar esta idea habría sido como decirle que dejara de respirar.

Tuvimos suerte de que los nazis no aprendieran las lecciones de la historia. Unos dos mil años antes de la ocupación alemana de Ucrania otro ejército europeo libraba su propia guerra de conquista: eran los romanos. A diferencia de los nazis, los romanos forjaron uno de los imperios más fructíferos de la historia. Y lo construyeron aplicando principios opuestos a los de los nazis. En vez de discriminar a los habitantes de las tierras que invadían, procuraban ganarlos para su causa. Las alianzas con los cabecillas locales fueron fundamentales para la estabilidad y el crecimiento del imperio. Y la ciudadanía romana estuvo al alcance incluso de los extranjeros. El emperador Caracalla, que gobernó entre 211 y 217 d. C., concedió la ciudadanía romana a todos los habitantes libres de las provincias del imperio.

Las consecuencias de la política discriminatoria de Hitler pueden verse en una reveladora comparación estadística: el Imperio romano duró más de medio milenio; el Tercer Reich solo doce años.

6

Vladímir Kantovski y los batallones penitenciarios de Stalin

A principios de 1943, Vladímir Kantovski, un soldado de diecinueve años que servía en la 54.ª Compañía Penitenciaria del Ejército Rojo, observaba desde las fortificaciones soviéticas un bosque ocupado por un número indeterminado de soldados alemanes. Sabía que de un momento a otro le ordenarían avanzar con sus compañeros para efectuar un «ataque de reconocimiento». Avanzarían hacia los alemanes para atraer sus disparos y de ese modo los oficiales soviéticos de retaguardia conocerían la posición y la naturaleza de las armas del enemigo.

Kantovski estaba seguro de que iba a morir. Para la inmensa mayoría de los hombres que estaban en la misma unidad penitenciaria iba a ser la primera y última acción militar en que intervendrían, así como su último día de vida. Sin embargo, él había elegido estar allí. Su carácter se lo había exigido.

Ningún ser humano puede ser ajeno a la época en que vive y todos están determinados por los acontecimientos que se producen a su alrededor. Pero hay unos pocos, como Vladímir Kantovski, que reciclan la dureza de las circunstancias históricas para definirse y enfrentarse a las injusticias que se concitan contra ellos.

Kantovski nació en 1923; y todo el que nacía por aquellas fechas en la Unión Soviética estaba prácticamente destinado a vivir en medio del sufrimiento. Las purgas estalinistas de los años treinta causaron estragos no solo entre la minoría gobernante, sino también entre los ciudadanos corrientes. En 1938 detuvieron a los padres de Kantovski y los enviaron a un campo de trabajo. El padre era letón, y precisamente por no ser ruso estaba a merced de las detenciones arbitrarias.

—Sabíamos en lo más íntimo que nos detendrían tarde o temprano, que era inevitable, que estábamos condenados a ser detenidos en cualquier momento.

A pesar de la retórica estalinista de que vivían en un país de igualdad y justicia, la verdad es que quien vivió en la Unión Soviética antes de la segunda guerra mundial por lo general acabó acostumbrándose al miedo, el hambre y la persecución arbitraria:

—Comprendimos que el poder de Stalin no era el comunismo en el que creíamos y que queríamos alcanzar. Sabíamos que el poder de Stalin no era la dictadura del proletariado, sino el proletariado bajo la dictadura [...] y fue una dictadura cruel.

Entonces, en junio de 1941, cuando Kantovski tenía dieciocho años, se produjo la invasión alemana de la Unión Soviética. No fue solo la mayor invasión terrestre de la historia; desde el principio los nazis la concibieron como una guerra diferente a todas: una guerra de aniquilación.

Pero mientras tenía lugar esta invasión y el peligro se cernía sobre todo el país, Vladímir Kantovski no estaba combatiendo en el frente. Por el contrario, estaba en la cárcel por criticar el régimen de Stalin. Unas semanas antes del estallido de la guerra, Kantovski y sus amigos se habían manifestado por la detención de su profesor de historia. Se habían enterado de que había hecho comentarios «improcedentes» sobre Stalin y había sido detenido por la NKVD, la policía política.

La detención puso en movimiento a Kantovski y a los demás estudiantes. Al cabo de unas horas ya estaban repartiendo octavillas en las que condenaban el arresto.

—No nos tomábamos en serio a Stalin y sus esbirros, pero seguíamos siendo patriotas y básicamente comunistas. Aunque no comunistas al estilo de Stalin.

Los agentes de la NKVD fueron al piso de Kantovski y se lo llevaron detenido. Lo condujeron a la prisión de Omsk, donde imperaban unas condiciones espantosas; lo metieron con otros sesenta presos en una celda con capacidad para nueve y de la que solo se le permitía salir dos veces al día para ir al lavabo. No había ningún otro respiro: ni ejercicios, ni ventilación, solo la lobreguez de la celda y la lucha por la supervivencia en aquel clima fétido y portador de enfermedades.

Por el «delito» de redactar octavillas para protestar por la detención de su profesor, fue condenado a pasar diez años en un gulag, uno de los muchos campos de trabajo que proliferaron durante la época de Stalin. Pero entonces, cuando ya se creía destinado a languidecer y probablemente a morir en el campo, un factor que estaba muy por encima de él cambió su suerte: la Unión Soviética estaba perdiendo la guerra.

En septiembre de 1941, los alemanes cercaron en Kiev, la capital de Ucrania, a seiscientos mil soldados del Ejército Rojo. Unas semanas más tarde, en octubre, en las batallas paralelas de Viasma y Briansk, el cuerpo de ejércitos alemanes del centro hizo otros seiscientos mil prisioneros, y el camino hacia Moscú quedó despejado.

Aterrorizado por la idea de perder la guerra, Stalin ordenó las medidas más severas que se puedan imaginar para impedir que la histeria colectiva se apoderase de Moscú. Se reclutaron tropas de refresco de Siberia y en la retaguardia del Ejército Rojo se apostaron unidades especiales para fusilar a los soldados que retrocedieran.

Pero estas medidas no fueron suficientes para los mandos soviéticos. Todos sabían que la URSS atravesaba la peor crisis de su historia. De modo que decidieron explotar un filón poco habitual para engrosar las filas del Ejército Rojo: los campos penitenciarios.

Las autoridades soviéticas pidieron «voluntarios» de los gulags para luchar contra los invasores alemanes. Pero los presos que se presentaron no fueron enviados a unidades corrientes, sino a cuerpos bastante más peligrosos: los batallones penitenciarios.

Compuestas por presos comunes y políticos, estas unidades se encargaban de las misiones bélicas más peligrosas. Por lo general eran los primeros que se lanzaban al ataque en una batalla y realizaban operaciones prácticamente suicidas, como limpiar los campos de minas corriendo por ellos. Durante la segunda guerra mundial hubo alrededor de cuatrocientos cuarenta mil ciudadanos en los batallones penitenciarios soviéticos; solo un puñado vivió para contarlo.

Kantovski se presentó voluntario para luchar en estas unidades, aunque sabía que su única posibilidad real de sobrevivir era ser herido de gravedad en el frente; derramar su sangre para que «le fueran perdonados los antiguos pecados», como decían las autoridades soviéticas. Pero era un patriota, su país había sido invadido y quería combatir. En ningún momento se arrepintió de haberse alistado en el batallón penitenciario.

—Está en mi carácter. No suelo meditar las decisiones que tomo, en principio nunca lo hago. Y a pesar de todo, entreveía algunas oportunidades. Había una pequeña probabilidad de salir con vida; si solo se salvaban diez de cada doscientos cincuenta, ya había una probabilidad.

Incluso advirtió que su vida mejoraba un poco en la unidad penitenciaria.

—Aunque cuando llegabas el régimen era tan estricto como en el campo, por lo menos no había alambradas a nuestro alrededor, y el régimen, aunque severo, no era privativo del batallón penitenciario, sino parecido al de otras unidades militares. Y resultaba menos deprimente, porque no era una cárcel. Lo que estaba en juego era la vida o la libertad [...]. La pequeña libertad que tenía en el batallón penitenciario significaba mucho para mí. ¿Puede usted imaginar, entender lo que era la libertad? Para eso tendría que pasar medio año en Omsk, completamente inmóvil en la celda, sin poder hacer otra cosa que atisbar el cielo por una ranura del ventanuco. No había punto de comparación con el batallón penitenciario. Y es que además éramos patriotas, en el mejor sentido de la palabra.

A principios de 1943 Kantovski estaba en el frente, cerca de Demiansk, al sur de Leningrado, integrado en la 54.ª Compañía Penitenciaria. Mientras se preparaba para avanzar hacia los fusiles alemanes en el primer «ataque de reconocimiento» en el que iba a participar, sabiendo que iba a resultar muerto o gravemente herido, Kantovski era pesimista:

—No creo que nadie pueda sentirse patriota cuando se participa en un ataque así. Creo que la sensación dominante es el embotamiento, tienes las emociones embotadas [...]. Sabes que lo que ocurre es inevitable, fatal, y es como jugar a la ruleta rusa. «¿Qué me deparará la suerte?», te dices.

»El enemigo empezó a disparar en cuanto asomamos la nariz [...]. Nuestros oficiales gritaban: «¡Adelante, adelante!». Los alemanes seguían con el fuego de ametralladoras. Nos apoyaban cuatro o cinco tanques. Nuestros oficiales querían saber si los alemanes tenían armas anticarro. Nos disparaban desde el bosque, a unos cuatrocientos metros aproximadamente. Los tanques llegaron a recorrer unos sesenta metros antes de ser aniquilados. Y los primeros en caer fueron los oficiales que nos animaban a seguir adelante.

Tras avanzar unos doscientos metros, Kantovski supo con exactitud qué «le deparaba la suerte». Fue herido por una ametralladora en el brazo y en el hombro y cayó a tierra retorciéndose de dolor. Pero mientras estaba tendido en el suelo, desangrándose, lo que más le preocupaba no era si iba a morir, sino si las heridas recibidas serían suficientemente graves para librarse del castigo. Porque si un miembro de un batallón penitenciario caía a causa de heridas que los mandos juzgaban de menor cuantía, era fusilado por cobarde.

Kantovski tuvo suerte; cuando volvió a las líneas soviéticas se enteró de que sus heridas se estimaban de gravedad suficiente para librarse de ser ejecutado. Pero casi todos los hombres de su unidad murieron aquel día.

Kantovski se curó y en 1944 fue devuelto al gulag, para completar la condena. No salió hasta 1951.

Pero ni siquiera fuera del gulag se libró de las persecuciones. Volvió a su trabajo anterior, pero con una paga inferior a la de sus colegas.

—Ya no me preguntaba si Stalin era justo o injusto, era sencillamente un tirano. Todo el aparato se basaba en el miedo, en la crueldad, en las delaciones, en amenazas puras y simples.

A fines de los años noventa, cuando lo conocí, Kantovski vivía en las afueras de Moscú, en un pequeño piso de una colmena de hormigón. Sus posesiones carecían de valor: una alfombra raída, algunas sillas de madera y una mesa desvencijada. En las paredes había fotos recortadas de los periódicos, y todo el edificio olía a coles podridas. El hueco del ascensor estaba lleno de ratas que correteaban de noche por las escaleras.

Kantovski me contó su extraordinaria historia con calma y absoluta naturalidad. Ni una sola vez dejó escapar la menor muestra de autocompasión o de resentimiento contra las injusticias que había tenido que soportar. Le pregunté si se arrepentía de haber protestado por la detención de su profesor. ¿Qué había conseguido? No solo no había salvado al profesor, sino que aquel sencillo acto había destruido su propia vida en muchos aspectos.

Lo meditó unos instantes. Entonces me dijo que no se arrepentía.

—No todos podían alardear entonces de tener libertad de expresión. Mi personalidad se hizo más fuerte. —Calló un momento y añadió—: No lo lamento porque me permite respetarme a mí mismo. —Y la habitación quedó repentinamente en silencio.

La postura de Kantovski me recuerda a lo que me respondió un anciano monje zen de Tokio cuando le pregunté, hace años, por qué el novicio pasaba tanto tiempo meditando en el templo. Replicó que lo más importante en la vida era conocer la propia naturaleza y los propios instintos, y desarrollarlos. «Por decirlo de otro modo, si tiene usted dinero, debe cuidar de él; pero si tiene principios, ellos cuidan de usted.»

Tercera parte

COMBATIR Y MATAR AL «INFERIOR» Y AL «SUBHUMANO»

La concepción de la guerra dependió en muchísimos casos de las diferencias culturales. Y en esta sección presento a cuatro antiguos soldados (dos japoneses, un estadounidense y un alemán) que, aunque vivían en continentes distintos y hablaron conmigo en años diferentes, estaban convencidos de que el enemigo contra el que lucharon «no era como nosotros».

Los dos veteranos japoneses, Masayo Enomoto y Hajime Kondo, pensaban que sus oponentes, los chinos, eran «peor que animales»; el alemán, Wolfgang Horn, creía que los rusos eran «inferiores» a los demás europeos; y James Eagleton estaba convencido de que los japoneses eran «una raza subhumana».

La verdad es que creer que el enemigo estaba de un modo u otro en un nivel inferior ha sido un tema recurrente en mis múltiples encuentros con antiguos soldados de la segunda guerra mundial; los alemanes consideraban inferiores a los rusos; los británicos y los estadounidenses a los japoneses; los japoneses a los chinos, y así sucesivamente. Y esta convicción de que no mataban a seres humanos como ellos, sino a criaturas inferiores que probablemente no poseían ni siquiera la capacidad «normal» de sufrir, fue crucial para que los combatientes se comportaran como lo hicieron. Percibí esta realidad con fuerza inusitada cuando entrevisté a un antiguo oficial de una unidad acorazada que luchó primero en el frente oriental, contra el Ejército

Rojo, y luego en el occidental, contra los norteamericanos. En el frente oriental, él y sus compañeros fusilaron a prisioneros soviéticos y cometieron otros delitos, mientras que en el occidental combatieron a los norteamericanos de acuerdo con las normas convencionales de la guerra. La concepción del enemigo determinó en amplia medida el trato que le dieron.

No obstante, aunque detecté muchas semejanzas en el comportamiento de los veteranos que entrevisté, los alemanes solían destacar en un aspecto entre los demás soldados de países no democráticos. Más que justificarse alegando que «hice lo que me ordenaron», tendían a decir que «hice lo que entonces me pareció justo». Además, no solían lamentar las atrocidades que habían cometido.

Pese a este detalle y a las diferencias culturales, ideológicas y políticas de los entrevistados en esta sección, sigo creyendo que hay un vínculo profundo entre sus testimonios. En conjunto muestran de un modo gráfico lo que sucede cuando creemos que los que tenemos delante en el campo de batalla no son «como nosotros».

7

James Eagleton y la matanza de japoneses

Mientras me inscribía en un motel del centro de Tulsa, Oklahoma, oí el silbato de un tren que cruzaba la ciudad. Era un ruido típicamente norteamericano, la banda sonora de un centenar de wésterns baratos, pero en aquel momento me intranquilizó. Había estado filmando en las junglas de Okinawa, donde habían combatido muchos jóvenes de Oklahoma, y era imposible imaginar un contraste mayor entre ambos paisajes. Para los naturales de Tulsa que fueron al Pacífico a luchar (como James Eagleton, al que tenía que filmar al día siguiente) debió de ser como viajar a la Luna.

Tulsa es un lugar atrasado. Una pequeña ciudad que se alza a orillas del río Arkansas y al pie de los montes Ozark, muy alejada de los grandes acontecimientos que determinan la historia. Tan alejada que su mejor descripción es la fórmula que emplean los norteamericanos para definir un sitio tranquilo: es «un lugar ideal para criar a los hijos».

Cuando a la mañana siguiente visité a James Eagleton, en su cómoda casa de un barrio residencial próspero, me encontré con un hombre que parecía exactamente lo que era: un abogado local de tercera generación. Su abuelo se había instalado en Tulsa a fines del siglo XIX, poco antes de la aparición del petróleo, cuando la ciudad no era más que un puñado de edificios de madera cruzado por caminos de tierra; y acabó siendo juez testamentario del condado de Pawnee.

Los tres hijos de Eagleton habían seguido la tradición familiar y estudiado derecho. Era la familia más sólidamente norteamericana que podía imaginarse: contenta de vivir en el encantador atraso del Medio Oeste y de poder «criar a los hijos» allí.

Pero en la vida de James Eagleton, por lo demás insignificante, se coló un acontecimiento con la fuerza de un huracán. La segunda guerra mundial le dio la oportunidad de luchar por su país, de poner a prueba su temple y de averiguar hasta dónde era capaz de llegar: en su caso llegó a masacrar japoneses en una acción que él mismo, como abogado, calificó de crimen de guerra.

Al terminar la segunda enseñanza decidió alistarse en los marines. Había sido campeón de lucha libre del instituto y quería estar con personas de ideas afines y deseosas de entrar en acción. Me enseñó una foto suya de aquella época, desnudo hasta la cintura y con buenos músculos; sonreía y tenía mucho pelo en la cabeza. Era casi imposible relacionar al gordo y calvo abuelito que tenía delante con el despreocupado joven de la foto.

—Yo era un luchador de los duros —dijo con nostalgia— y pensé que sería un buen marine.

Se creía tan duro que en cuanto terminó la instrucción básica se alistó en los Raiders, una compañía de operaciones especiales de los marines.

Tras recibir un entrenamiento especializado en Nueva Caledonia, estuvo preparado para entrar en acción contra los japoneses. Toda su estancia en el Lejano Oriente estuvo condicionada por una arraigada convicción: los japoneses, dijo James Eagleton, «eran una raza subhumana».

Así como habían repetido miles de veces a los soldados alemanes que los soviéticos era «inferiores» y los japoneses pensaban que los chinos eran «menos que perros», la propaganda estadounidense de la época (que caricaturizaba a los japoneses, por ejemplo, presentándolos como simios de ojos rasgados) contribuyó a forjar y respaldar el racismo de muchos marines, que pensaban, como James Eagleton, que el enemigo no era digno de recibir un trato civilizado.

A pesar de sus prejuicios, Eagleton y sus compañeros de unidad acabaron comprobando que los japoneses eran combatientes tan decididos como ellos. En abril de 1945 fueron transportados a la isla de Okinawa, donde participaron en algunos de los combates más feroces de toda la guerra.

Al principio pensaron que los japoneses habían renunciado a la isla, ya que los marines, que habían esperado encontrar resistencia en la playa, desembarcaron sin tropezar con nadie.

—Fue una sorpresa que no nos recibieran con fuego de cañones ni de morteros, ni siquiera de fusiles. Nos pusimos muy contentos.

Pero no tardaron en descubrir que los japoneses no habían huido. Simplemente, habían cambiado de táctica. En vez de combatir en las playas, se habían reagrupado en el interior para resistir hasta el final en una serie de fortificaciones cuidadosamente construidas. Fue como si se hubieran fundido con la estructura misma de la isla. Los atacantes norteamericanos se vieron envueltos de pronto en una densa lluvia de proyectiles.

—Tenían soldados muy bien adiestrados y mataron a muchos de los nuestros. Asomabas la cabeza, sonaban las ametralladoras y te quedabas en el sitio.

El combate fue tan intenso que empezaron a manifestarse indicios de depresión. James Eagleton recordaba un caso en que ordenaron a ocho marines que se adelantaran al anochecer para montar un puesto avanzado unos cien metros por delante de la unidad principal y avisar de cualquier ataque de los japoneses.

—Aquella noche no hubo intercambio de disparos. Cuando volvieron, siete presentaban síntomas de depresión. Lloraban, y durante un par de días no pudieron comportarse como marines. El único que no se deprimió fue un lechero neoyorquino; siempre he pensado que era demasiado burro para darse cuenta de lo que pasaba.

El propio James Eagleton empezó a sufrir alucinaciones en Okinawa:

—Veía cosas que no existían. Una vez vi japoneses que atacaban nuestra posición [...]. Al día siguiente por la mañana comprobé que no había japoneses, que solo los había visto en mi cabeza. Nunca había tenido una experiencia así y no volví a tenerla.

A los Raiders no los trasladaban del frente para descansar con la frecuencia con que trasladaban a otras unidades, y esta circunstancia contribuyó a aumentar las depresiones entre sus miembros.

—El combate continuo agota al personal.

Lo que me llamó la atención, mientras le oía hablar de la ferocidad de los enfrentamientos en el Pacífico, fue que su discurso contenía simultáneamente dos opiniones contradictorias, pues por un lado los japoneses eran combatientes temibles y por el otro eran «subhumanos». Incluso dejaba entrever que sentía cierta admiración por sus adversarios:

—A veces tropezábamos con japoneses realmente valientes. Recuerdo a uno en concreto, en la isla de Guam [...]. Un oficial japonés arremetió contra doscientos o trescientos marines. Salió de una cueva con el uniforme de gala y sin más armas que un sable. Envió al hospital a siete marines, tres con heridas de gravedad. Cuando le quitaron el uniforme, para llevárselo como recuerdo, los muchachos vieron que ya había participado en otro combate y que estaba herido de gravedad; habría muerto desangrado de todos modos. Estaba cubierto de vendas, pero había tenido fuerzas para salir de la cueva al anochecer y atacar a los marines.

Parece que James Eagleton pensaba que los ataques suicidas de los japoneses eran un indicio de su «subhumanidad». En otras palabras, que atacaban como fanáticos, combatían con ferocidad y estaban dispuestos a morir luchando precisamente porque eran «subhumanos». Si se hubieran comportado del modo contrario (con cobardía y miedo), es casi seguro que también esto habría sido indicio de que eran «subhumanos» y no «como nosotros».

Y basándose en este argumento (admitido por Eagleton en el episodio del «valiente» oficial que cargó contra ellos en Guam), los marines no tenían empacho en registrar y mutilar los cadáveres enemigos en busca de objetos de recuerdo. En la pared de la casa de Tulsa donde vivía Eagleton había una bandera japonesa enmarcada, hecha jirones durante una batalla. Y Eagleton contó que otros soldados norteamericanos «arrancaban los dientes de oro a los cadáveres», dado que «todo el mundo quería llevarse recuerdos». En cierta ocasión, la búsqueda de recuerdos se volvió particularmente bárbara:

—En los dos años que pasé en ultramar solo vi una cabeza de japonés clavada en un palo. El cura católico de nuestra compañía se puso muy furioso, porque el teniente que había hecho aquello era feligrés suyo.

Los marines no cometían atrocidades solo con los muertos: también las cometían con los vivos.

—Nunca vi que hiciéramos prisioneros —confesó con naturalidad—. Muchos querían rendirse, pero los mataban allí mismo.

—¿Se rindió alguno ante usted? —le pregunté, sin poder creer que aquello lo estuviera diciendo un eminente abogado norteamericano.

—Sí.

—¿Cómo lo hacían? ¿Se acercaban con los brazos en alto?

—Exacto. Una vez, en Guam, se acercaron unos treinta o cuarenta con los brazos levantados. Murieron allí mismo.

—¿Quiere decir que los mató usted?

—Sí.

James Eagleton estaba sentado frente a mí y me miró con placidez y serenidad cuando le pregunté por qué él y sus compañeros habían disparado contra unos enemigos que tenían intención de rendirse. Me expuso dos razones: 1) en su opinión fue una simple venganza, dado que, según él, los japoneses habían «humillado», «asesinado», «matado de hambre» y «torturado» a los marines que habían capturado; 2) dijo que había habido muchos casos en que los japoneses...

—Se dejaban ver fingiendo que se rendían, pero llevaban granadas en las axilas y todo el mundo saltaba por los aires [...]. Otro caso que nos contaron: tres japoneses salieron del bosque con las manos en alto y cuando estaban cerca de los marines se arrojaron al suelo, y uno llevaba una ametralladora atada a la espalda y los otros dos dispararon contra los marines [...]. Lo llamábamos el Truco del Trabuco. Teníamos un teniente que siempre estaba hablando del Truco del Trabuco: «No dejéis que esos pequeños granujas se os aproximen», decía.

»Pensábamos que representaban un peligro para quien los capturaba. Y además estaba el problema de vigilarlos. Habríamos tenido que malgastar hombres para eso.

—¿Qué pensaba usted —le pregunté— cuando disparaba contra los prisioneros que se rendían?

—Pensaba que nos estábamos defendiendo.

—Pero habían levantado las manos.

—Eso es verdad.

Mientras estaba sentado en el mullido sillón de brazos, oyendo al viejo abogado acusarse solo, lo que más me llamó la atención no fue la incongruencia del escenario que nos rodeaba, sino lo mucho que se parecían sus observaciones a las de los veteranos alemanes que me habían contado sus experiencias en el frente oriental. Que hubiera habido algunos casos de mujeres soviéticas que escondían granadas de mano bajo las faldas y las lanzaban cuando se acercaban los alemanes sirvió de pretexto para que algunos alemanes mataran indiscriminadamente a todas las mujeres y niños que encontraban. «Caramba, es que un niño también puede esconder una granada», me dijo un veterano alemán.

Pero en el caso de James Eagleton y sus compañeros, la idea de que hacer prisioneros podía perjudicar a los captores ocultaba otra verdad. Una motivación muy poderosa que movía a su unidad era el odio sin ambages. Quedó claro por una anécdota que contó sobre lo que le sucedió a un desdichado soldado japonés que fue capturado por casualidad:

—Dos muchachos estaban tendiendo un cable telefónico en el campo y encontraron a un japonés que se rindió. Lo llevaron al puesto de mando de la compañía. El capitán se puso hecho una furia: «¡Habéis echado a perder nuestro récord! [de no hacer prisioneros]», gritó. «Sargento, llévese a este prisionero al puesto de mando del batallón y regrese a las once y cuarto.» Bueno, eran las once en punto y las oficinas del batallón estaban a ocho kilómetros de allí. Se lo llevaron y lo mataron.

No todas las unidades norteamericanas se comportaron así. En Okinawa se hicieron miles de prisioneros japoneses (japoneses que rompieron el juramento imperial de no rendirse). Y los documentales de la época revelan claramente que las unidades norteamericanas supieron sortear el peligro que representaba hacer prisioneros. Les ordenaban quedarse en paños menores cuando aún estaban lejos, para comprobar que no llevaban armas escondidas, y luego les dejaban acercarse y entregarse.

James Eagleton tenía las ideas claras durante la entrevista:

—No trato de justificar lo que se hizo. Lo que digo es que sé lo que se hizo.

—¿Qué respondería usted como abogado a quien le preguntara si fue un crimen matar a soldados que se rendían?

—Supongo que le respondería que sí.

Sentía tanta hostilidad hacia los japoneses que poco antes de finalizar la entrevista me dijo que, en su opinión, el lanzamiento de las bombas atómicas sobre Hiroshima y Nagasaki tuvo un efecto beneficioso sobre Japón. Explicó esta afirmación alegando que así se había ahorrado sufrimientos a sus habitantes:

—No nos importaba matar japoneses. Si hubiéramos invadido Japón, probablemente los habríamos matado a razón de mil por cada uno [de nosotros]. Pero los habríamos matado sin remordimientos.

Terminada la entrevista, le di las gracias por haber hablado con tanta franqueza y me alejé de la casa bañada por el sol del Medio Oeste. Oí los gritos de alegría de un niño que jugaba con su madre en un jardín situado al otro lado de la calle y unas casas más allá vi a un ama de casa de clase media que sacaba del coche los artículos que acababa de comprar en el centro comercial.

¿Sabían estas personas que eran vecinas de un respetable abogado que admitía haber cometido atrocidades durante la guerra? Dado que se habían cometido hacía mucho y en un lugar muy alejado, ¿les importaría en realidad?

8

Hajime Kondo y la forja de un demonio en el ejército imperial japonés

—Yo era un ser humano y acabé siendo un demonio —dijo Hajime Kondo—. Me obligaron a serlo.

Sentado frente a mí en un hotel del centro de Tokio, Hajime Kondo tenía poco que ver con la imagen tradicional de Belcebú. Tenía ochenta años y era un anciano amable sin cuernos ni rabo. Pero al oír su historia estuve un poco de acuerdo con él: había acabado por ser un demonio, le habían obligado a serlo.

Había tomado parte en un conflicto que es poco conocido en Occidente: la terrible lucha de los japoneses contra los chinos.

Aunque la matanza de Nankín en 1937, al comienzo de la guerra contra China, había recibido alguna publicidad, no ocurrió lo mismo con la realidad de aquel conflicto ininterrumpido que discurrió al mismo tiempo que la guerra del Pacífico y la guerra contra los nazis. Hasta cierto punto se debió a que involucró a los norteamericanos y los europeos de forma secundaria, pero también a que ni las autoridades japonesas ni las chinas quisieron que el mundo conociera todos los detalles.

En 1999 las autoridades chinas nos permitieron entrar en el país para entrevistar a un superviviente de la matanza de Nagasaki, pero fueron más reacias a permitir que ampliáramos la investigación y las filmaciones para abarcar las campañas japonesas en el norte. La relación actual entre chinos y japoneses es compleja, y mientras por un lado los primeros acusan a los segundos por no admitir el alcance de sus crímenes durante la guerra, por otro quieren tener relaciones económicas cordiales con el vecino tecnológicamente avanzado. «Por decirlo de otro modo —me explicó nuestro guardaespaldas chino—, nos gustaría que los japoneses construyeran aquí una gran fábrica de DVD.»

En cuanto a los japoneses, incluso hay académicos que niegan o minimizan los crímenes cometidos en Nankín, por no hablar de las atrocidades posteriores, menos conocidas. Un profesor de historia japonés me habló del asunto de Nankín en un tono despectivo que no se toleraría en un académico alemán que se refiriese del mismo modo a un hecho fundamental del genocidio judío.

El resultado es que se trata de un capítulo de la historia que no ha recibido la atención que debería. Nadie sabe todavía a cuántos chinos mataron los japoneses en la guerra. Las estimaciones oscilan entre quince millones y algo más de veinte. Y este agujero negro del conocimiento histórico se complica porque casi todos los supervivientes han muerto ya o les falta poco para morir, y casi ninguno pudo contar su historia.

Hajime Kondo es una de las escasas excepciones, un soldado del ejército imperial japonés que está dispuesto a hablar de sus experiencias para que quede constancia de las mismas. Hijo de un pobre granjero provinciano, fue reclutado en 1940 y sometido, como todos los reclutas, a un régimen de intimidación sistemática.

—La instrucción era tan dura que era preferible morir. Me daban de puñetazos hasta que veía las estrellas.

Esta violencia no tenía nada que ver con las novatadas extraoficiales que se permitían en muchos otros ejércitos, sino que era más bien un método oficial de control cuidadosamente planeado. Los otros exsoldados del ejército imperial que también estaban dispuestos a hablar nos refirieron historias parecidas de brutalidad calculada; uno dijo que a los reclutas se les ordenaba que practicaran el «autocastigo» y se pegaran entre sí cuando al instructor se le cansaba el brazo de tanto golpearles.

Los instructores militares castigaban además a todo el grupo cuando un soldado cometía una infracción. Un recluta de la unidad de Hajime Kondo había comido un dulce sin permiso. Como no admitió el «delito», los doce hombres de la unidad fueron castigados.

—En el ejército no hay responsabilidades individuales, sino responsabilidades de grupo [...] no es por nuestros propios delitos por lo que solemos sufrir castigos.

Este método de entrenamiento forjaba soldados más que dispuestos a obedecer las órdenes inmediatamente y al pie de la letra.

Ya en China, Kondo completó su educación militar básica atacando a prisioneros chinos.

—El jefe decía: «Vais a hacer ejercicios de bayoneta». —Delante de los reclutas había varios chinos atados a sendos árboles. Se ordenaba por turno a los reclutas que cargaran contra un chino y lo ensartaran—. Yo temblaba de pies a cabeza, eché a correr, le clavé la bayoneta y fue fácil. Antes de ensartarlo estaba asustado, pero después comprendí que podía hacerlo. Se mata a una persona muy fácilmente.

Hajime Kondo confiesa que no se sintió culpable por matar a aquel chino indefenso. Su reacción, también aquí, es como la de otros reclutas entrevistados que también se ejercitaron con la bayoneta. Uno llegó a confesar que se sintió «bien» cuando recibió elogios por su forma de ensartar al enemigo.

Si los reclutas no sintieron remordimientos por matar a aquellos chinos se debió en buena medida a la brutalidad de la instrucción que recibían. Pero hubo otro elemento que también desempeñó un papel importante: que desde el principio les habían dicho que los chinos eran inferiores a ellos.

—Ya en primera enseñanza nos decían que los chinos eran pobres, que pertenecían a una raza inferior [...]. Mientras que los japoneses, un pueblo celeste, somos la raza más excelente del mundo. Pero los chinos estaban por debajo de los cerdos. Esa es la mentalidad que teníamos.

Para desgracia de nosotros, los británicos, muchos veteranos japoneses me dijeron además que para conquistar China se habían inspirado en la ocupación británica de la India. Japón, al igual que Alemania, era un país que había llegado tarde a la escena del mundo y, también como Alemania, quería ese símbolo de dignidad que se supone que necesita toda gran nación: colonias.

—Oíamos decir que nos quedaríamos con las alubias de Manchuria y con el algodón y el carbón del norte de China. Japón aumentaría así sus riquezas.

Movido por las ambiciones coloniales, el ejército imperial subió hacia el norte desde Nankín y emprendió una guerra de conquista que ya se había apoderado de una parte de China en 1940, cuando Hajime Kondo fue al frente. Fue destinado a una unidad apostada en la provincia de Shan Xi y a menudo tomó parte en operaciones de castigo en las zonas ocupadas de Henan y Hebei:

—En el territorio enemigo [de China] se podía hacer cualquier cosa. Lo sabíamos instintivamente; no nos decían oficialmente que pudiéramos hacer cualquier cosa, pero lo sabíamos por los más veteranos.

Hajime Kondo alegó que para él y sus compañeros no existía el «pecado individual», ya que «actuábamos como grupo» y:

—Había que matar a los comunistas por el emperador. Esa era la opinión de los soldados corrientes. De modo que durante aquella operación podías hacer cualquier cosa. Si matabas a uno, tanto mejor para el emperador.

Así como los alemanes se vieron envueltos, en la guerra contra la Unión Soviética, en una serie de agresiones «revanchistas» contra el Ejército Rojo, también Hajime Kondo reveló que el ejército imperial creaba un clima de constante revanchismo contra los chinos, basado en el hecho de que estos, de vez en cuando, se atrevían a devolver el golpe.

Todo lo cual (la convicción de que los chinos eran inferiores a los cerdos; el deseo de poseer una colonia gigantesca; la impresión de que el aparato imperial autorizaba las atrocidades; el incesante espíritu de venganza) se mezcló como un cóctel explosivo, dando lugar a una motivación potente y peligrosa. El resultado no fue solo lo de Nankín y otras atrocidades, sino un ejército articulado por una filosofía de la crueldad.

Todo el sometimiento de las zonas rurales chinas se llevó a cabo mediante un proceso de barbaridades calculadas. La unidad de Hajime Kondo se informaba primero sobre el pueblo o ciudad que pensaba atacar, secuestraba a algunos lugareños y los interrogaba; el empleo de la tortura era habitual. A continuación, se ejecutaba a los interrogados.

—Matar a un *chankoro* [«cerdo», es decir, «chino»] con una pistola o un sable era demasiado miramiento; para matar a un *chankoro* bastaba con una piedra.

Tras reunir información suficiente sobre el objetivo, la unidad avanzaba. El método era siempre el mismo:

—Los soldados entraban en el pueblo, iban a las casas y robaban dinero y comida. Luego buscaban a las mujeres y las violaban en grupos, entre diez y treinta hombres por cada mujer.

A diferencia de los alemanes que combatieron contra la Unión Soviética, que a veces cometían violaciones, pero no por sistema, la violencia sexual de los japoneses era casi rutinaria. A los alemanes les habían enseñado que violar a una eslava era un «crimen racial», y el hecho mismo de que a ojos de los nazis fueran mujeres «infrahumanas» las volvía teóricamente intocables. Pero los japoneses procesaron de otro modo la información recibida (que las chinas eran «inferiores a los cerdos»). La «evidente» inferioridad de las chinas era lo que autorizaba a los soldados a la comisión de agresiones sexuales.

Pero sería erróneo suponer, como Hajime Kondo se preocupó de aclarar, que la única motivación de las agresiones era el deseo sexual, tal como este se entiende normalmente. Había en ello algo más profundo y tenebroso, como confesó Kondo cuando habló de su participación en las violaciones colectivas.

Los veteranos no solían «invitar» a los novatos a participar en las violaciones. El ejército japonés, como la sociedad japonesa, se basaba en una rígida jerarquía y los novatos, más que los compañeros de los veteranos, eran sus acémilas.

Nos trataban tan mal —dijo Kondo— y eran tan mezquinos con nosotros que yo apenas podía pensar en mujeres.

Pero las cosas cambiaron cierto día, cuando ya llevaba tres años en el ejército de ocupación de China. Sus compañeros más antiguos habían atrapado a una mujer y la violaron uno por uno. Uno que llevaba cuatro años de soldado (y que por lo tanto era jerárquicamente superior a él) le dijo: «Kondo, viólala tú también». Era imposible negarse, ya que la invitación significaba que sus superiores lo aceptaban y él vio la situación como un rito de paso para acceder a una posición nueva y quizá mejor dentro del ejército. La consumación de la violación apenas tuvo sentido sexual para él; fue como una ceremonia de iniciación. Aquel día violaron a la china desconocida entre diez y veinte soldados de su unidad. Kondo no recordaba lo que fue de aquella mujer, aunque lo normal era matar a la víctima después de las violaciones. En realidad, insistió en que no recordaba nada de ella.

Sí recordaba, en cambio, un caso concreto y del todo inusual en que una mujer fue violada y dejada con vida después. Desnuda, aunque calzada y con una criatura en brazos, la obligaron a ir con los soldados mientras avanzaban hacia el siguiente objetivo militar. Dado que iban por el monte, la mujer se cansó pronto y fue incapaz de seguirlos. Los compañeros de Kondo decidieron deshacerse de ella.

—Estaban hablando a dos o tres metros de mí. De pronto, un soldado se incorporó, le quitó a la criatura de los brazos y la arrojó por un precipicio de treinta o cuarenta metros. La madre se lanzó por el precipicio inmediatamente, y cuando vi lo sucedido me sentí horrorizado. Lo sentí por los dos, pero había que seguir avanzando.

¿Qué habría en la cabeza del soldado japonés que arrojó a la criatura por el precipicio? ¿Deseos de eliminar lo que entorpecía el avance? ¿Sensación de poder? ¿Desprecio por los chinos? ¿Una «curiosidad» parecida a la que había sentido Petras Zelionka (véanse pp. 23-27) cuando disparaba a los niños? ¿Todo esto a la vez?

Kondo afirmaba que personalmente solo había cometido una violación, la de su «iniciación». Y yo le creí, porque poco después trasladaron a su unidad a Okinawa, para defenderla de los aliados. Allí fue capturado por los norteamericanos en el curso de un ataque suicida y la guerra terminó para él.

Hajime Kondo no era un hombre sin conciencia. Saltaba a la vista que había reflexionado mucho sobre los actos japoneses en China y sobre sus razones para sentirse personalmente culpable. Para explicar por qué se había comportado de aquel modo dijo:

—Puede que lo hubiéramos soportado si hubiéramos estado en el campo de batalla un año solamente. Pero uno se vuelve loco cuando lleva dos o tres años. El cerebro se deteriora tanto que uno acaba haciendo cosas vergonzosas. Pero así es la mentalidad que se crea cuando se está en el frente. En tiempos de paz apenas es concebible, pero un campo de batalla es un contexto excepcional. En todos los frentes sucede lo mismo, sobre todo cuando se arroja a las personas a un campo de batalla excepcional: todos se transforman en animales. Es posible que algunos, los que han recibido una educación esmerada, se comporten de modo racional, pero yo no la recibí... es fundamental que cada individuo tenga capacidad para pensar y comportarse como individuo. Solo soy un bobo sin estudios, pero eso es lo que pienso.

9

Wolfgang Horn y la ejecución de soldados del Ejército Rojo

El 22 de junio de 1941, recién comenzada la invasión alemana de la Unión Soviética, Wolfgang Horn, de veintidós años y suboficial de una unidad acorazada, veía estallar los obuses en las posiciones del Ejército Rojo. El espectáculo le levantaba la moral:

—Me complacía la fuerza de nuestro ejército mientras lanzábamos miles de obuses contra las defensas de la frontera rusa [...] era una sensación fabulosa ver el tremendo poder que teníamos frente a un enemigo despreciable y de capacidad discutible.

Para Horn fue el comienzo de una aventura que duró cinco meses y culminó en la jornada más emocionante de su vida.

Wolfgang Horn me contó su historia entre carcajadas, sonrisas y risas ahogadas. Era evidente que la guerra no había sido para él un descenso a los infiernos, sino una especie de tensa y desafiante cacería del jabalí.

A semejanza de muchos otros veteranos alemanes que he conocido, Horn alegaba que, para empezar, no había sido un nazi fanático. Se había afiliado a las Juventudes Hitlerianas en los años treinta porque «era la única forma de permanecer en el instituto y progresar normalmente [...] así que iba al centro de las Juventudes una vez a la semana, a las clases nocturnas, y los domingos iba a los ejercicios de campo, a entrenarme para la guerra: cómo cubrirse, cómo avanzar en grupos y cosas por el estilo [...]. No me importó».

Yo estaba predispuesto a creerle porque se notaba que no idolatraba a las jerarquías nazis. Incluso había visto de cerca a Adolf Hitler en un acto celebrado en Weimar; y no le había causado ninguna impresión especial.

—Desfiló por la avenida con todo su séquito de nazis de alto nivel. Estaba pálido y parecía muy poca cosa; no tenía nada especial. Me llevé una desilusión. No tenía nada especial, nada en absoluto. Y en sus discursos repetía siempre lo mismo, una y otra vez. Era algo que ya sabíamos todos.

Sin embargo, la falta de interés por Hitler y los nazis no le impidieron pensar que la guerra contra la Unión Soviética estaba justificada. Como ejemplifica su historia, se podía no ser hitleriano y creer sinceramente que había que aplastar el comunismo. Así que incluso recordando desde la perspectiva de finales de los noventa, cuando lo entrevisté en Londres, podía sostener que la invasión alemana «habría podido salvar a Europa del comunismo».

Según Horn, los alemanes tenían la misión de proteger la civilización occidental de la barbarie de Stalin. Y esta convicción fue una de las principales razones por las que recibió su bautismo de fuego pensando que lo que hacía era justo. Otra razón era que creía que se estaba enfrentando a una raza inferior:

—Veíamos la diferencia en el nivel de vida [...]. Las casas rusas eran primitivas y vivían tan por debajo de lo que nos parecía normal que no nos tomábamos muy en serio la tarea de incendiar o volar las viviendas [...]. Estaban en el nivel más bajo [...]. Yo dividía Europa en tres sectores, la Europa A, la Europa B y la Europa C, y Rusia era la Europa C, la de nivel más bajo. Inglaterra y Alemania eran la Europa A; Polonia, la Europa B, y Rusia, la Europa C.

Emitía estos juicios esbozando una ligera sonrisa de la que apenas se deshizo durante toda la entrevista. Nada de cuanto había sabido sobre los crímenes del régimen nazi había alterado su idea de que había una serie de cuestiones indiscutibles en aquella brutal agresión contra la Unión Soviética, y la cuestión más indiscutible era que los rusos estaban «en un nivel inferior» al de los alemanes.

Más tarde, cuando intervino en las operaciones de tierra quemada contra los milicianos soviéticos que se movían en la retaguardia alemana, incendió personalmente un pueblo sospechoso de cobijar milicianos, dejando a las mujeres y a los niños a merced de la nieve. Lo confesó abiertamente. Cuando le sugerí que aquello había podido significar la muerte de muchos niños y mujeres, respondió:

—Ya sé, ya sé que es algo que podía ocurrir. Pero también sabemos que los rusos disponen de muchos recursos para protegerse del frío. —Y cuando le pregunté si actualmente se avergonzaba de haber incendiado el pueblo, dijo riendo—: No mucho. Más bien sentí cierto entusiasmo por haberlo hecho bien.

Es importante señalar que este enfoque no se formó en el ánimo de Horn a consecuencia de sus experiencias bélicas. Ya pensaba así antes de poner los pies en la Unión Soviética; esto quiere decir que desde el primer día buscó en el suelo enemigo las pruebas que le confirmaran una conclusión a la que ya había llegado. Este prejuicio tuvo un efecto sorprendente desde el principio mismo. Le permitía emocionarse con la guerra. Liberado de todo sentido de responsabilidad frente al sufrimiento ajeno, podía deleitarse eliminando al enemigo. Este sentimiento se reforzaba a causa de la superioridad tecnológica de los alemanes, ya que Horn formaba parte de la ofensiva militar tecnológicamente más avanzada que se había producido en la historia. Hasta el momento, la teoría militar convencional decía que las ofensivas debían hacerse escalonadamente: primero se bombardeaba, luego intervenía la artillería, luego los tanques y finalmente avanzaba la infantería. Pero a comienzos de la guerra los alemanes utilizaron una táctica muy distinta.

Ensayada en otoño de 1939 en la invasión de Polonia y proseguida en la primavera de 1940 en la conquista de Francia y los Países Bajos, la táctica de la guerra relámpago llegó a la perfección técnica en la invasión de la URSS. La idea no era ya atacar al enemigo escalonadamente. Por el contrario, las fuerzas alemanas se concentraban en un área pequeña, a menudo una simple carretera, y atacaban con bombarderos, con infantería motorizada, con carros de combate, con artillería, todo a la vez. Ningún otro país poseía entonces la habilidad necesaria para coordinar los movimientos de esta táctica. Un error de unos metros en los cálculos de la artillería, unos segundos de retraso, y los alemanes podían acabar destruyendo sus propias fuerzas.

—Siempre podíamos comunicarnos con facilidad —contaba Horn con orgullo—. Representaba una gran ventaja, como es lógico, que el ataque estuviera tan bien coordinado.

La exaltación de los soldados mientras destruían las defensas soviéticas estaba justificada, al menos al principio. Jamás se había conocido un avance tan rápido y eficaz como el que consiguieron los alemanes en el verano de 1941. Al llegar el otoño habían capturado ya a tres millones de soldados, que por lo general quedaban atrapados en grandes bolsas creadas por los movimientos envolventes alemanes y que a veces aislaban a ejércitos enteros. A fines de septiembre, los alemanes habían avanzado alrededor de seiscientos cincuenta kilómetros en suelo soviético. En poco más de tres meses se habían apoderado de casi toda Ucrania, incluida Kiev, la capital; de toda Bielorrusia, cuya capital era Minsk; y de los países bálticos. Por si esto no bastara, habían puesto cerco a Leningrado y avanzaban hacia Moscú.

En el momento culminante de este período triunfal, precisamente mientras Hitler proclamaba en el Palacio de los Deportes de Berlín que el Ejército Rojo no volvería a levantarse jamás, Wolfgang Horn vivió una experiencia embriagadora. En octubre de 1941 cinco ejércitos soviéticos quedaron atrapados en la llamada «bolsa de Viazma», a ciento cincuenta kilómetros de Moscú, por el 3.er y 4.° ejércitos acorazados alemanes. Presas del pánico, los soldados soviéticos hacían cualquier cosa para romper el cerco, incluso atacar desarmados a los alemanes. Horn fue testigo:

—Avanzaban los soldados en oleadas, una tras otra. Cuando la primera fila caía abatida, los de la segunda recogían las armas de los muertos y seguían avanzando hasta que caían a su vez [...]. Ningún soldado alemán habría atacado con las manos desnudas. Para nosotros era inconcebible, pero en ellos parecía normal [...]. A nosotros se nos antojaba totalmente extraño, pero era su forma de combatir.

Y una noche, cerca de Viazma, Horn y su unidad entraron en contacto directo con soldados soviéticos que corrían. Horn había sido alcanzado por la metralla de una granada soviética y estaba «furioso». Así que «me limité a lanzar granadas y a disparar sobre los rusos que avanzaban hacia mí. Algunos cargaban con la bayoneta en ristre y yo disparaba a discreción».

Horn y los suyos también atacaron un camión lleno de soldados que trataba de cruzar el cerco.

—Los rusos estaban tan acobardados que algunos se quedaron detrás del camión, tendidos en el suelo, sin moverse.

Horn despreciaba a los soldados que se hacían los muertos. Les gritaron en ruso «manos arriba» y, al no obtener respuesta:

—Les disparamos, como es lógico. Al recibir los impactos se estremecían y se encogían un poco [...]. Cuando no se rendían, les disparábamos [...]. De todos modos, eran unos cobardes y no merecían otra cosa. —En este punto se echó a reír otra vez—. Eso es lo que pensábamos [...]. Yo no lo habría hecho nunca. Ninguno de nosotros lo habría hecho. Echarse al suelo y quedarse inmóvil.

Calcula que aquella noche mató entre veinte y treinta soldados del Ejército Rojo.

Horn era un hombre inteligente (al acabar la guerra fue a la universidad y trabajó de analista de pruebas del coeficiente intelectual), pero cuando le pregunté por qué había sido aquella la noche más emocionante de su vida me respondió lo siguiente:

—[Porque] pude matar a muchos rusos con granadas y con el fusil. —Lo dijo con toda naturalidad y mucho sentimiento.

Antes de conocer a Horn yo pensaba que combatir en una guerra era aterrador, peligroso y quizá estimulante, en según qué momentos. Después de conocerlo he llegado a entender que para ciertos individuos es esto y más cosas aún. Aprendí que, para determinadas personas, la violencia y el derramamiento de sangre de la guerra pueden ser muy divertidos.

10

Masayo Enomoto: violación, asesinato y canibalismo

A los antiguos romanos les preocupaba la posibilidad de que la civilización los ablandara, que los baños calientes y las camas confortables embotaran su capacidad para destruir al enemigo en la batalla. Mi preocupación en el curso de los últimos veinte años ha sido la contraria. Que oír demasiadas historias de crueldad y degradación acaben por embotar mi sensibilidad y por endurecerme ante el sufrimiento. Pero hace siete años conocí en Tokio a Masayo Enomoto y me di cuenta de que no me había endurecido en absoluto: su historia me sigue obsesionando actualmente.

Masayo Enomoto era hijo de un granjero japonés que se alistó a los diecisiete años para buscar fortuna en China. Tras una instrucción brutal muy parecida a la que recibió Hajime Kondo (véanse las pp. 71-77) fue enviado al norte de China, al corazón del territorio enemigo. Allí averiguó que podía hacer con los aldeanos locales cualquier cosa que se le antojara: le habían enseñado que aquellas personas eran «inferiores a las cucarachas».

La experiencia clave de su vida aconteció en mayo de 1945. Él y sus compañeros estaban hambrientos y cansados. Hacía muchos meses que estaban lejos de la base, en territorio enemigo, y buscaban distracción. Así que cuando el brigada Masayo Enomoto oyó decir que había regresado una mujer a una aldea próxima y abandonada, fue a investigar. La vio nada más entrar en la aldea.

—Hablaba japonés y me dijo que sus padres habían querido convencerla de que se fuera, pero ella replicó que los japoneses no eran tan malos, así que había decidido quedarse.

Había sido un error mortal. Porque nada más ver a la mujer, se despertó en Masayo Enomoto un instinto básico.

—Cuando veía a una mujer en aquella zona enemiga, en lo primero en que pensaba espontáneamente era en violarla. Sin titubeos.

Masayo Enomoto miró a su alrededor para comprobar que nadie los veía y la violó detrás de una valla.

—Se resistió. Pero no me afectaron sus protestas. Ni siquiera escuché lo que me decía. —Después de violarla, hizo lo que hacía siempre con las mujeres que violaba: la mató—. La atravesé con el sable. En la televisión se hace creer que sale mucha sangre, pero no es verdad [...]. He dado estocadas con el sable, pero yo no he acabado cubierto de sangre. Según mi experiencia no ocurren esas cosas. No queda uno salpicado como se ve en el cine. Cuando les cortas el cuello sale un poco de sangre, pero no como en las películas [...]. Cuando maté a aquella mujer no quedé cubierto de sangre.

Mientras observaba el cadáver de la mujer a la que acababa de violar y matar se le ocurrió otra cosa. Él y sus compañeros estaban hambrientos. Hacía días que no probaban la carne. ¿Y si se la comían?

Masayo Enomoto arrastró el cadáver para quedar totalmente oculto por la valla y se puso a despiezar a la mujer. Cortó lonchas de las piernas, los brazos y el tronco.

—Elegí las partes más carnosas.

Luego transportó las lonchas a donde estaba la unidad y las repartió entre sus compañeros. Como los soldados rasos no le hicieron preguntas, no les contó de dónde había salido la carne. Pero pensó que debía informar a su superior de que estaban comiendo carne humana; cuando el superior se enteró, no hizo el menor comentario.

Masayo Enomoto también comió y dice que la carne estaba «buena y tierna. Me pareció más sabrosa que la de cerdo, al menos es la impresión que tuve entonces».

En aquellos momentos no se sintió culpable por lo que hacía:

—No sentí nada ni por haberla violado, ni por haberla matado, ni por habérmela comido. Esto vale para todo lo que hice [en China], Después es cuando empecé a sentir remordimientos.

En el ejército japonés la violación era oficialmente un delito. Pero cuando le pregunté por qué sus superiores no se oponían, Masayo Enomoto me respondió con naturalidad:

—Porque mis superiores también cometían violaciones [...]. Estábamos convencidos de que lo hacíamos todo por el emperador, así que todo estaba bien mientras lo hiciéramos en su nombre. Violaciones, asesinatos, incendios, etcétera. [...] Puede que estuviera mal, pero los soldados tenían que consolarse. Luchaban por el emperador y aquello era una especie de consuelo.

Masayo Enomoto dijo que durante su estancia en China violó en total a ocho mujeres, incluida la que se comió. Y alegó que la violación le parecía entonces algo aceptable, dado que era joven por aquellas fechas, y que, aunque estaba cometiendo un delito, «también sentía cierta satisfacción como soldado».

Cuando dijo estas palabras hacía más de una hora que le escuchaba. Caía la noche y el farol que había en la habitación de aquel hotel tradicional en que filmamos la entrevista proyectaba sombras sobre las paredes de papel de arroz. Tenía la impresión de que las anécdotas que había contado estaban saturando la habitación, de que aquel recital de historias bélicas había contaminado el aire. Había hecho cientos de entrevistas a otros tantos veteranos (muchos de los cuales eran culpables de atrocidades horribles), pero nunca me había sentido así.

No creo en fantasmas, ni en espíritus, ni en ninguna otra clase de aparición sobrenatural, así que en ningún momento pensé que se tratara de una visión parapsicológica. No, era más bien la impresión que tenemos cuando vamos a un lugar y nos parece malsano, o cuando conocemos a una persona y presentimos algo malo antes de que nos digan nada.

Unos segundos más tarde hicimos un alto para cambiar la cinta de la videocámara y abrí la puerta para que entrara el aire fresco de la noche. De pronto cambió la atmósfera y todo lo que había estado con nosotros en la habitación se desvaneció. Nunca he vuelto a tener una experiencia semejante.

Al acabar la guerra, Masayo Enomoto fue hecho prisionero por los chinos. Fue internado con otros mil japoneses en un campo de Bujan, en el norte de China. Dada la gravedad de los delitos cometidos por él y otros compatriotas suyos habría sido de esperar que los chinos los castigaran con dureza. No fue así.

—Los chinos nos daban tres raciones de arroz diarias, aunque ellos solo comían dos. Y toda la comida y los ingredientes eran muy buenos. Y nos daban cosas que no podíamos comer en Japón. Y mantuvieron este régimen durante todo el tiempo que duró mi encierro.

Este trato inesperadamente benigno hizo que Masayo Enomoto se replanteara lo que había hecho durante la guerra.

—Si hubiera conservado la perspectiva de entonces, no creo que hubiera sentido remordimientos. Empecé a sentirlos cuando lo consideré desde el punto de vista de los chinos, cuando vi su generoso comportamiento. No me pegaron ni me humillaron ni una sola vez.

Se dio cuenta de que sus captores chinos (el enemigo al que le habían enseñado a despreciar) le trataban mejor que sus superiores del ejército. Así acabó confesando voluntariamente:

—No me obligaron. Decidí confesar por iniciativa propia, porque me di cuenta de que había cometido crímenes. Los chinos no me dieron instrucciones al respecto. Pedí papel y lápiz y puse por escrito todo lo que había hecho [...]. Y basándose en mis indicaciones los chinos fueron a comprobarlo en los lugares de los sucesos, tardaron un mes en hacerlo. Y se demostró que era exacto lo que yo había escrito. Y comprendieron que había dicho la verdad.

Los chinos no recompensaron a Masayo Enomoto por haber confesado. Tampoco lo castigaron al conocer la naturaleza de sus delitos. Lejos de ello, «nada cambió; los chinos siguieron tratándome como antes».

Es significativo que los chinos se preocuparan tanto por comprobar el testimonio de los criminales de guerra japoneses, cotejando sus declaraciones con otros indicios y recogiendo declaraciones de diversos testigos presenciales. A diferencia de multitud de investigaciones practicadas en países no democráticos, parece que en aquella se buscó sinceramente la verdad.

Masayo Enomoto fue el primer prisionero del campo que confesó haber cometido violaciones. Los otros prisioneros habían confesado «robos y saqueos, pero no haber violado a mujeres. Pero cuando me decidí a hablar, todos admitieron haber cometido violaciones».

En 1956, una vez investigados todos los crímenes, las autoridades chinas tomaron una decisión que a primera vista parece no menos escandalosa: pusieron en libertad a Enomoto y le permitieron volver a Japón. Esta política de repatriar a los criminales de guerra que confesaban era en realidad una táctica inteligente. Si se hubieran limitado a fusilar a Enomoto, el mundo no habría conocido sus crímenes. Y como en los años inmediatamente posteriores a la guerra se hizo patente que las autoridades japonesas no iban a seguir la política de los alemanes, reconocer públicamente los delitos cometidos durante el conflicto, habría beneficiado a dichas autoridades que ningún criminal de guerra japonés volviera de China. Pero ahora había muchos veteranos del ejército imperial que estaban dispuestos a confesar públicamente los crímenes que habían cometido en nombre del emperador, un emperador que, por cierto, siguió ocupando el trono de su país con permiso de los aliados. No es de extrañar que, dado el contexto, algunos japoneses repudiaran las declaraciones de los veteranos repatriados, alegando que los chinos les habían «lavado el cerebro». Pero el hecho de que sus versiones coincidieran con las experiencias de los pocos veteranos japoneses que habían hablado ya y con las declaraciones de testigos independientes impidió que sus testimonios cayeran en saco roto.

También nosotros, antes de entrevistar a Masayo Enomoto, nos preocupamos por comprobar, en la medida de lo posible, la veracidad de sus afirmaciones, en particular la relativa a la antropofagia. Al principio creí que era simplemente una exageración, pero las recientes investigaciones del profesor Yuki Tanaka han revelado que en el ejército imperial japonés «se practicó el canibalismo mucho más de lo que se ha venido creyendo hasta ahora». Y aunque la obra del profesor Tanaka se refiere al comportamiento de los japoneses en Nueva Guinea, nada impide conjeturar que los que estaban destacados en China no tuvieran una mentalidad equivalente. Además, todo indica que también los chinos consideraron creíble la confesión de Enomoto cuando la investigaron en los años cincuenta.

Pero lo que más me impresionó no fue enterarme del trato civilizado que dieron los chinos a los criminales de guerra japoneses. Lo que mejor recuerdo de esta parte de la entrevista con Enomoto fue una observación suya, aparentemente secundaria:

—Los chinos me felicitaron por haber escrito la confesión más larga y exacta.

A mí me pareció un comentario significativo porque Enomoto ya había dado a entender que en la guerra había sido el soldado más decidido de su unidad. Por ejemplo, durante el período de instrucción siempre era el primero en ofrecerse voluntario para acuchillar a los prisioneros chinos con la bayoneta. Había hecho todo cuanto estaba en su mano por complacer a sus superiores militares y cuando cayó prisionero hizo todo lo posible por complacer a sus captores. Sus convicciones, por así decirlo, dieron un giro de ciento ochenta grados sin que por dentro experimentara ningún conflicto, ninguna duda; todo porque el rasgo dominante de su carácter era el deseo de complacer al que mandaba y adaptarse al sistema que dominara en cada momento dado. Terminada la entrevista y mientras iba al volante del coche por las iluminadas calles de Tokio, pensé que aquella revelación era casi tan turbadora como la historia real de violación, asesinato y canibalismo que me había contado Enomoto.

Cuarta parte
PRISIONEROS

Durante la segunda guerra mundial hubo más prisioneros que en ningún otro conflicto bélico de la historia, y las experiencias de los que cayeron en manos del enemigo estuvieron también entre las más variadas y heterogéneas que se conocen. Las nueve historias personales de esta sección ponen de manifiesto estos dos puntos y nos permiten ver cómo se comportaban las personas en circunstancias casi imposibles de imaginar. La variedad de trato que recibieron los prisioneros nos aconseja por otro lado que ampliemos el concepto de lo que representa ser apresado. Alexandr Mijailovski cayó prisionero de los alemanes y no vio los muros de ninguna cárcel durante el primer día, pero estaba tan encerrado como Peter Lee, que pasó años entre las alambradas de un campo japonés.

A la luz de estas historias deberíamos replantearnos el significado tradicional de la palabra «prisionero». Por lo general pensamos que se trata de personas a las que se priva de libertad durante un tiempo concreto y que reciben un castigo que siempre se corresponde con el «delito» cometido. Muchas naciones modificaron esta definición durante la guerra, sobre todo Alemania, que trató a sus prisioneros de acuerdo con la ideología nazi. Por ejemplo, los alemanes trataron a sus prisioneros soviéticos mucho peor que a los británicos; de hecho, murieron más de tres millones de prisioneros soviéticos en las instalaciones alemanas. Pero ser judío y caer en manos de los nazis equivalía a enfrentarse a formas de encierro diferentes de las demás. A los judíos se les encerraba en un gueto (como les ocurrió a Estera Frenkiel y a Lucille Eichengreen) o se les enviaba a campos como Treblinka (fue el caso de Samuel Willenberg). Estos lugares tenían algo en común, que eran «provisionales» desde el punto de vista de los nazis. Los judíos podían pasar años encerrados si estaban en un gueto, o minutos si estaban en Treblinka, pero en última instancia los nazis querían lo mismo para todos: el exterminio. Fue una forma de encierro única en la historia.

La segunda guerra mundial representa asimismo una revolución en la historia penitenciaria a causa del apresamiento y encierro masivos de millones de civiles. Ancianos, madres, niños, criaturas de pecho, todos podían ser apresados. La población reclusa fue en consecuencia mucho más variada. Y lo que aprendimos al conocer a una serie de antiguos prisioneros es que no hubo una sola forma de afrontar la experiencia traumática. Lo que fue útil para Peter Lee (concentrarse en el momento presente y no pensar nunca en el futuro) no lo habría sido para Tatiana Nanieva, que resistía imaginando que sus liberadores estaban cada día un poco más cerca.

11

Alexandr Mijailovski y los buscaminas humanos de los nazis

Los que investigan la historia saben que nuestra idea del pasado cambia constantemente. Los acontecimientos se reinterpretan, se defienden o se discuten. La reputación de los individuos crece y se desvanece. Y algo más importante: que el acceso a los archivos y a los testigos que son la base documental de la historiografía se permite unas veces y se niega otras. Nuestro conocimiento y nuestra opinión sobre la historia de la Unión Soviética, por ejemplo, se ha modificado a consecuencia de la caída del Muro de Berlín, que ha permitido el acceso a la Alemania del Este. Pero aun así corremos peligro de entender esto como un privilegio que no se puede arrebatar una vez concedido, cosa que dista mucho de ser verdad. No debemos olvidar nunca que, por muchas advertencias que nos haga la historia y por muchas lecciones que nos enseñe, solo hay una ley inmutable: que las cosas cambian.

Sin ir más lejos, las cosas han cambiado desde que me permitieron entrar en Bielorrusia a fines de los años noventa para investigar y filmar entrevistas. Este país sin salida al mar, rodeado por Polonia, Ucrania, Rusia, Letonia y Lituania, había formado parte de la URSS desde 1922. Durante la segunda guerra mundial fue escenario de incontables atrocidades, primero mientras los ejércitos alemanes se abrían paso hacia Moscú y luego en la sangrienta guerra interior que estalló en la retaguardia entre los alemanes y los milicianos de Stalin.

Por tradición se cree que Polonia es el país que más sufrió durante el conflicto, comparativamente hablando, ya que perdió a seis millones de habitantes (el 18 % de la población de preguerra), pero ello se debe a que Bielorrusia, que entonces era una república de la Unión Soviética, no se consideraba país independiente. En consecuencia, pocos saben que murieron 2,2 millones de bielorrusos, el 25 % de su población de preguerra.

Bielorrusia proclamó su independencia en 1991 y tres años más tarde Alexandr Lukashenko fue nombrado presidente. Su victoria en las elecciones de 2006 fue tachada de fraudulenta por los observadores extranjeros, y ha habido en el país muchas y graves violaciones de los derechos humanos. Lukashenko es un gobernante excéntrico y autoritario que trata al país como si fuera su feudo personal. Desconfía de los periodistas extranjeros y hoy sería casi imposible conseguir un visado para rodar documentales en el interior. Yo lo conseguí en 1999, durante un deshielo temporal en las relaciones entre las autoridades bielorrusas y los medios informativos occidentales.

No esperaba que el país me gustara tanto; no hablo del régimen, desde luego, sino de la geografía y de la gente. Bielorrusia es uno de los países menos poblados de Europa y en casi todos sus rincones reina un silencio asombroso. Tiene la misma población que Portugal (unos diez millones de habitantes) y más de dos veces su territorio. La capital, Minsk, es una ciudad atractiva con avenidas despejadas y calles con árboles. Aunque lo que me atrajo en primer lugar fue, naturalmente, la posibilidad de conocer a personas que habían sufrido allí el infierno de la guerra. Durante aquel interludio de aperturismo en la historia local fue posible poner en duda uno de los mitos más arraigados sobre la guerra: la actividad miliciana. Porque detrás de las películas de propaganda sobre los nobles milicianos del Ejército Rojo y su abnegada colaboración con los bielorrusos había una verdad más sombría. Muchos aldeanos a quienes conocí me hablaron de los milicianos como de borrachos y asesinos que les robaban el ganado y la comida. Me contaron que los milicianos salían de los bosques por la noche, se llevaban a los lugareños que según ellos habían colaborado con los alemanes (acusaciones que a veces se basaban en las sospechas más absurdas) y los mataban. Una mujer llegó a decir que, comparados con los alemanes, «los milicianos fueron peores». Si lo hubiera dicho en público antes de la caída del comunismo, habría ido a la cárcel.

Pero por llamativos que sean estos recuerdos colectivos sobre el comportamiento de los milicianos soviéticos, la persona que más viva impresión me causó durante mi viaje documental a Bielorrusia fue víctima de una atrocidad perpetrada por alemanes, no por milicianos. Se llamaba Alexandr Mijailovski y vivía en Maximoki, un villorrio perdido en el campo. Su historia me afectó profundamente a causa del carácter siniestro y repentino del episodio que le tocó vivir. La noche del 21 de julio de 1943 se había ido a la cama esperando que el día siguiente fuera tan normal como cualquier otro. Pero se equivocaba: a eso de las cuatro de la madrugada aparecieron soldados alemanes que echaron la puerta abajo e irrumpieron en la casa en que vivía con su hermano, que era sordomudo. Despertaron a los dos y los llevaron a la carretera que unía Maximoki con una aldea vecina. Allí los ataron por las muñecas a otra media docena de aldeanos y formaron con ellos una fila que abarcaba la anchura de la carretera. Ordenaron a los ocho que avanzaran dando pasos cortos y bien medidos. Los alemanes iban detrás, a una distancia segura.

Alexandr Mijailovski sabía perfectamente qué estaba pasando: les obligaban a hacer de detectores de minas.

—Los milicianos habían colocado minas y de vez en cuando saltaban por los aires algunos soldados. Los alemanes nos enviaron por delante con toda intención, para que voláramos nosotros. —Sabía igualmente que, hicieran lo que hiciesen él y los demás aldeanos, estaban condenados a una muerte segura—. Sabíamos que si eludíamos una mina y un alemán saltaba por los aires a nuestras espaldas, moriríamos nosotros también. Avanzábamos pues sin ninguna esperanza, porque si no volábamos nosotros volaría un alemán y eso significaba que los otros alemanes nos matarían. Íbamos a morir de un modo u otro. —Con aquella convicción, Alexandr y los demás aldeanos optaron por no ir por la parte de la carretera que pensaban que podía estar minada—. Seguimos avanzando, hasta donde nos era posible, por la senda de los caballos, y evitábamos todos los puntos sospechosos.

Su lógica era aplastante. Si pasaban por alto una mina, había una pequeña posibilidad de que los alemanes tampoco la pisaran. Y si la pisaban y alguno saltaba por los aires, era preferible morir fusilados a reventar a causa de la explosión. No es de extrañar que a Alexandr Mijailovski le faltaran las palabras para describir las emociones que había sentido aquel día.

—El miedo secaba la boca [...] las lágrimas nos impedían ver el suelo [...]. Tenía el corazón en un puño [...]. Había que seguir avanzando, sin saber qué, dónde, cómo ni por qué [...] nos llevaban a una muerte cierta, eso era lo que sentía.

El grupo de bielorrusos tuvo suerte: no había minas en aquella carretera. Pero habría podido haberlas. Durante la gigantesca Operación Kottbus, organizada por los alemanes para acabar con los milicianos soviéticos en Bielorrusia oriental, volvió a utilizarse a personas para limpiar campos de minas, y esta vez a una escala descomunal. El oficial de las SS que dirigía la operación anotó en su informe que «entre doscientos y trescientos lugareños saltaron por los aires en la limpieza de los campos de minas».[1]

Alexandr y sus siete paisanos salieron ilesos de su largo viaje, pero el peligro no había terminado aún para ellos. Cuando llegaron a la aldea de Beshchadi, los alemanes seleccionaron a cuatro, entre ellos Alexandr y su hermano. Parece que el motivo era que, por ser jóvenes y de aspecto saludable, resultaban en principio sospechosos de ser milicianos. Por entonces (verano de 1943) los alemanes habían perdido buena parte del sector rural de Bielorrusia y tenían ya menos control sobre los lugareños que los grupos de milicianos del Ejército Rojo. La solución alemana era servirse del terror para doblegar a la población local. Alexandr, su hermano y los otros dos jóvenes seleccionados aquel día iban a ser testigos de lo que era la aplicación práctica del terror.

—Los alemanes nos metieron en un hoyo destinado a contener patatas y dijeron [a los demás]: «Venid a ver. Vamos a fusilar a unos bandidos». Y montaron tres ametralladoras junto a los hoyos.

Por pura casualidad, unos paisanos de los Mijailovski vieron lo que sucedía y tres fueron a hablar con el oficial alemán que tenía el mando de la unidad. Dio también la casualidad de que el oficial hablara polaco, lo mismo que los bielorrusos, y pudieron entenderse con él. «Son huérfanos —le dijeron los aldeanos—. Sus padres han muerto. No son bandidos, trabajan la tierra, no son nada [...] ése de ahí es un inválido, es sordomudo.»

Alexandr y los otros tres seguían en el hoyo, con los ojos fijos en las ametralladoras, y entonces vieron al oficial que iba a decidir su suerte. Su vida dependía de aquel alemán desconocido que, después de meditar unos instantes, ordenó que sacaran del hoyo a los cuatro. ¿Por qué cambió de idea? Es posible que se debiera a la presencia del hermano sordomudo de Alexandr, a que el oficial alemán tuviera reparos para matar a un discapacitado (aunque muchos otros alemanes no tuvieron tantos escrúpulos). Nunca lo sabremos.

Los cuatro estuvieron retenidos toda la noche en un almacén de la aldea y luego los llevaron a Minsk para unirse a otro grupo de bielorrusos a punto de ser enviados a Alemania para hacer trabajos forzados. Terminada la contienda bélica, Alexandr y su hermano volvieron a Maximoki y siguieron trabajando la tierra.

Tras pasar la mañana filmando la entrevista con Alexandr, lo llevamos con el coche a su pequeña casa de madera y nos despedimos de él. Luego hicimos varias tomas del paisaje para ilustrar su historia. Todo estaba tranquilo y en paz; el único sonido que se oía era el piar de los pájaros del bosque.

Sentía algo realmente extraño, algo que no había experimentado ni siquiera donde habían estado los campos de muerte de Treblinka y Auschwitz. Era la confirmación definitiva de la idea de que la naturaleza (representada por la serena y verde vegetación que me rodeaba) era totalmente ajena e indiferente al sufrimiento de Alexandr Mijailovski. Lo hubieran matado o no, la hierba habría seguido creciendo y los capullos se habrían convertido igualmente en flores.

Y entonces recordé las terribles palabras de aquel archidarwinista social que fue Adolf Hitler: «Tanto si el hombre mata al tigre como si este se come al hombre, la tierra seguirá girando sobre su eje».[2]

12

Samuel Willenberg y la supervivencia en un campo de muerte

Centenares de trenes cruzaron Europa central en 1942 para conducir a la muerte a más de un millón de personas. En uno de aquellos trenes iba un polaco judío de diecinueve años llamado Samuel Willenberg. Procedía de un pueblo del sur de Polonia, Opatow, donde había sido capturado con otros paisanos suyos en una redada de judíos, una de las muchas que tenían lugar en toda la Polonia ocupada por los nazis. Todos los que iban apretujados en el vagón de mercancías que transportaba a Samuel sabían lo que les esperaba cuando llegaran a su punto de destino. Corrían muchos rumores sobre las fábricas de muerte de los nazis, y cuando pasaban por una estación y el tren deceleraba, los transportados oían gritar a sus compatriotas, los polacos católicos: «¡Judíos! ¡Os van a convertir en jabón!». Pero aún conservaban la esperanza de salvarse. Muchos supervivientes dicen que la esperanza es lo último que se pierde.

El punto de destino de Samuel era un lugar que encarnaba a la perfección la consecuencia lógica del odio nazi: un campo llamado Treblinka y situado al este de Varsovia, en medio de un bosque. A diferencia de Auschwitz, el campo de peor fama de todos, que era campo de concentración y a la vez campo de exterminio, Treblinka no tenía otra finalidad que matar. Era el mayor de los campos de la llamada Operación Reinhard, llamada así por los nazis en honor de Reinhard Heydrich, el jerarca de las SS ejecutado en Praga por espías aliados en mayo de 1942. Pero aun así era de pequeñas dimensiones, unos seiscientos metros por cuatrocientos. En los campos de la Operación Reinhard se mató en total a 1,6 millones de personas; solo en Treblinka murieron unas ochocientas mil. En este campo abierto junto al río Bug, y tan pequeño que podía recorrerse el perímetro de la alambrada en veinte minutos, murieron casi tantos civiles como soldados británicos y norteamericanos juntos en toda la segunda guerra mundial.

Pero lo que impresiona de Treblinka no es solo la elevada cantidad de asesinatos que se cometieron allí. Es la forma fría y calculada de matar que se organizó para que los verdugos se mantuvieran lo más lejos posible de la mecánica del proceso ejecutor. Heinrich Himmler, jefe de las SS, había visto personalmente en el verano de 1941 que los fusilamientos de civiles causaban trastornos psicológicos en muchos de sus hombres. En consecuencia, ordenó que se hicieran experimentos para encontrar formas «mejores» de matar; mejores para los nazis, no para sus víctimas. El resultado fue Treblinka y otros campos dotados con cámaras de gas. Bastaban unos pocos alemanes (algunas docenas) para dirigir el campo, con ayuda de unos cien guardias ucranianos de las SS. El peso principal del trabajo recaía en un millar de prisioneros judíos que estaban obligados a mantener el proceso exterminador, so pena de ser ejecutados inmediatamente.

Pese a ser pequeño, Treblinka estaba dividido en dos secciones: un campo inferior, donde se preparaba a los judíos para las cámaras de gas, les afeitaban la cabeza, les quitaban todas sus pertenencias; y un campo superior, conectado con el otro por un pasillo conocido por «el tubo», que era donde se encontraban las cámaras de gas y los hornos crematorios. Las tareas principales de los dos campos, lo mismo que en Auschwitz, eran realizadas por prisioneros judíos, sin excluir la tarea más macabra de todas, que era vaciar las cámaras de gas de cadáveres. Estos prisioneros eran ejecutados al cabo de cierto tiempo y sustituidos por otro equipo. El reemplazo se producía cada varios meses. Así pues, solo un milagro estadístico podía hacer que un recién llegado a Treblinka fuera elegido para pertenecer a aquel *Sonderkommando* o «unidad especial». Las cifras son apabullantes: los prisioneros que llegaban tenían de media el 99 % de probabilidades de morir antes de tres horas.

Pero cuando Samuel Willenberg cruzó las puertas de Treblinka ocurrió algo parecido a un milagro. En medio de la confusión, con los guardias de las SS gritando y golpeando a los desorientados prisioneros que bajaban de los trenes, oyó que le llamaba uno del *Sonderkommando* judío y le preguntaba de dónde era. Samuel se lo dijo y el otro le comentó: «Di que eres albañil». Samuel obedeció el consejo y un guardia de las SS lo apartó de la columna humana que iba a ser enviada a las cámaras de gas. Fue una simple cuestión de suerte: quiso la casualidad que aquel día los nazis necesitaran personal de construcción, y que aquel judío reconociera a Samuel y le dijera cómo eludir la muerte inmediata.

Una vez incorporado al personal del campo, Samuel trabajó no solo de albañil, sino también, como muchos otros prisioneros, en la clasificación de pantalones, camisas, ropa interior, maletas, latas de comida, documentos, joyas y otras pertenencias arrebatadas a los judíos asesinados. Era «como un mercado persa», dice. En la sección de clasificación estuvo a las órdenes de un teniente de las SS, un sádico llamado Kurt Franz y apodado «el Muñeco». Aterrorizaba a los prisioneros con un San Bernardo gigantesco que se llamaba *Barry*. *Barry* había sido entrenado para morder a los hombres en los genitales, un castigo que por lo general acababa en una muerte dolorosa. Y el Muñeco decidía caprichosamente quién sufriría este trato; a veces bastaba con que no le gustara cómo le miraba un prisionero.

El sufrimiento de los miembros del *Sonderkommando* judío de Treblinka no era solo físico. Igual de terrible era la angustia de ver que miles y miles de judíos (incluidas madres abrazadas a niños y criaturas de pecho) llegaban al campo, eran desnudados, se les afeitaba la cabeza y luego eran obligados a recorrer el estrecho pasillo que llevaba a las cámaras de gas. El peor momento que vivió Samuel Willenberg fue cuando descubrió el abrigo de su hermana entre las ropas que estaba clasificando:

—Lo reconocí porque le había alargado las mangas. Madre se las alargó con felpa verde. Y al día siguiente vi la falda de mi hermana [...]. Me cuesta describir lo que sentí [...] de repente tuve ganas de gritar. El dolor, la impotencia [...] grité por dentro. Por la noche lloré; nunca lloraba, pero aquella noche sí. Recuerdo que una vez vi a un muchacho recién llegado [a Treblinka] que estaba llorando, y le dije: «Aquí no se llora. Aquí se odia». Y ya ve lo que pasó. También yo lloré como un niño. Es difícil imaginar el dolor que se siente [...]. Las personas que más quería, en aquel lugar maldito [...]. Odio, furia, impotencia [...].

Mientras Samuel y el resto del *Sonderkommando* judío soportaban todo esto, Franz Stangl, comandante de Treblinka, inspeccionaba una serie de medidas para «civilizar» el proceso exterminador, en realidad para engañar a los recién llegados y hacerles creer que estaban en una estación de paso y no en un campo de exterminio. En las paredes de la estación de pacotilla se colocaron horarios falsos y se plantaron flores en el tubo. «¡Daos prisa! —gritó un guardia de las SS a un grupo de recién llegados—. Se os va enfriar el agua de la ducha.»

Los demasiado indispuestos para ir andando a los vestuarios y al campo superior a través del tubo eran discretamente conducidos al «hospital», donde se veía una bandera de la Cruz Roja junto a una sólida valla. En la parte exterior de esta había un banco donde los enfermos esperaban hasta que les tocaba el turno. Se les llamaba uno por uno para ser «atendidos». Pero en cuanto cruzaban la valla descubrían que el hospital de Treblinka era una fosa llena de cadáveres, y al lado de la fosa había un SS con una pistola, preparado para pegarle un tiro en la nuca al «paciente» y arrojarlo ya cadáver con los demás.

—Cinismo —decía Samuel—, un cinismo como el mundo no había visto hasta entonces [...]. Pues ¿quién habría imaginado que al ir a ver al médico se recibiría un tiro en la cabeza?

Samuel y los demás miembros del *Sonderkommando* no podían entender cómo podía estar cometiéndose aquel crimen sin precedentes.

—Hacíamos comentarios, en actitud pacífica. Nos preguntábamos unos a otros: «¿Por qué?». Era la pregunta de siempre: ¿por qué, por qué? Responderla era un suplicio.

Pese a todo, se esforzaban por encontrarle una lógica a aquello, una finalidad que justificara aquel horror, y discutían por la noche en los barracones. Al obrar así, los miembros del *Sonderkommando* judío de Treblinka se estaban comportando como se vienen comportando los seres humanos desde hace milenios. Incluso el repaso más superficial a la historia de la civilización pone de manifiesto que una de las cualidades que definen a la especie humana es la búsqueda de significados. La religión aporta una respuesta; otra se encuentra en la dedicación total a una filosofía o una doctrina ideológica. Pero, según Samuel Willenberg, para la mayoría de cuantos afrontaban aquel horror intolerable y al parecer arbitrario eran soluciones poco útiles. En el *Sonderkommando* judío de Treblinka estaba también un antiguo profesor de Samuel. Se llamaba Mering. Le consolaba un poco contextualizar históricamente el mundo de pesadilla en que vivían. «Lo juzgo desde el punto de vista de la historia», dijo a Samuel poco antes de morir. Pero a Samuel no le servía de gran cosa aquel enfoque: «Yo lo miraba como si se hubiera vuelto loco».

Es difícil determinar qué es lo que permitió a Samuel soportar una experiencia que había destruido a tantos, cómo se las arregló para sobrevivir tantos meses en Treblinka y escapar luego durante la rebelión del *Sonderkommando* judío en agosto de 1943. Sin duda era un hombre fuerte. En aquella época era joven y estaba resuelto a vender cara su vida. No se refugiaba en el pasado ni soñaba con el futuro, sino que se concentraba en el presente con todas las fuerzas de su pensamiento. Era un hombre resistente, a nivel físico y mental. Pero también hubo otros con características parecidas y no sobrevivieron. Samuel cree que se debió simplemente a la suerte:

—No me siento culpable ni tampoco un héroe. Fue pura casualidad. Habría podido resultar de otro modo, de muchos otros modos. Lo que yo dijera o hiciese carecía de importancia; me habrían quemado igualmente. Habría terminado en el crematorio. Todo se debió a la suerte [...]. y quizá también un poco a mi impetuosidad.

Tiene razón. La cualidad más importante para sobrevivir en Treblinka era la suerte. Pero cuando conocí a Samuel Willenberg a mediados de los años noventa, en el emplazamiento del campo, este personaje todavía imponente me dio otra pista sobre su resistencia al horror diario de aquellos años. Al terminar la entrevista filmada le comenté que probablemente había pasado más malos tragos que ninguna otra persona en la historia.

—De ningún modo —replicó—, hubo otros que sufrieron más. Lo pasaron peor los obligados a trabajar en las cámaras de gas. Trabajaban en condiciones terribles. Tenían que sacar a rastras los cadáveres de las cámaras, y lo más aprisa posible.

Así pues, mientras estaba en Treblinka pensaba que, por muy mala que fuera su estrella, la de otros era peor aún. Y es posible que aquello le consolara un poco y le diera fuerzas. Si aquellos otros eran capaces de resistir hasta el final de la jornada, ¿por qué no él? Hace falta tener cualidades muy especiales para soportar los propios sufrimientos y comprender que otros sufren más, para encontrar incluso en un lugar como Treblinka unas débiles gotas de optimismo. Samuel las encontró y esto le ayudó a sobrevivir.

13

Peter Lee y las virtudes de un inglés prisionero de los japoneses

Uno de los grandes inconvenientes, cuando queremos comprender los acontecimientos históricos, es que hemos de imaginarnos en el pasado. Tenemos que representarnos un mundo que no solo es físicamente muy distinto del actual (sin Internet, sin viajes en reactor, sin teléfonos móviles), sino que además promueve valores personales que también son muy diferentes. Pensemos por ejemplo en la generación de mis padres, la generación de la guerra. Fue la última generación a la que se le enseñó a pensar que Gran Bretaña poseía el imperio más grande que había conocido el mundo. Sí, el Imperio británico se levantó sobre la convicción racista de que el hombre blanco era superior al negro; aquello fue colonialismo, es cierto, y fue un acto de justicia que el imperio se disolviera. Pese a todo, algunos valores que caracterizaron el Imperio británico (como la impasibilidad), y que hoy nos parecen anticuados, fueron de algún modo admirables.

Pensé en todo esto cuando conocí a un individuo impresionante llamado Peter Lee. Procedía de una íntegra familia obrera del norte de Inglaterra, y los valores que asimiló en los años treinta le ayudaron a afrontar una de las peores experiencias de la segunda guerra mundial: ser prisionero de los japoneses.

Peter Lee se alistó en la RAF en 1939, poco antes del estallido de la guerra, y después del cursillo de instrucción fue destinado como oficial de intendencia al Lejano Oriente, donde en 1942 cayó en poder de los japoneses. Él y sus compañeros estuvieron prisioneros en Java, luego en Singapur, en la tristemente célebre cárcel de Changi, y por último en una prisión de Jesselton (nombre contemporáneo de Kota Kinabalu, en el norte de Borneo). Estando en Kesselton, dijo Lee:

—La comida que nos daban los japoneses era horrorosa. Por ejemplo, nos entregaban sacos de arroz helado [...]. Éramos más de ochocientos hombres y en los seis meses que pasamos allí perdimos a más de cincuenta. Un porcentaje de muertos muy elevado.

En la primavera de 1943 los trasladaron a Sandakan, en el extremo nororiental de Borneo. Ninguno sabía que muy pocos iban a salir con vida de allí. No obstante, y al menos en un principio, Sandakan parecía mejor que Jesselton. La comida no era tan mala, incluso recibían un poco de pescado, y disponían de más espacio. Sin embargo:

—Muchos murieron durante los primeros días que pasamos en Sandakan, porque habían salido seriamente deteriorados de Jesselton y les fue imposible recuperarse. Recuerdo que iba todos los días al sector de los enfermos para ver cómo estaban nuestros hombres. Jóvenes que habían sido ejemplos perfectos de hombría británica, rebosantes de salud en Singapur, los veías ahora o casi consumidos o hinchados a causa del beriberi, con el vientre dilatado, con las partes íntimas dilatadas, desnudos y tirados en el camastro. Como es lógico, quienes estaban tan enfermos y en aquel estado de desnutrición era imposible que se recuperasen.

Los japoneses habían trasladado a Sandakan a los británicos para que construyeran un aeródromo en las afueras de la población. Hacía mucho calor en el lugar. Cuando fui allí a filmar, en los años noventa, el sol pegaba fuerte y la humedad era insoportable, y eso que yo no estaba mal alimentado ni iba con bultos pesados.

—Básicamente era transportar tierra —contaba Peter—. No teníamos maquinaria. Todo el trabajo era humano.

Si los prisioneros no trabajaban al ritmo requerido, los captores los apaleaban. Había unos soldados concretos, llamados «los castigadores», que golpeaban a los británicos.

—Aunque tuvieras galones o estrellas tenías que obedecer las órdenes incluso de los soldados rasos japoneses. Si no obedecías inmediatamente, te golpeaban con un palo en la cabeza o en la espalda, según la personalidad del japonés. En cierta ocasión en que unos japoneses estaban golpeando a un británico, uno de nuestros oficiales quiso impedirlo y lo molieron a palos entre varios. —El juicio de Peter Lee es contundente—: Si tengo en cuenta todo lo que pasamos, he de decir que el trato que los japoneses dieron a los prisioneros de guerra fue brutal, sádico e incivilizado.

Entonces, ¿cómo se las apañó para sobrevivir?

—Bueno, la reacción más natural es la ira. Es la reacción espontánea de toda persona razonable; si la atacan, se defiende. Pero cuando eras prisionero de guerra de los japoneses aprendías enseguida que las cosas no funcionaban así. Si tratabas de defenderte, te apaleaban hasta que perdías el sentido [...]. Aquí es donde interviene la ley de la supervivencia. Tienes que comprender la situación en que estás para que tus actos se adapten a ella. En otras palabras, has de someterte e hincar la rodilla.

El hombre que tenía ante mí era un maestro de escuela bien vestido y costaba imaginárselo sudando y renegando en el tórrido campo de Sandakan. Pero entonces comprendí que, aunque sin duda había sudado la gota gorda allá en Borneo, no era de los que se indignaban. Parecía ajeno a la exteriorización de las emociones personales que tan vivamente había defendido la generación de los años sesenta. No, gracias a una autodisciplina tremenda, Peter Lee había desterrado el odio e incluso la ira de su repertorio de emociones inmediatas.

Además, durante su estancia en Sandakan consiguió extirpar de su mente otra fuerza «negativa»: la autocompasión. Se dio cuenta de que «mentalizarse como prisionero de guerra era una desventaja positiva. Lo mejor que podías hacer era pensar en medios de ayudar a la comunidad [...] en circunstancias como aquellas, ocupar al máximo la mente y el cuerpo, no deprimirte y no compadecerte de ti mismo».

Peter Lee pensaba que era fundamental concentrarse solo en una cosa:

—Vivir el presente, ver las cosas como eran en realidad, no como a uno le gustaría que fueran [...]. No tenía sentido ponerse a pensar en el pasado, en la familia, en los amigos, porque el pasado era el pasado, y lo único que conseguías al recordar el pasado, y compararlo con el horrible presente, era torturarte. —En consecuencia, sacaba el máximo provecho de todo en todo momento, incluso algunos aspectos de la vida del campo llegaron a parecerle atractivos—: Fue una suerte que muchos prisioneros hubieran llevado libros consigo. Nos los pasábamos unos a otros. En cuanto tenía un momento libre, abría un libro. —Incluso encontraba momentos para el humor—: A veces se producían episodios divertidos. Recuerdo que un guardia japonés me llamó y acudí temiendo que fueran a castigarme por cualquier cosa. Casi nunca sabíamos por qué nos golpeaban. Me llamó por señas y cuando llegué a su altura me dijo en un inglés forzado: «¡Oriente ser oriente, occidente occidente! ¡No confundir y no cagarla!». Estaba claro que uno de los muchachos le había sugerido al guardia que me dijera aquello.

Me costaba conciliar las declaraciones de Peter Lee con otros testimonios sobre Sandakan que había leído (historias de torturas y malos tratos) y con el paisaje que visité personalmente. El campo es actualmente un museo que contiene una reproducción de la «cabaña de castigo» en la que se encerraba a los prisioneros de guerra: el espacio era estrechísimo, la comida insuficiente y el sueño imposible; de vez en cuando se salía, pero para recibir palizas. Peter no olvidaba estas realidades, pero prefería no pensar en ellas. Su fuerza de voluntad, su estoicismo y su resistencia fueron escudos que le protegieron de la autocompasión y del progresivo abatimiento físico y mental.

Entonces, en agosto de 1943, llegó un aviso inesperado:

—Nos dijeron sin más ceremonias que teníamos que estar preparados, todos los mandos, con excepción de diez a los que iban a permitirse que se quedaran.

Nadie supo por qué los japoneses decidieron trasladar a los oficiales a otro campo. Un posible motivo es que hubieran descubierto un pequeño movimiento de resistencia y hubieran decidido dejar sin mandos a los suboficiales y a la tropa. Peter confesó que habría «dado el brazo derecho por quedarme [...]. Fue como si me separasen de mi familia». Pero tal como se desarrollaron los acontecimientos, quedarse en Sandakan habría significado una muerte casi segura. Los dos mil quinientos prisioneros que se quedaron en Sandakan (mil ochocientos australianos y setecientos británicos) recibieron menos comida que antes. Y en enero de 1945, aquellos a los que los japoneses juzgaron más resistentes fueron obligados a ir a pie hasta Jesselton, a través de la jungla. Casi todos murieron por el camino. Cuando terminó la guerra solo quedaban con vida seis australianos que habían huido durante el viaje por la selva. No sobrevivió ni uno solo de los setecientos prisioneros británicos. Cuando Peter Lee se enteró se sintió «totalmente horrorizado. Porque nadie imaginaba en aquellos tiempos que pudieran suceder tales cosas en un mundo que se llamaba civilizado».

Visto todo esto retrospectivamente, creemos que en el ejército japonés existían estructuras mentales que posibilitaban aquellas atrocidades: el desprecio por los prisioneros de guerra; la convicción de que rendirse era deshonroso; la brutalidad propia de los aparatos administrativos y de mando; y el afán por hacer trabajar a los prisioneros como animales de carga a los que se mata de hambre. En este contexto, una atrocidad como la de Sandakan siempre era posible.

Aunque Peter Lee piensa, y no le faltan motivos, que lo que sucedió en Sandakan fue un «crimen muy grave», es cauto a la hora de sacar conclusiones sobre la naturaleza humana basándose en sus experiencias:

—Creo que cada raza piensa de manera distinta. Educan a las personas de distinta manera, se crían en sociedades distintas, tienen valores diferentes. Y es más bien inútil querer poner como referencia los valores propios, los que nos inculcan cuando somos pequeños y que nos orientan durante toda la vida, por ejemplo, sobre el comportamiento civilizado.

Acabada la guerra, Peter Lee se alistó en el servicio colonial y fue destinado primero a África y luego a Hong Kong. Pero cuando lo conocí, en las postrimerías del siglo xx, el Imperio británico había desaparecido hacía mucho. Las «colonias» en las que había trabajado con tanto empeño eran ya países independientes. Sin embargo, cuando me despedí de él me dije que era de capital importancia que todos reconociéramos el valor de los «anticuados» principios que habían ayudado a Peter Lee a vencer el horror de ser prisionero de los japoneses.

14

Tatiana Nanieva y la venganza de Stalin

Un instante puede cambiar toda una vida, y el que cambió la de Tatiana Nanieva llegó la mañana del 26 de octubre de 1942. Hacía un día soleado en Ucrania y Tatiana era enfermera en un hospital de campaña soviético. De súbito oyó un estruendo metálico en la lejanía y cuando alzó la vista vio tanques en el horizonte. Parecían negros a contraluz y la mujer supo en el acto que eran alemanes.

Hasta aquel momento su vida había seguido un curso seguro. Era una comunista convencida que pensaba que «todo era maravilloso en nuestro país, que no podía haber una vida mejor que la nuestra [...]. Yo siempre era optimista, era organizadora, tenía muchas iniciativas». Cuando llegaron los alemanes, en junio de 1941, había «corrido como una exhalación para alistarme». Una vez en el ejército se había afiliado al partido comunista «por la vía rápida» y había obtenido el carnet el 11 de septiembre de 1942, seis semanas antes de la aparición de los tanques alemanes en su vida. Aunque tenía solo veintidós años sabía ya lo que era una batalla. Los alemanes solían cercar a las tropas soviéticas y creaban mucha confusión, y aquel mismo año, en una de aquellas ocasiones, Tatiana y su unidad médica habían quedado dentro de una «bolsa».

—La gente siempre tiene recursos, utiliza pasillos, caminos, avanza arrastrándose, consigue salir y reagruparse [...]. Era un auténtico caos [...]. Nadie sabía contra quién disparaba.

Pero aquella vez fue diferente. Los alemanes habían aparecido de súbito y con tantos contingentes que no había forma de escapar.

—Debe usted saber que yo nunca pensaba en la muerte. Puede que sea una tontería, pero creía que era imposible salir con vida de una guerra como aquella. Siempre estaba preparada para morir, a condición de que no me sorprendieran en un lugar indebido [es decir, en el lavabo]. El delegado político decía: «Dividíos y corred», pero no había ningún sitio adonde ir, ninguno en absoluto. —Las balas silbaban por doquier y los bombarderos completaban la tarea desde el aire—. Recibí una herida, nada serio [...]. Y fue un golpe de la fortuna. Allí fue donde comenzó mi suerte, aunque usted la llamaría mala suerte. Si la bala hubiera penetrado más, si me hubiera roto un hueso, me habrían ejecutado. No habría podido andar cuando [los alemanes] nos rodearan.

Entonces se acordó de su carnet del partido. Aquel documento que hasta hacía unos instantes había sido tan valioso para ella se había convertido en un pasaporte para la muerte:

—Saqué el carnet y quise enterrarlo para que no lo encontraran. No lo enterré muy hondo y no sé ahora dónde estará, pero lo enterré. —Momentos más tarde los alemanes estaban sobre ellos—: Nos condujeron en grupo a una casa o una especie de lugar de concentración. Por la mañana los alemanes peinaron la zona en busca de los que quedaban y mataban a los que no podían moverse. Yo tuve la suerte de que podía moverme y no me mataron. Después de aquello, mi vida empezó a trazar amplios círculos.

La seguridad que había sentido Tatiana Nanieva quedó destruida para siempre. Aquel 26 de octubre de 1942 fue el instante decisivo en que su vida dejó de ser como antes. Se le quedó tan grabado que cuando la conocí, a fines de los años noventa, dijo que cuando cerraba los ojos aún veía «la claridad del cielo, la misma claridad que tenía el 26 de octubre, y los aviones resplandecían mientras sobrevolaban Bakú». Fue como si aquel día concreto hubiera aprendido algo, como si hubiera tenido una revelación sobre la naturaleza de su propia vida y del mundo en que vivía. Fue una revelación de la peor especie imaginable, ya que fue conducida a un campo de prisioneros de Polonia, donde los alemanes trataban a los soviéticos de un modo espantoso. Tatiana superó todas las pruebas y salió con vida, pero a costa de sufrimientos inimaginables:

—Cuando llegamos a Czestochowa [al sur de Polonia] nos dejaron lavarnos y nos enviaron a los barracones [...]. Me quedé petrificada de miedo cuando empezaron a seleccionar a las mujeres guapas [...]. Se las llevaban para satisfacer sus necesidades. Volvían con el pelo y las ropas en desorden. Pero a mí no me eligieron y me alegro de que no se fijaran en mí.

Como ya se ha señalado más arriba, aunque los soldados japoneses y soviéticos cometieron multitud de violaciones durante la guerra, parece que no se puede acusar de lo mismo a los soldados alemanes. A pesar de todo hubo violaciones, las hubo incluso en Auschwitz,[1] el campo más siniestro de todos. Y Tatiana Nanieva fue testigo de que también las hubo en los campos de trabajo alemanes. Las había, estuvieran en el campo que estuvieran:

—Estábamos ya en los barracones. Y delante de mí, con brutalidad, ante mis propios ojos, el huno elegía a una mujer y la poseía, como un mastín a una perra. Después a lo mejor le escupía. La chica se levantaba, volvía con la ropa revuelta y era imposible no apiadarse de ella. Ocurrió muchas veces. A mí no me pasó, lo repito, por mi cara o por mi carácter [...]. No éramos personas para ellos. Tenían una mentalidad totalmente distinta. Pertenecían a una raza superior y nosotros éramos sus súbditos, sus esclavos, sus subordinados. No éramos personas [...]. Estaban muy pagados de sí mismos.

Pero con el tiempo Tatiana y las demás soviéticas prisioneras en el campo alemán se aferraron a una esperanza: el Ejército Rojo se acercaba:

—Nos enteramos de que los nuestros estaban en Varsovia, muy cerca de donde estaba nuestro último campo [...]. Creíamos que la victoria estaba al caer, que nos liberarían y volveríamos a tener una vida normal [...]. Echaba de menos la patria, a mi familia. Y deseaba vivir con todas mis fuerzas. —Y cuando por fin llegó el día en que el Ejército Rojo avistó el campo, Tatiana oyó llegar a los soldados «con toda ceremonia, cantando canciones»—. ¿Sabe con qué espíritu venían? Con espíritu de victoria. Marchaban con orgullo, con la cabeza alta, con aire de conquista.

Tatiana estaba desbordante de alegría al ver a sus compatriotas. Pensaba que por fin iba a terminarse la pesadilla del encierro. Por fin iba a recuperar la vida segura y confiada que había llevado antes de la irrupción de los tanques alemanes en su vida aquel despejado día de 1942. Pero se equivocaba.

—Dos oficiales [soviéticos] se me acercaron. Uno estaba furioso, fuera de sí. «¿A costa de qué habéis sobrevivido en este lugar? —dijo aproximadamente—. ¡So putas!» Para él yo era una puta. Desenfundó la pistola. El otro oficial, que quizá estuviera menos borracho, me indicó por señas que me fuera: «¡Vete corriendo!». Luego averiguamos que el oficial que nos había insultado, el que había echado mano a la pistola, había padecido su propio calvario. Los alemanes habían matado a su hermana. Muchos soldados nuestros se comportaron con violencia con las mujeres deportadas a Alemania, solo porque sus familias habían pasado penalidades. Muchos estaban realmente indignados: «¡Los alemanes mataron a su hermana y vosotras seguís vivas!». Aquello significaba que yo era una puta. Nada más que una puta.

La «alegría indescriptible» que había sentido Tatiana Nanieva al ver llegar al Ejército Rojo se desvaneció en un instante. No solo estaban los soldados furiosos con ella y los demás prisioneros soviéticos, sino que además estaban a punto de sufrir la cólera de otro enemigo, más poderoso aún: el propio Stalin. El mandatario soviético había decretado que en territorio alemán no había ningún ciudadano de la URSS, «solo traidores».

—Nuestro caudillo no concebía la posibilidad de que cayéramos prisioneros. No nos estaba permitido rendirnos. Antes que rendirse había que suicidarse.

En vez de ser liberada inmediatamente y devuelta a la patria, fue internada en un campo de «criba» soviético donde fue interrogada durante varios días. Básicamente le hacían una sola pregunta, una y otra vez: «¿Qué te han ordenado los alemanes? ¿Qué te han ordenado los alemanes?».

—Aunque me hubiera desgarrado el corazón, no habría podido demostrar nada [...]. No me creía absolutamente nadie. «Soy inocente, soy inocente», repetía yo. Pero no había forma de probar mi inocencia. —Al final los interrogadores le dijeron que se la acusaba de lo dispuesto en el artículo 58 del código penal soviético—. Les pregunté qué significaba aquello y respondieron: «Traición a la madre patria». Y entonces me eché a llorar. Jamás había traicionado a mi patria. La amaba lo indecible, pero en aquel momento lloré por primera vez. —Al cabo de un juicio que duró quince minutos fue condenada a seis años de trabajos forzados, más tres años de destierro y pérdida de todos sus derechos—. Sufrí más por el trato que me dieron los nuestros [que por el recibido con los alemanes]. Estábamos en nuestro país.

No pudo volver a Ucrania hasta la muerte de Stalin, en 1953. Encontró trabajo en las embarcaciones fluviales, pero con salario inferior. Mientras ejerció su profesión estuvo pagando el «delito» de haber caído prisionera de los alemanes en octubre de 1942.

Cuando la conocí, a fines de los noventa, estaba tan débil a causa del tiempo pasado en el gulag que confesó estar «completamente destrozada [...]. Tengo algunas vértebras rotas, y también la cadera [...]. Pasé tantas privaciones que mis huesos no asimilan suficiente calcio.

A pesar de todo el horror que había pasado, lo que la obsesionaba era el futuro. Mientras hablábamos en el frío y destartalado piso de las afueras de Kiev donde vivía con su inválido esposo me confesó que «lo peor de todo es que no tenemos ni para nuestro entierro. Eso es lo más terrible». Durante la entrevista lo repitió varias veces, que no tenía dinero suficiente para pagar su entierro. Y era algo que saltaba a la vista cuando se miraba alrededor y se veía la pobreza en que vivían. Al finalizar la entrevista, entre las injusticias que había sufrido en el pasado y los temores que poblaban su presente, los del equipo de filmación y yo nos sentimos muy afectados. Le preguntamos cuánto costaba un entierro en Kiev y nos dijo que unos cientos de dólares. Buscamos en nuestros bolsillos y le dimos el dinero. Murió unas semanas después.

Nos han enseñado que la segunda guerra mundial finalizó en Occidente en 1945. Aquel año los aliados acabaron con el nazismo y permitieron comenzar de nuevo. Pero para Tatiana Nanieva y millones de soviéticos como ella 1945 no representó el fin del sufrimiento, sino el comienzo de la siguiente fase. No dejó de padecer por culpa de la guerra hasta que entregó su último aliento, en 1998.

15

Estera Frenkiel y las alternativas en el gueto

Vivir en propia carne la segunda guerra mundial significó en muchos casos tener que tomar decisiones muy difíciles, casi intolerables. Fuera apretar el gatillo, lanzar bombas, ocultar a un vecino o salvarse uno mismo; fuera morir por las propias ideas o vivir a base de oportunismo. Pero cuando conocí el dilema al que se enfrentó Estera Frenkiel, pensé que nadie había vivido una situación tan inhumana. La decisión que tuvo que tomar fue aterradora: quién iba a vivir y quién iba a morir.

En la primavera de 1940 Estera Frenkiel y sus padres estuvieron entre los ciento sesenta mil judíos que los nazis concentraron en una reducida zona de la ciudad polaca de Lodz. La idea de los alemanes era reunir a los judíos de Lodz en aquel gueto para deportarlos luego a otro lugar. En el verano de 1940, los nazis, que creían que la guerra iba a terminar muy pronto, pensaban enviar a todos los judíos a la isla africana de Madagascar, un plan aparatoso que en última instancia debía concluir en un genocidio, aunque no en el que conocemos. Pero la guerra no terminó en el verano de 1940, lo cual planteó a los jerarcas nazis un problema inesperado: qué hacer con los judíos concentrados en el gueto.

Después de un irritante debate interno, los nazis decidieron obligar a trabajar a los judíos de Lodz para costearse la escasa comida que los mantenía vivos. El principal defensor de este plan era Hans Biebow, el responsable nazi del gueto. No tenía ningún interés por salvar a los judíos, solo quería ascender de puesto, contribuir a la economía de guerra alemana y ganar algún dinero de paso.

Como en los demás guetos que organizaron, los nazis no podían entretenerse con la administración diaria del de Lodz, así que ordenaron a los judíos que nombraran un consejo de ancianos para que ellos mismos tomaran las decisiones prácticas que afectaban a la vida cotidiana. En el gueto había incluso una policía hebrea. Los alemanes no solían entrar en el recinto y preferían vigilar a los judíos desde las torres de la muralla del gueto. Esto significaba que el consejo de ancianos de Lodz, y sobre todo su presidente, Mardoqueo Chaim Rumkovski, tenían un poder considerable sobre la vida de los demás. Significaba asimismo que los más próximos al círculo de poder de Rumkovski tenían más probabilidades de vivir mejor que el resto.

La adolescente Estera Frenkiel estaba, dentro de lo que era el gueto, entre los más «afortunados», dado que fue elegida para trabajar de aprendiza de secretaria en la oficina de Rumkovski. Su jefe aprovechaba su posición de poder de múltiples maneras, entre ellas obligando a las jóvenes a prestarse a sus deseos sexuales.[1] Pero, por la razón que fuese, Rumkovski no se fijó en ella para estos fines y la muchacha trabajó en aquella oficina sin ser molestada.

Lo que le preocupaba, sin embargo, era la posibilidad de que la agrediese el responsable alemán del gueto. Conocía la suerte de una muchacha judía de dieciséis o diecisiete años que había servido café a Biebow en el despacho de este:

—Le llevó el café y él se puso a manosearla. Aquella chica no había visto a un alemán en toda su vida. Los había visto de lejos, pero no de cerca. Y no quería prestarse a aquello. Era muy joven todavía y se resistió. Biebow le rasgó el vestido. No ocurrió nada porque salió corriendo. Biebow le disparó y la alcanzó en una oreja. La chica volvió y se acostó en su habitación. Fue terrible.

En la oficina de Rumkovski, con su posición privilegiada, Estera Frenkiel estaba al tanto no solo de las costumbres sexuales del responsable nazi del gueto, sino también de la verdadera suerte que aguardaba a los judíos que se llevaban de allí. Cierto día de julio de 1942 el ayudante de Biebow le dio una carta para Rumkovski. El trabajo de la joven consistía, entre otras cosas, en abrir la correspondencia del jefe, y así se enteró del contenido de aquel comunicado especial. El responsable nazi del gueto había escrito: «Solicito que compruebe inmediatamente si hay en el gueto alguna trituradora de huesos. Que funcione eléctrica o manualmente. El interesado es el *Sonderkommando* [unidad especial] de Kulmhof [Chelmno]».

—El corazón me dio un vuelco. La cabeza se me llenó de preguntas: ¿para qué, por qué, con qué fin? Me hice estas preguntas de manera automática. —Nada más formulárselas dio con la respuesta—: Los [judíos] deportados ya no estaban vivos y ellos [los nazis] no querían que el mundo supiera lo que había pasado.

Fue uno de los pocos habitantes del gueto que adivinó la verdad: que los nazis mataban a los judíos que se llevaban. Saberlo hizo más trágico lo que sucedió poco después. En septiembre de 1942 los nazis ordenaron la deportación de todos los incapacitados para el trabajo: los niños, los enfermos y los ancianos. Rumkovski, creyendo que era un sacrificio inevitable, habló a los judíos del asunto: «El gueto —les dijo— ha recibido un golpe terrible. Nos exigen lo que nos es más querido, los niños y los ancianos [...]. Nunca imaginé que me obligarían a hacer este sacrificio en el altar, con mis propias manos. Ya en la edad provecta me veo obligado a alargar los brazos y suplicar: ¡Hermanos, entregádmelos! ¡Padres y madres, dadme a vuestros hijos!».[2]

—Separaron a los niños de sus padres y sus gritos llegaban al cielo. Muchas madres quisieron ir con sus pequeños.

Es uno de los episodios más polémicos del genocidio judío. Los que defienden a Rumkovski señalan que la única posibilidad de que el gueto fuera «productivo» para los nazis era cooperar con la expulsión de los que no trabajaban. Los que lo condenan ponen sobre el tapete no solo que colaboraba estrechamente con los nazis en este y otros asuntos de política interna del gueto, sino también la delicada cuestión de que, a consecuencia de aquello, Rumkovski y los de su círculo vivían mejor.

Pero no se trataba solo de que Rumkovski y su círculo recibieran más comida, sino de que durante las deportaciones de septiembre les ofrecieron la posibilidad de salvar a sus hijos.

—Biebow apareció por nuestra oficina y dijo: «Te voy a dar diez órdenes de libertad para que suelten a diez de los vuestros». Las mecanografié a toda velocidad para que pudiera firmarlas. No fui la única, los demás también consiguieron aquellas órdenes.

Estera tenía ahora en sus manos el poder de dar la vida y la muerte. Tenía la posibilidad de salvar diez vidas, de niños, de ancianos, de enfermos. ¿A quién salvaría de la visita final a la trituradora de huesos? ¿Se debatió y torturó mucho haciendo aquella selección?

Ni un segundo. Obró por instinto.

—¿Qué podía hacer? Yo también tenía familia. Tenía un tío que necesitaba ser salvado. Y un primo. Para mí, la familia es siempre lo primero. Tenía que ocuparme de todos. Con aquellas diez órdenes en la mano, tenía que pensar ante todo en los míos [...] son casos para echarse a llorar, pero cuando hay tantos motivos para derramar lágrimas, se piensa solo en la propia situación. —Y cuando hubo salvado a los suyos, se dedicó a los más cercanos a su familia—. Di dos órdenes a los vecinos, y otra al conserje, que tenía una hija pequeña, y estas tres órdenes de libertad se aplicaron inmediatamente [...]. Los hijos [de los vecinos] solían venir a mi casa, a mi piso. Yo los conocía. No eran hijos míos, pero eran niños a los que conocía, y cuando se conoce a alguien se vuelve muy difícil...

Después del tiempo transcurrido, Estera Frenkiel no finge que le moviera otro deseo que el de proteger a los suyos. Confiesa que luego sintió un poco de culpa, cuando vio la desesperación de las madres cuyos hijos habían sido deportados. En un par de ocasiones pensó que quizá habría debido seleccionar mejor a los beneficiarios de sus diez órdenes, que quizá habría sido mejor emplear algunas para salvar a personas que objetivamente habrían sido más útiles al gueto en general; pero estas dudas duraban poco. Nunca dejó de estar convencida de que en última instancia había obrado bien. Según ella, en las crisis todos nos preocupamos principalmente por nosotros mismos y por los más allegados a nosotros.

—En las deportaciones, los miembros de la policía [judía] del gueto [que colaboraba con los nazis organizando las operaciones] podían retener a sus hijos. —Hizo una pausa y añadió casi con brusquedad—: ¿Lo comprende ahora?

La crónica del gueto de Lodz, escrita por judíos que estuvieron allí entonces, dice que «para que los policías y bomberos judíos llevaran a cabo la operación con celo y diligencia, les prometieron que salvarían a sus parientes más cercanos [...] hubo unos mil quinientos afortunados que no tuvieron que irse, a pesar de su edad y su estado de salud. No eran personas que contribuyeran en nada a la sociedad, ni siquiera personas capaces de realizar trabajos especiales para el gueto, sino personas, lo repetimos, que tenían familiares influyentes».[3] De todos modos, por lo que se refiere a los niños, los ancianos y los enfermos, las órdenes de libertad no hicieron más que posponer su ejecución.

—Al final, hasta los salvadores fueron deportados junto con los salvados. Así ocurrió. Esa es la verdad.

El gueto desapareció en el verano de 1944 y casi todos los judíos que quedaban fueron enviados a Auschwitz, donde pereció la mayoría, incluidos Rumkovski y su familia. Algunas judías, Estera Frankiel entre ellas, fueron enviadas al campo femenino de Ravensbrück.

—Era el infierno. El infierno en estado puro. El gueto ya era malo de por sí. Se pasaba hambre. Había que pelear por la comida, por evitar la deportación. Pero aquello [Ravensbrück] era el infierno; de día y de noche. —Ravensbrück confirmó la pésima opinión que ya se había hecho en el gueto acerca de la naturaleza humana: que la vida es una lucha darwiniana en la que cada cual mira primero y sobre todo por sí mismo y por los suyos—: Tenías que guardar los zapatos bajo la cabeza o en el pecho. Aun así, te los robaban. Tenías que estar ojo avizor.

Estera Frankiel tuvo suerte, porque cuando llevaba ya varias semanas en Ravensbrück se salvó de una «selección» y fue enviada a un campo de trabajo donde permaneció hasta que la liberaron. Después de la guerra se instaló en Israel, pero accedió a volver a Lodz en 1996 para la entrevista filmada. La última vez que vi a esta notable mujer fue en el cementerio de Lodz, erguida junto a la tapia, desafiante, serena, después de la filmación. Le comenté que era una de las personas más fuertes y decididas que había conocido.

—Si no hubiera sido fuerte y decidida —respondió—, no estaría aquí en este momento.

16

Maria Platonov y la traición de los británicos

En enero de 1991 me vi envuelto en muchos problemas por culpa de *A British betrayal* («Una traición de los británicos»), un documental escrito, producido y dirigido por mí, y emitido por la BBC 2. Lord Aldington, un veterano del partido conservador, se consideró ofendido, se quejó al presidente de la BBC y luego presentó una protesta formal que fue analizada independientemente por el departamento de reclamaciones de la BBC. Después de largas deliberaciones, este departamento desestimó las acusaciones que se hacían contra el documental. Evidentemente insatisfecho, lord Aldington trasladó la queja a un comité del consejo directivo de la BBC que, tras nuevas deliberaciones igual de largas, decidió no admitir la protesta. Durante unos años circularon rumores de que iba a presentar en el juzgado una demanda contra mí y el documental.

¿Por qué reaccionaron así lord Aldington y otras respetables figuras de la sociedad británica que le apoyaron? A fin de cuentas, los especialistas que analizaron el documental no encontraron en él ninguna inexactitud. Yo creo que si tantas personas abominaron del documental y me manifestaron su antipatía fue únicamente porque aquel contaba una amarga verdad: que durante las secuelas de la guerra los británicos habían traicionado los principios que muchos creían haber defendido yendo al frente.

Actualmente son muchos los que piensan que la segunda guerra mundial fue un conflicto exclusivamente moral, un conflicto en el que los buenos se portaron bien y los malos se portaron mal. En Gran Bretaña es casi la única época por la que nos definimos; nuestros valores, nuestras convicciones y la idea que tenemos de nosotros mismos se remontan en gran medida a aquellos años. Lo cual supone que resulta molesto que en esta historia haya momentos en que los buenos no se portaran bien: en realidad, momentos en que los buenos se portaron muy mal. Y enterarse de las circunstancias en las que los británicos, en 1945, entregaron a los soviéticos unos cuarenta y dos mil cosacos resulta muy turbador.

Lo paradójico de esta historia de dolor y sufrimiento es que aconteció inmediatamente después de finalizada la guerra en Europa, cuando muchos pensaban que lo peor había pasado ya. El 8 de mayo de 1945, un día después de la firma del armisticio, los soldados del 5.° Cuerpo británico llegaron a Carintia, provincia del sur de Austria. Mientras observaban aquella hermosa tierra de altas montañas y fértiles valles pensaron que habían llegado a un remanso de paz. Pero se equivocaban, porque aquella parte de Europa estaba plagada de cientos de miles de refugiados, muchos de los cuales huían empujados por el avance del Ejército Rojo. Mezclados entre ellos había miles de soldados enemigos (por lo general con sus familias) que habían luchado contra Stalin y que preferían rendirse a los británicos. El contingente más destacado era el de los cosacos, que habían combatido en Yugoslavia a favor de los alemanes en una guerra brutal contra los guerrilleros del mariscal Tito, una guerra en la que ambos bandos cometieron atrocidades.

En mayo de 1945, la adolescente Maria Platonov, su madre y el resto de su familia llegaron a un campo abierto en Peggetz, cerca de Lienz. Albergaba unas cinco mil personas y formaba parte de la red de campos que habían abierto los británicos en el valle del Drave para acoger a los cosacos. María tenía parientes en la caballería cosaca y todos estaban muy contentos de poder rendirse a los británicos.

—Yo creía que los británicos eran personas muy amables [...]. Me gustaban porque conocía la literatura inglesa, y mi madre y yo habíamos leído las obras de Dickens y Shakespeare.

Había algo más y era que, como muchos otros del campo, María creía en la santidad de la «justicia» británica. Se encontraban en manos británicas y estaban convencidos de que iba a tratárseles de acuerdo con la ley. Conocí a Maria Platonov en 1990, en Canadá, donde vivía, y aún se estremecía al recordar la alegría que había sentido al ver que los británicos se ocupaban de ella y de su familia. Los cosacos, técnicamente hablando, eran prisioneros, pero ella y su familia creían estar bajo la protección británica.

Los soldados británicos solían ser amables, al menos al principio. Pero aquella cordialidad iba a cambiar muy pronto. Porque el Gobierno británico había acordado con Stalin que todos los ciudadanos soviéticos fueran entregados al Ejército Rojo para ser repatriados; lo quisieran o no.

Muchos cosacos eran ciudadanos de la URSS. Pero había muchos otros que no lo eran: o tenían pasaporte distinto o eran simplemente personas desplazadas sin filiación conocida. Lo que se necesitaba era un proceso de criba y selección que dividiera a los cosacos en dos grupos: los soviéticos, que debían volver a su país, y los no soviéticos, que no debían ser entregados bajo ningún concepto. Estaba en juego algo muy grave. El futuro primer ministro Harold Macmillan, consejero político británico de la zona, escribió en su diario por entonces que se daba perfecta cuenta de que entregar a los cosacos «es condenarlos a la esclavitud, la tortura y posiblemente la muerte». Sin embargo, el 5.º Cuerpo británico no practicó ninguna criba sistemática para separar a los cosacos no soviéticos que en tal caso nunca habrían sido deportados a la fuerza.

El jefe del 5.º Cuerpo era el teniente general Charles Keightley, y su jefe de estado mayor era un brillante y joven general de brigada llamado Toby Low (luego lord Aldington). El 21 de mayo de 1945, cuatro días antes de cumplir treinta y un años, el general Low decretó que podía repatriarse a todos los cosacos en bloque, fueran ciudadanos soviéticos o no. Más tarde alegó que su orden permitía la posibilidad de hacer cierta selección, dado que el documento contenía la siguiente frase: «No habrá excepciones a título individual a menos que sea necesario». (Según él, «a menos que sea necesario» presuponía la posibilidad de hacer una selección, aunque «No habrá excepciones a título individual» daba a entender lo contrario.) Sin embargo, las órdenes que dieron otros mandos del 5.º Cuerpo cuando el general Low se fue de Austria, el día 22, decían claramente que había que entregar al Ejército Rojo a la totalidad de los cosacos, fuera cual fuese su ciudadanía.

La injusta pero cómoda decisión de no hacer ninguna selección beneficiaba a los británicos en otro sentido. Significaba que podían apartar a los oficiales cosacos de sus familias con el mínimo alboroto, siempre que supieran mentirles. El 28 de mayo se comunicó a los oficiales cosacos del campo de Peggetz que asistieran a una importante reunión para decidir su suerte. Los oficiales británicos les dieron su palabra de que volverían sanos y salvos con sus familias al anochecer. Los cosacos estuvieron un rato limpiando sus mejores uniformes y puliendo sus medallas, y al final subieron a los camiones que aguardaban.

El tío de Maria Platonov pasó a despedirse de ella y de su madre antes de partir:

—Le pregunté: «¿Adónde te vas?». Y él dijo: «Vamos a una conferencia y he venido a despedirme». Sonrió y añadió: «Vamos, Maria, no te entristezcas, porque los oficiales británicos nos han dado su palabra, nos han dicho que se trata solo de una conferencia, a la hora de la cena volveré y te lo contaré todo». Nos despedimos, subió a un camión abierto, agitó la mano y se fue. No volví a verlo.

No había ninguna conferencia, ninguna reunión para discutir la suerte de los cosacos; su suerte ya estaba decidida. Los mil quinientos oficiales cosacos fueron conducidos por el valle del Drave hasta Spittal, donde pasaron la noche en unos barracones de seguridad y fueron entregados a los soviéticos por la mañana. Cuando los cosacos se dieron cuenta del engaño cayeron en la desesperación; se sabe que al menos tres se suicidaron aquella noche.

En el campo de Peggetz, mientras tanto, las familias de los cosacos pasaron la noche presas del nerviosismo y acabaron comprendiendo que los habían engañado y que los maridos, los padres, los hermanos y los tíos no iban a volver. La mañana del 1 de junio llegó una unidad de los Argyll and Sutherland Highlanders para limpiar el campo y transportar a todos a las líneas soviéticas para ser repatriados. No se practicó ninguna selección sistemática para separar a los soviéticos de los no soviéticos.

Uno de los jefes de día de los Highlanders era el comandante «Rusty» Davies. Presenció escenas terribles en el campo: «Los soldados llevaban a rastras a los camiones a los niños, las mujeres y los hombres sin familia; los lanzaban literalmente a los camiones. Por entonces había madres que habían perdido a sus hijos, niños que habían perdido a sus madres [...]. Había gente que quería arrojarse de cabeza sobre las bayonetas. Y gente que quería pegarse un tiro. Un individuo se echó hacia delante, apretó el gatillo de un fusil y le voló la cabeza a otro que había al lado».

Maria Platonov vio que un anciano caía de rodillas delante de los soldados británicos:

—Estaba aterrorizado. Besaba las botas [de los soldados] y decía: «Por favor, no me hagáis volver. No me hagáis volver». Y los soldados le golpeaban en la cabeza sistemáticamente, con el rostro impasible. Yo no podía dejar de mirarles. Estaba petrificada. Me dije: «¿Está pasando esto de verdad?». Y le golpeaban sin cesar, la cara le chorreaba sangre, hasta que perdió el conocimiento y los soldados lo lanzaron al camión.

Se desconoce el número de víctimas mortales de aquel día que manchó el honor del ejército británico; los cálculos oscilan entre unos cuantos y un centenar. El comandante Davis, asqueado por lo que había visto, organizó por iniciativa propia una selección de los que quedaban en el campo. Maria y su familia, que tenían pasaporte yugoslavo, se libraron de la deportación; por entonces habían «repatriado» ya a una cantidad desconocida de no soviéticos internados en Peggetz y otros campos de cosacos.

Conviene señalar que muchos supervivientes, como Maria, no se indignaron por la injusticia cometida, sino por el comportamiento de los británicos. Algunos oficiales cosacos, engañados para que creyeran que iban a volver al campo, no pudieron despedirse de sus seres queridos. La angustia de las despedidas negadas, de las palabras no dichas, de los abrazos que no se dieron sigue torturando a sus parientes en la actualidad.

Lord Aldington desempeñó un papel decisivo en la cadena de causas que dio lugar a la tragedia. Él dio la orden en que se declaraba «soviéticos» a todos los cosacos y en consecuencia aptos para la repatriación. Y aunque no quiso ser entrevistado para mi documental, lo vi dos veces durante mis investigaciones. Saltaba a la vista que aún estaba escocido por el vergonzoso proceso por calumnias que había iniciado (y ganado) contra el historiador Nikolai Tolstoi, que en un folleto lleno de exageraciones le había acusado de ser un criminal de guerra y autor de barbaridades comparables con las de «los peores carniceros de la Alemania nazi».

Como es lógico, yo quería saber por qué lord Aldington había decidido poner la etiqueta de soviéticos a todos los cosacos sin excepción. Lo sorprendente es que alegó no recordar los motivos por los que había redactado la orden en aquellos términos; también lo fue que adujera, de un modo poco convincente en mi opinión, que de algunas expresiones suyas podía inferirse que se autorizaba la selección de personal. No se reconoció culpable de lo que había sucedido; él no era responsable de que otros hubieran leído su orden como les había dado la gana.

Ciertos historiadores, como Nikolai Tolstoi (cuyas innovadoras investigaciones sobre el episodio, debo confesarlo, permitieron la realización de mi documental), han construido complicadas teorías de la conspiración para explicar la decisión de entregar a todos los cosacos. Pero después de conocer a lord Aldington y de analizar los documentos pertinentes, no puedo estar de acuerdo. Yo creo que la verdadera razón fue mucho más prosaica, y fue que los mandos británicos querían «desembarazarse» del problema cosaco lo antes posible. Tenían muchas otras urgencias que atender (entre ellas los guerrilleros de Tito) y sentían poca o ninguna compasión por los apurados cosacos.

El contenido de un cablegrama que Alexander Kirk, consejero político estadounidense para la zona, envió al Departamento de Estado el 14 de mayo de 1945 nos permite entrever la mentalidad de algunos mandos británicos de la época. Kirk había cuestionado las decisiones que estaba tomando el general Robertson, el principal responsable administrativo británico en el puesto de mando del mariscal de campo Alexander, en relación con los cosacos y los milicianos yugoslavos que se rendían: «El general [Robertson] lamentó que no estuviéramos de acuerdo con él en este punto, pero añadió que se enfrentaba a un grave problema administrativo, a causa de los cientos de miles de prisioneros de guerra alemanes, y que en aquel momento no podía entretenerse pensando en quién podía o no ser entregado a los rusos y a los guerrilleros [yugoslavos] para que lo fusilaran».[1]

Las palabras «en aquel momento no podía entretenerse» reflejan con exactitud el talante de estos mandos británicos. No les importaba, en contra de la política aliada, enviar a un elevado número de personas «a la esclavitud, la tortura y posiblemente la muerte». Al fin y al cabo, ¿no habían combatido en las filas del enemigo todos los cosacos, incluso los no soviéticos? Muchos mandos británicos se comportaron con crueldad (e injustamente) en un momento en que estaban sometidos a múltiples presiones, y luego se olvidaron del asunto.

El choque con lord Aldington y la entrevista con Maria Platonov fueron, a mi modo de ver, avisos de que hay una realidad que a veces olvidamos. Que una decisión tenga consecuencias catastróficas para miles de personas no tiene por qué afectar al puñado de individuos que la tomaron.

17

Toivi Blatt y la filosofía de Sobibor

He aprendido mucho de Toivi Blatt; no solo, como ya esperaba, de sus experiencias concretas (primero como judío en la Polonia ocupada por los alemanes y luego como recluso del campo de exterminio de Sobibor), sino también, en general, en relación con el comportamiento de los seres humanos cuando viven en las condiciones más extremas que puedan imaginarse. Creo que sus opiniones, más que las de la mayoría de las personas entrevistadas, deberían hacernos pensar en la idea que nos hacemos sobre la mentalidad de las personas en crisis.

Nació en Izbica, un pueblo del este de Polonia, en 1927. Antes de la guerra vivían allí unos tres mil seiscientos judíos que se mezclaban con la población católica, que era mayoritaria, sin que hubiera muchos problemas. Toivi en concreto se libró de vivir el antisemitismo activo:

—Yo estaba en una posición privilegiada, porque mi padre era legionario [veterano del ejército polaco] [...]. Fue herido, quedó inválido y tenía fama de patriota polaco. Me sentía protegido.

Todo cambió cuando llegaron los nazis. Lo que más sorprendió a Toivi fue el cambio de actitud de muchos católicos:

—Los católicos se dieron cuenta de que los judíos habían pasado a ser de segunda clase. Podían hacer con ellos lo que quisieran, sin problemas [...] apalearon a muchos judíos por entonces .[...]. Al final tenía más miedo de mis vecinos, personas cristianas, católicas, que, de los alemanes, porque los alemanes no me conocían y mis vecinos sí.

En abril de 1943 los alemanes decidieron limpiar Izbica de judíos. El año anterior había habido redadas periódicas, pero aún quedaban muchos, por ejemplo, los trabajadores de la curtiduría local. Muchos de esos judíos pensaban que eran más útiles a los nazis si estaban vivos. Estaban equivocados.

—A las cuatro de la madrugada un disparo me despertó. Corrí a la ventana y vi que los nazis habían rodeado totalmente la curtiduría [...]. Me detuvieron, un nazi me sacó a la calle y me metió en un grupo de personas a empujones [...] estábamos rodeados por guardias [...]. Comprendí que era el fin. ¿Qué podía hacer?

Entonces, de manera inesperada, vio una oportunidad para huir. Un guardia se alejó unos pasos para encender un cigarrillo.

—Al ver aquello, aproveché la ocasión, y me dije: «Tengo que echar a correr si quiero seguir vivo». Y me fui. —Pero al mezclarse con los aldeanos que habían acudido a ver las deportaciones se sintió muy indefenso—: Comprendí que no iba a estar libre mucho tiempo. Por entonces incluso los mejores amigos fingían que no nos conocían. En cualquier caso, al mirar a mi alrededor vi a mi amigo Janek. Éramos muy íntimos. A veces se quedaba a dormir en mi casa.

Se acercó a Janek y le dijo: «Ayúdame, por favor». Janek respondió: «Claro que sí», y sugirió a Toivi que se fuera corriendo del pueblo y se escondiera en un granero próximo a la casa de Janek. Y añadió que se reuniría con él al cabo de unos minutos. Toivi lo hizo así, pero cuando llegó al granero lo encontró cerrado. Mientras esperaba a Janek, una católica lo vio y le gritó: «¡Corre, Toivi, corre!». «¿Qué ocurre?», preguntó Toivi. «¡Viene Janek, viene Janek!» Toivi estaba confuso. ¿Por qué tenía que correr si se acercaba Janek? Entonces se volvió y vio a Janek y a un soldado alemán con el fúsil preparado. «¡Janek! —exclamó Toivi—. ¡Dime que es una broma!» «¡Es un judío!», dijo Janek al soldado. Y mientras el alemán se llevaba a Toivi, Janek se despidió de él con unas palabras que todavía resuenan en su cabeza. «Adiós, Toivi —le dijo—. Volveré a verte en una tienda de jabones.» Corrían rumores de que los nazis mataban a los judíos y hacían jabón con su grasa.

Aunque todavía en la actualidad le cuesta hablar del incidente, en aquel momento no le sorprendió del todo la conducta de Janek, porque «no era la primera vez» que presenciaba una «traición» así.

Lo llevaron a la plaza del mercado, donde vio a sus padres y a su hermano y a todos los que esperaban ser deportados.

—Tenía miedo. Ni siquiera recuerdo lo que pensaba. Me asustaba la posibilidad de que fuera el último día de mi vida, y cuando uno es joven y tiene quince años [...] ve los árboles, ve las flores... y quiere vivir.

Los judíos de Izbica fueron cargados en vagones de mercancías. Y como en el tren que transportaba a Treblinka a Samuel Willenberg y otros judíos (véanse las pp. 101-106), nadie quería creer que los nazis planearan matarlos. «El cuero es muy importante para el ejército alemán —decía la gente—. No pueden matarnos. Nos llevarán a un campo de concentración.»

Horas después, el tren llegaba a Sobibor, un campo de exterminio que funcionaba de un modo parecido al de Treblinka. A Toivi le llamó la atención lo «bonito» del lugar. Había esperado «una especie de infierno», pero solo veía flores y una valla recién pintada. La estación se había decorado para que pareciese un apeadero normal, con horarios y rótulos. Toivi estaba convencido de que era una trampa para engañar a los cargamentos de judíos que llegaban de fuera de Polonia, gente que no había oído los rumores de lo que pasaba allí. Sin embargo, a pesar de que casi todos los judíos de Izbica debían de haberse dado cuenta ya de que los rumores eran ciertos, de que iban a matarlos, no opusieron resistencia cuando les ordenaron dividirse en dos grupos (niños y mujeres a un lado, hombres al otro) y avanzar por el campo.

Muchos se asombran actualmente de que los prisioneros que llegaban en tren a los campos de exterminio, sabiendo o sospechando que iban a morir, no presentaran batalla. Casi todos los judíos eran conducidos al matadero sin crear problemas a los nazis. Es algo de lo que algunos judíos (sobre todo en Israel, por lo que he visto) casi se avergüenzan en la actualidad. «Yo no soy como aquellos polacos sumisos —me dijo un israelí cuando supo de qué trataba el documental que estaba filmando—. Yo soy un judío del Antiguo Testamento, de los de rayos y truenos. ¡Yo no habría muerto cruzado de brazos!»

Después de conocer a muchos supervivientes de los campos y también a muchos verdugos implicados en el proceso exterminador, creo que esta acusación de cobardía sobreentendida es, en el mejor de los casos, fruto de la mala información, y en el peor una ofensa a la memoria de los muertos. Porque resistir era prácticamente imposible. Los recién llegados, desde el momento en que bajaban de los vagones, eran hostigados por guardias violentos y crueles que empuñaban látigos y palos. Además, al bajar ya estaban en el campo, rodeados de alambradas y de torres de vigilancia con guardias y ametralladoras.

Incluso en el caso de que los judíos hubieran salvado estas defensas al llegar, se habrían enfrentado a otro problema. ¿Hacia dónde debían correr? Sabían que muchos lugareños no judíos colaboraban con los nazis. Incluso los miembros del *Sonderkommando* judío que llevaba semanas trabajando en Sobibor conocían los peligros que aguardaban al otro lado de las alambradas.

—¿Adónde podíamos ir si conseguíamos huir al bosque? Casi todos los días [cuando Toivi pasó a ser miembro del *Sonderkommando*] los agricultores que vivían cerca llegaban con judíos que habían encontrado escondidos en el campo. Decían que los lanzábamos por encima de la alambrada por dos kilos de azúcar y una botella de vodka. Así que ¿adónde podíamos huir?

Había aún otra dificultad. Muchos judíos eran viejos, o estaban enfermos, o eran madres con niños pequeños. Era un problema que comprendí gracias al testimonio de una mujer que conocí en Lituania, una de las pocas personas judías que consiguieron huir de los nazis. En 1941, cuando aún no había cumplido veinte años, la sacaron de la aldea y con el resto de la población judía fue obligada a avanzar hacia un bosque donde todos sabían que iban a fusilarlos. Pero los vigilaban pocos guardias y la joven decidió huir. Dijo a la mujer que tenía al lado que huyese con ella. «No puedo —dijo la mujer, señalando a los dos niños que estaban a su lado—. No puedo abandonarlos.»

La presencia de los niños fue decisiva para muchas madres. En Auschwitz, donde se separaba con todo rigor a los que podían trabajar de los que iban a morir inmediatamente, el comandante del campo, Rudolf Höss, señaló que prácticamente ninguna madre deseaba trabajar y seguir viviendo si sus hijos iban a la cámara de gas.

Ni que decir tiene que algunos judíos recién llegados deseaban con todas sus fuerzas que los rumores sobre Sobibor fueran falsos. Puede que, como repetían los nazis, solo fuese una parada por razones de higiene, para darse una ducha.

Pero Toivi Blatt no creía que Sobibor fuera tan inocente como afirmaban los nazis. Y cuando los guardias preguntaron si entre los recién llegados había algún carpintero, fue uno de los que levantaron la mano. No era carpintero; solo «quería vivir». Mientras esperaba, rezó:

—Para que aquel alemán me llevara. Y creo que de algún modo percibió mi fuerza de voluntad... porque creo que la gente puede comunicarse por otros medios que la comunicación oral. Estoy convencido de que la fuerza de mi voluntad alcanzó a aquel alemán mientras se paseaba delante del grupo, y me di cuenta de que me miraba y yo pensé: «¡Que Dios me ayude!», y el alemán dijo: «Tú, pequeño, ven aquí».

Y así pasó Toivi a formar parte del reducido grupo que iba a engrosar el *Sonderkommando* judío y así se libró de morir inmediatamente. Pero vio cómo se llevaban a sus padres y a su hermano menor a las cámaras de gas. Y no dejó de asombrarse al comprobar cómo reaccionaba ante tan trágico espectáculo:

—Si he de ser sincero, no sentí nada... Entiéndame, si mi padre o mi madre hubieran muerto dos días antes, habría sido una gran tragedia. Habría llorado día y noche. De pronto perdía a la vez a mis padres y a mi hermano [...] y no lloré; ni siquiera pensé en ello [...]. Después de la guerra, cuando me encontraba con supervivientes les preguntaba si habían llorado. Respondían que no. Es como si la naturaleza nos protegiese [...]. Si hubieran visto que lloraba, me habrían matado.

Cuando pasó a ser miembro del *Sonderkommando* judío, Toivi se dio cuenta de que su voluntad de conservación era tan fuerte que fue capaz de llevar a cabo las tareas más revulsivas sin inmutarse. Le cortaba el pelo a las mujeres a punto de ser eliminadas y las veía avanzar desnudas hacia las cámaras de gas. Pero no lloraba.

En cierta ocasión, un funcionario alemán le dijo que bajara a dos chicas desnudas de un camión que acababa de llegar al campo. Las muchachas habían estado escondidas en el campo y habían sido capturadas por agricultores locales. Dijeron a Toivi que las acompañara hacia las cámaras de gas mientras el funcionario alemán los seguía a cierta distancia. Una de las chicas, tendría diecisiete o dieciocho años, se puso a suplicar a Toivi que la salvara. Toivi, como es lógico, no podía hacer nada y la dejó con los guardias apostados en la entrada de las cámaras de gas. Momentos más tarde oyó disparos de fusil: los nazis no iban a molestarse preparando una cámara de gas solo para dos personas.

Toivi cree que el funcionario de las SS le ordenó conducir a las chicas a las cámaras de gas para no oír sus súplicas. Al fin y al cabo, los del *Sonderkommando* judío estaban allí para eso, para ahorrar a los verdugos alemanes todo el sufrimiento moral que pudieran.

Fue necesario que llegara un grupo de presos judíos del Ejército Rojo en septiembre de 1943 para que se produjera un cambio en la actitud fatalista de muchos miembros del *Sonderkommando* judío. Los milicianos soviéticos habían sido adiestrados para el combate y habían conservado la disciplina interna gracias a un carismático teniente llamado Alexandr Pecherski. Al cabo de unas semanas ya estaban planeando una revuelta. El 14 de octubre atrajeron a algunos guardias a los talleres y los mataron. Muchos miembros del *Sonderkommando* judío huyeron rompiendo la alambrada. Entre ellos iba Toivi Blatt:

—Corrí hacia el bosque. Caí al suelo dos o tres veces; en cada ocasión pensaba: «Me han dado», pero me levantaba, no me había sucedido nada, y seguía corriendo, cien metros, cincuenta metros, y por fin el bosque...

De los seiscientos miembros del *Sonderkommando* judío consiguieron escapar alrededor de trescientos. Señalemos, sin embargo, que casi todos los que huyeron perecieron antes del final de la guerra. Muchos fueron entregados a los alemanes por polacos no judíos. Toivi estuvo entre los pocos que se salvaron; conoció a polacos no judíos que quisieron traicionarle, pero también a otros que le ayudaron a sobrevivir.

Después de pasar por estas experiencias desgarradoras, Toivi sabe qué lección deberíamos aprender de su historia personal:

—La gente me preguntaba: «¿Qué has aprendido?». Yo solo sé una cosa: que nadie conoce a su prójimo. Encuentras a una persona muy simpática en la calle, le preguntas por una dirección concreta y te acompaña media manzana para indicártelo, se comporta con amabilidad. Esa misma persona, en una situación diferente, podría ser un sádico de la peor especie. Nadie conoce a nadie. Cualquiera puede ser bueno o malo, según la situación. A veces, cuando estoy con alguien que se porta con mucha amabilidad, me pregunto: «¿Cómo habría sido este sujeto en Sobibor?».

18

Connie Sully y las violaciones perpetradas por los japoneses

Tenía verdaderos deseos de conocer a Connie Sully. Había padecido a manos de los japoneses al comienzo de la invasión de Hong Kong, en diciembre de 1941, y hasta entonces no había hablado públicamente de lo que le había ocurrido. Estaba, pues, en situación de aportar otro testimonio de primera mano sobre una atrocidad que se había hecho tristemente famosa en la historia de la antigua colonia.

Se había trasladado a Sudáfrica después de la guerra y vivía en las afueras de Durban. Pero la Sudáfrica a la que había emigrado Connie no era ya el país que visité yo en el año 2000. La discriminación racial había desaparecido, es verdad, pero se había convertido en un lugar inhóspito y violento. Poco antes de llegar yo habían matado a un huésped de mi hotel mientras paseaba por la playa al atardecer, y la taxista india que me llevó al domicilio de Connie me contó que el mes anterior habían matado de un tiro a su marido en el centro de Durban, al querer atracarle dentro del coche.

Connie Sully vivía con su indispuesto esposo en una urbanización construida en una colina que daba a la ciudad y que era como si dijéramos el último reducto blanco que quedaba. Me contó que cuando optó por emigrar no sabía si ir a Rodesia (o Zimbabue, como se llama actualmente), a Canadá, a Sudáfrica o a Australia.

—Pudo ser peor —dijo—. Pude haber elegido Zimbabue.

La tristeza reinaba en la casa. Se debía sobre todo a que a los dos cónyuges les deprimía que «los negros» se hubieran hecho con el poder y a que ahora, como quien dice, se limitaban a esperar el final de sus días en un lugar totalmente distinto del que habían conocido al llegar, un lugar, recordémoslo, que se había fundado sobre la fantasía racista de la superioridad blanca.

Mientras nos preparábamos para filmar la entrevista, Connie envió a su marido a otra habitación, a «cuidar de los perros». Todos tuvimos la sensación de que «cuidar de los perros» era una especie de pretexto. Estaba claro que Connie no quería que su marido oyese lo que iba a contarnos.

Comenzó diciendo que, antes de la llegada de los japoneses a Hong Kong, su vida en la excolonia británica había sido alegre y agradable. Sus padres se habían instalado allí cuando ella tenía tres años, de modo que su patria siempre había sido Hong Kong. Dejó los estudios a los dieciséis años y entró a trabajar de secretaria en el Hong Kong and Shangai Bank; tenía tiempo de sobra para «bañarme, jugar al hockey y al tenis» y pasarlo bien en las «abundantes y bonitas playas» de la zona. Y aunque estaba en Asia, se sentía británica «al ciento por ciento».

Aquella vida apacible saltó en pedazos cuando llegaron los aviones japoneses el 7 de diciembre de 1941. Bombardearon Hong Kong cinco horas después de atacar la base naval norteamericana de Pearl Harbour, en Hawái.

Connie se presentó voluntaria para ser enfermera y trabajó en el hospital provisional del hipódromo de Happy Valley, en la isla de Hong Kong. Estaba en la azotea del edificio cuando pasaron aviones japoneses en vuelo rasante.

—Vimos que llegaban aviones al valle. Al principio pensamos que eran norteamericanos, pero enseguida vimos el sol naciente que llevaban pintado. Entonces lo comprendimos [...] no los habíamos visto hasta entonces; de las alas brotaban proyectiles. —Lo que más la indignó fue que en los tejados del Jockey Club había tres cruces rojas para indicar que era un hospital—: Tuvieron que darse cuenta. Pero les trajo sin cuidado. No significaba nada para ellos.

Al igual que Peter Lee (véanse las pp. 107-111), Connie afrontó la adversidad impasible y con entereza. Confesó que, aunque la llegada de los japoneses la asustó, «Cuando hay mucha gente alrededor no hay que darlo a entender. No hay que exteriorizar el miedo».

Desde el principio quedó claro que los defensores británicos de Hong Kong no tenían ninguna posibilidad de resistir. La aviación militar de la colonia consistía en unos cuantos aparatos de la RAF, ya anticuados, y estos fueron destruidos en tierra, en el aeródromo de Kai Tak, durante el primer ataque japonés. En Londres, Winston Churchill había admitido ya ante el gabinete de crisis que «no hay la menor posibilidad de defender Hong Kong ni de ayudarla». La presencia del gigantesco ejército japonés al otro lado de las montañas, en la China continental, hacía inevitable la capitulación de la colonia.

Dos semanas y media después del primer bombardeo, Connie Sully y las demás enfermeras de Happy Valley tuvieron que enfrentarse a cincuenta soldados japoneses. Llegaron al hospital a las siete de la mañana del día de Navidad.

—Estábamos un poco asustadas, pero nos habían dicho que nos tranquilizáramos y siguiéramos trabajando. Preparamos apósitos, pusimos vendas, las quitamos, las pusimos... Y a un japonés no le gustaron los cascos militares, y este sujeto, creo que estaba borracho, este sujeto se acercó a nosotras con un revólver en la mano [...]. Yo estaba muy asustada. Estaba helada de terror. Tenía miedo de moverme, incluso de parpadear [...]. Pero el japonés solo quería que aquella mujer se quitara el casco. Nosotras, claro, al principio no caímos en la cuenta, estábamos muy asustadas [...].Y dijeron: «Quítenle el casco». Lo pidieron por favor. Y cuando la mujer se quitó el casco y lo puso a un lado, el japonés inclinó la cabeza y se fue.

Al margen de este episodio del casco, los japoneses apenas molestaban a las enfermeras durante el día. Pero una noche, poco tiempo después, irrumpieron cuatro soldados en el dormitorio de las enfermeras, las iluminaron con las linternas y se llevaron a las cuatro más jóvenes. Entre ellas estaba Connie, las otras eran chinas.

Fueron obligadas a subir a «un espacio grande y abierto. No había nada, había desaparecido todo. Solo era una armazón. Estábamos todas en el mismo sitio. Pero creo que nos dimos cuenta de que no tenía sentido resistir. Ellos iban armados. Nosotras no [...]. No dijeron una palabra. Bueno, es que no sabían hablar [inglés]

[...]. Y por desgracia para todas, nos violaron. No fue agradable. Pero si te oponías, podías recibir un balazo [...] era el balazo o ceder. Yo valoraba mucho mi vida para recibir un balazo. Y lo medité bien, me dije que podía recuperarme de lo otro, pero que si me mataban no había recuperación. Cuando hubieron terminado, nos condujeron otra vez abajo. No supe ni qué aspecto tenían. No tengo la menor idea.

Como muchas inglesas bien educadas de la época, Connie quería conservar la virginidad hasta la noche de bodas, de modo que la violación fue su primera experiencia sexual.

—Fue degradante. Pienso que tenían que saber que iba a ser degradante. Pero no te rindes. Hay que seguir. Quiero decir que eres consciente. Después estuve mucho tiempo sin poder mirarles. Pero acabas acostumbrándote. Nos dicen: «Ama a tus enemigos». Yo digo que no.

Además, sospechaba que los japoneses habían cometido las violaciones por otro motivo:

—Sí, quiero decir que era un pasatiempo. No tenían radio ni televisión ni nada. Sé que los soldados británicos cantaban y daban conciertos, pero nunca me dijo nadie que los japoneses hicieran lo mismo.

Al día siguiente, Connie y las demás enfermeras violadas volvieron al hospital para trabajar normalmente.

—Lo mejor que podíamos hacer era volver abajo y trabajar. Los que estaban en el campo de prisioneros morían. Los que se sentaban a llorar por lo que habían perdido acababan en el cementerio. Morían muchos. Había cosas que hacer. Había que seguir tirando. Quiero decir que la gente hacía cosas que nunca había imaginado que haría.

Pero era imposible hacer como que no había sucedido nada. Poco después de la violación recibió la ayuda de una amiga de su hermana, que estaba en el mismo grupo de enfermeras.

—Era algo mayor que yo y por suerte su camastro estaba al lado del mío, y fue muy amable. Me dio mucha fuerza. Hablando, solo hablando, porque era lo único que cabía hacer. No podía hacerse nada más.

Aunque tuvo que soportar las duras condiciones de la ocupación japonesa hasta el final de la guerra, los sucesos del hipódromo de Happy Valley no se repitieron. Y cuando acabó el conflicto, se esforzó por volver a su vida «normal». Pero le fue imposible recuperar la personalidad que tenía antes de la violación, entre otras cosas porque aún sentía una profunda repugnancia por los japoneses:

—Cuando estaba en el trabajo, en la época en que empezamos a tratar con ellos, y acudían, la primera vez que tuve que presentar a uno [un empresario japonés] ante mi jefe, pensé: «Voy a tener que ponerme plomo en los zapatos», porque me entraron ganas de darle un puntapié. Me daba asco saludarle y rozarle, aunque solo era un empresario. Por suerte tuvimos poco trato con ellos.

Se casó a los cuarenta y cinco años, cuando ya había emigrado a Sudáfrica. Pero el recuerdo de la violación era como tener «algo encerrado dentro del propio ser». Y es un recuerdo que reaparece por cualquier cosa, viendo la televisión:

—Veo películas donde salen japoneses, me refiero a películas de guerra, y es que me quedo totalmente paralizada. Él [mi marido] se enfada mucho, porque se da cuenta de que he tenido pesadillas. Pero es como una obsesión [...] forcejeo dentro de mí, porque sé lo que harán y lo que pueden hacer. Ahora ya no tiene remedio, porque han pasado muchos años, pero vuelven una y otra vez.

La animadversión que sintió por los japoneses después de la guerra se agudizó en parte porque el Gobierno de Japón se negó a declararse totalmente responsable de los crímenes de guerra cometidos por su ejército:

—Los japoneses no fueron castigados. No se les castigó por las cosas humillantes que hicieron. Entraron en nuestra casa, fueron a los armarios de la ropa y la rasgaron a golpes de bayoneta. ¿Qué sacaron con aquello? Había una foto de mi padre con el uniforme de la primera guerra mundial. La quitaron de la pared y la atravesaron con las bayonetas.

Unos meses después de nuestra entrevista filmada, el marido de Connie sucumbió al cáncer que venía padeciendo. Años más tarde falleció la propia Connie. En ningún momento nos explicó por qué había permitido que la entrevistáramos. Pero todos cuantos la conocimos aquel día y la oímos hablar intuimos el principal motivo. Era tan evidente como el sol que brillaba en el cielo sudafricano. Connie se había decidido a hablar en la vejez porque quería que el mundo supiera lo mucho que seguía detestando a los japoneses; por lo que habían hecho con ella, con su cuerpo, con su mente y con su vida entera.

19

Lucille Eichengreen y los abusos sexuales en el gueto

Lucille Eichengreen fue obligada a vivir una de las historias más espantosas del siglo xx. Lo peor de todo fue que cuando comenzó era una niña y cuando terminó tenía veinte años. En el ínterin aprendió en propia carne que tener prejuicios violentos no era exclusivo de los nazis, como tampoco la tendencia a aprovecharse por la fuerza de las personas jóvenes e indefensas. Escuché su historia en Cracovia, donde nos concedió la entrevista durante un viaje a Polonia. Era pequeña, atractiva, muy elegante y hablaba un inglés perfecto.

—Nací el primero de febrero de 1925, en Hamburgo. Mi padre era importador y exportador de vinos, y le iba bastante bien por lo que colegí después de la guerra.

Vivía con sus padres y una hermana menor en un buen barrio de clase media, en un piso grande, de seis o siete habitaciones. La criada tenía un cuarto en la parte de atrás.

—Todo fue muy bien hasta 1933 [cuando los nazis subieron al poder]. Vivíamos con despreocupación. Viajábamos mucho, estuvimos en Dinamarca e íbamos a Polonia con frecuencia. Era una vida muy agradable y cómoda. Aprendimos a jugar al tenis y a montar a caballo y recibíamos clases privadas de inglés.

Sus padres eran polacos, y aunque todos los de la familia hablaban alemán con fluidez, Lucille era consciente de sus orígenes:

—Yo me consideraba polaca porque desde muy pequeña sabía que tenía pasaporte polaco [...]. Cuando mis padres no querían que oyéramos algo, hablaban en polaco o en francés.

En aquella época no creía que sus raíces polacas tuvieran ninguna importancia particular; tiempo después la tuvieron, y mucha. De lo que sí se dio cuenta es de la temprana repercusión que tuvo el nombramiento de Adolf Hitler como canciller de Alemania, el 30 de enero de 1933, dos días antes de cumplir ella ocho años.

—Los niños que vivían en nuestra escalera dejaron de hablarnos. Se pusieron el uniforme de las Juventudes Hitlerianas. Nos arrojaban piedras, nos insultaban [...]. Y no sabíamos qué habíamos hecho para merecer aquello. La eterna pregunta era por qué. Y cuando preguntábamos en casa nos respondían siempre lo mismo: «Es una etapa pasajera. No hay que preocuparse. Volverá la normalidad».

La infancia feliz y normal de Lucille y su hermana desapareció. Sus padres les dijeron que no llamaran la atención ni en la calle ni en los autobuses. Debían quedarse «al margen, no hablar en voz alta, no reír: volvernos más o menos invisibles».

Tardaban cuarenta y cinco minutos en llegar a la escuela y el trayecto se convirtió en una prueba horrible. Los demás niños les gritaban y escupían, y «los adultos desviaban la mirada». Al igual que otros niños judíos, acabó teniendo miedo de que cualquier cosa que hiciera o preguntara «se malinterpretase y precipitara un castigo». Se volvió «cautelosa»:

—Cosa poco habitual en un niño. Es algo que se adquiere, que no se enseña. No nacemos con ese instinto. Yo lo adquirí debido a las circunstancias [...]. Se siente como si se malgastara la vida [...]. Yo habría podido divertirme, tener amigos. Todo eso desapareció y no es justo tratar a un niño de esa manera.

Durante los años que siguieron, los nazis adoptaron una serie de medidas antisemitas. Los niños judíos ya no podían ir a las escuelas normales ni jugar con niños no judíos. Y cuando los nazis empezaron a investigar los antecedentes de los judíos que vivían en Alemania, se supo que Lucille, técnicamente hablando, era polaca. A partir de entonces, incluso otros niños judíos se metían con ella.

—A los niños de diez, doce años, les decían cosas [como]: «Los judíos polacos son idiotas. Son sucios, no tienen dinero y no nos gustan en absoluto». Durante un tiempo nadie quiso jugar conmigo [...]. Me hacían el vacío, durante un tiempo fue como si no existiera, o me lanzaban insultos. Y los insultos que se dirigen a un niño hacen muchísimo daño.

El origen polaco de la familia repercutió sobre todo en el padre. El día que los alemanes invadieron Polonia (1 de septiembre de 1939) fue detenido porque había pasado a tener categoría de extranjero. Poco después fue enviado al campo de concentración de Dachau, en los alrededores de Múnich. Dieciocho meses después, en febrero de 1941, se presentaron en casa de Lucille dos agentes de la Gestapo:

—Tiraron una caja de puros encima de la mesa de la cocina y dijeron: «Ahí están las cenizas de Benjamin Landau [el nombre del padre]». Si eran realmente las cenizas de mi padre o un puñado de cenizas del crematorio de Dachau es algo que no supimos nunca [...]. Nos dolió mucho la muerte de mi padre, a todos, en particular a mi madre y a mi hermana pequeña, que quedó muy traumatizada. Se volvió más callada que de costumbre. Fue muy difícil aceptar el hecho de que nunca más volveríamos a verlo.

Lucille tenía dieciséis años cuando se enteró de que su padre había muerto en un campo de concentración. ¿Qué sintió?

—Odio, odio en estado puro. Odié a todos y cada uno [de los que lo habían matado]. Podían matar sin pasar por los tribunales, sin un juicio como es debido, sin justicia, sin explicaciones, sin motivos. Porque había leído la Biblia y un mandamiento dice: «No matarás», y no podía entenderlo. Era muy ingenua y creía lo que me habían enseñado. No sabía que la vida era muy distinta.

Ocho meses más tarde, Lucille, su hermana y su madre fueron deportadas a Polonia, al gueto de Lodz. Los nazis habían decidido «limpiar» Alemania de judíos. Y aunque no se había decretado aún la destrucción sistemática de todos los judíos de Europa, había que expulsarlos a todos del Reich.

Mientras se dirigían con otros judíos a la estación de Hamburgo, Lucille advirtió el comportamiento de los no judíos:

—No reaccionaban, no decían nada, no hacían nada. O proferían una palabra malsonante o apartaban la mirada. No había... no me atrevo a decir compasión... no querían darse cuenta de lo que estaba ocurriendo. Nos miraban con indiferencia, sin reaccionar. —Lucille recordaría aquella conducta durante mucho tiempo—: A veces decía para mí: «Algún día os ajustaré las cuentas». Entiéndame, como cuando un niño dice: «Me las pagarás». Ese día no llegó, pero es lo que se piensa.

Tras pasar varios días apretujados en un vagón de tren, llegaron a Lodz y se quedaron atónitos al ver lo que les aguardaba.

—Vimos a los que vivían en el gueto; harapientos, cansados, agotados; no nos prestaron atención [...]. Vimos las calles, no siempre pavimentadas, no siempre limpias. Las aguas residuales corrían por la calzada. Vimos casas viejas, destartaladas. Vimos una zona que parecía los barrios bajos, ninguna de las tres había visto unos barrios bajos, pero pensamos que eran así. No entendíamos por qué la gente iba de aquel modo, tan mal vestida. No sabíamos en qué clase de sitio nos encontrábamos.

Los judíos alemanes tenían que refugiarse donde pudieran y Lucille y su familia se instalaron en un colegio, en el suelo de un aula, hasta que encontraron una pequeña habitación compartida. El espacio era tan insuficiente como la comida.

—No había comida suficiente para seguir con vida. Y carecíamos de productos básicos. No había leche, no había carne, no había fruta, no había nada.

Tras haber tenido problemas en Alemania porque la tomaban por polaca, Lucille volvió a tenerlos porque tampoco los polacos la aceptaban.

—Al principio todo fue mal. Estaba entre dos fuegos. Para los alemanes era judía polaca y para los judíos polacos era una judía alemana porque hablaba alemán. —Los judíos alemanes no eran bien acogidos en el gueto—. Los primeros que llegaron [de Alemania] fueron muy críticos con el estilo de vida del gueto o, mejor dicho, de Polonia. Hicieron muchos comentarios, esto no es legal, esto no está bien, nosotros os enseñaremos. En fin, no se puede entrar en casa ajena y cambiar de sitio los muebles, y eso es lo que querían hacer [...]. Les salió el tiro por la culata; no funcionó.

Una de las primeras listas de deportados, redactada por las autoridades judías del gueto de Lodz a petición de los nazis, contenía sobre todo nombres alemanes. Lucille, su hermana y su madre figuraban en ella y la muchacha fue de oficina en oficina enseñando sus pasaportes polacos, con la esperanza de que les permitieran quedarse. Aunque Lucille no tenía forma de saber que todos los de aquel cargamento serían enviados a un campo de exterminio (estaban ya en 1942 y Hitler había autorizado ya el exterminio de todos los judíos), comprendió que estarían más seguras en el gueto que yendo a un lugar desconocido. Al final se libraron de aquella primera deportación; ella cree que fue porque consiguió demostrar que eran de origen polaco.

Pero en el caso de la madre, las penalidades que pasaban fueron superiores a sus fuerzas.

—Nos quedamos en el gueto y mi madre perdió el interés por todo. Apenas hacía nada, estaba hinchada por culpa del hambre, tenía retención de líquidos. No podía andar bien y murió el 13 de julio de 1942. En el gueto había un carro negro con un caballo gris que pasaba todas las mañanas y recogía a los difuntos, y pasó y se llevó a mi madre [...]. Transcurrió más de una semana, no es una costumbre judía, porque hay que enterrar a los muertos al día siguiente. Mi hermana y yo investigamos, encontramos un espacio vacío, cavamos una tumba y la llevamos allí. No había ataúdes; había que apañarse con dos tablas atadas con una cuerda. Las encontramos en un caserón adjunto al cementerio en el que no había nada, solo cadáveres, cadáveres insepultos.

»No sentíamos nada. No rezamos, ni siquiera lloramos, estábamos tan conmocionadas que habíamos perdido la capacidad de sentir. Volvimos a la habitación, a la habitación amueblada que compartíamos con otros, y mi hermana dejó de hablar, ya no abrió la boca. Era alta, guapa e inteligente, pero se quedó vacía de palabras. Se sentía totalmente abandonada. Mi madre me había hecho prometer que cuidaría de ella, pero no pude hacer nada. Lo intenté [pero] no pude.

La hermana tenía cinco años menos que Lucille y por lo tanto estaba más indefensa. Lucille recorría el gueto para buscarle un trabajo.

—Había que tener contactos para conseguir algo, para encontrar un empleo, para cambiar de puesto, para conseguir otro mejor. La primera vez que intenté que mi hermana entrara en la fábrica de sombreros fue casi imposible, porque los directores de aquellas fábricas decían siempre: «¿Y qué voy a sacar a cambio?». En el gueto había que pagar por todo de un modo u otro, y los precios eran altos, no había nada barato. Pero así era la vida en el gueto. Así había tratado la vida a los seres humanos. Dudo muchísimo que hubieran vivido del mismo modo antes de la guerra. Yo tenía diecisiete años y estaba completamente horrorizada.

Por fin, y tras poner en práctica la tenacidad que ya había librado a su familia de la primera deportación, Lucille encontró un empleo para su hermana en la fábrica de sombreros y ella se puso a trabajar en la administración del gueto. Pero el clima siguió siendo peligroso.

—No se podía una fiar de nadie, porque si le decía algo a una compañera, podía utilizarlo en beneficio propio. Había que tener mucho cuidado. Había muchas puñaladas por la espalda y era comprensible, ya que era cuestión de vida o muerte.

En septiembre de 1942, Rumkovski, el presidente del consejo judío del gueto, pronunció un desdichado discurso en el que pedía a los judíos que entregaran a sus hijos para ser deportados: «Entregadme a vuestros hijos para que los demás podamos seguir vivos» (véanse las pp. 119-123). Lucille oyó aquel discurso.

—Tenía diecisiete años entonces. No me cabía en la cabeza que nadie pidiera a los padres que entregaran a sus hijos. Sigo sin comprenderlo.

»Entraron en el gueto uniformados, con armas, con carros tirados por caballos y con camiones. Fueron de casa en casa, de calle en calle, nos concentraban en el patio y elegían al azar, no solo a los ancianos y a los niños, sino a cualquiera que pareciese demasiado mayor para trabajar.

»Yo maquillé a mi hermana [para que pareciera mayor y más saludable] y esperamos en el patio. Y eligieron a mi hermana. En teoría no podían llevársela. Tenía doce años y el tope era once. Quise subir al camión con ella, pero me golpearon en los brazos con un fusil, caí del camión y se fueron.

No volvió a verla. Lo más probable es que muriera unos días después en los furgones de gaseamiento del campo de exterminio de Chelmno.

Lucille se había quedado sola, sin familia que la consolara ni la ayudase. Y en aquel momento de indefensión absoluta, Rumkovski, que era ya sesentón, se interesó por ella. La eligió personalmente para que trabajara en la gestión de un restaurante del gueto. Su trabajo consistía en estar en una oficina calculando qué cantidad de ingredientes se necesitaba para cada comida. Rumkovski iba a verla todos los días.

—Entraba en la oficina y yo oía en el pasillo su paso desigual, como si cojeara. Yo estaba sola en la oficina, él acercaba una silla y hablábamos. Yo le escuchaba mientras él me tocaba [...] me cogía la mano, la acercaba a su pene y decía: «¡Ponlo en marcha!». Yo no sabía para qué, y como no ocurría nada, se ponía furioso. Muchos años después supe que aquel hombre era impotente, así que era imposible que ocurriera o pudiera ocurrir nada. De lo que yo tenía miedo era de quedarme embarazada, porque no tenía la menor idea [...] hasta que un día me dijo una amiga: «No seas ridícula, las cosas no funcionan así». Yo me sentía furiosa, me sentía agredida, aunque no conocía el verdadero sentido del abuso sexual ni comprendía por qué querían hacerme aquello. Yo estaba horrorizada. Quiso instalarme en un piso particular en el que solo entraría él, y yo me eché a llorar, no quería mudarme.

Lucille se negó a ser amante de Rumkovski y a vivir en un piso especial donde él «pudiera verla desnuda». Pero no pudo impedir que abusara de ella en el trabajo.

—Si me hubiera ido corriendo, habría hecho que me deportaran. Sobre esto no había vuelta de hoja, había oído hablar de otros casos. Huir significaba arriesgar la vida. No sé por qué un hombre como Rumkovski, el presidente del gueto, había caído tan bajo [...] pero el sexo era una mercancía muy cotizada en el gueto. Se comerciaba con él como con cualquier otra cosa.

Cierto día se cerró la cocina del restaurante y todos los que trabajaban en ella fueron enviados a la talabartería del gueto, a coser cinturones y otros pertrechos para el ejército alemán. Lucille no volvió a ver a Rumkovski.

Los alemanes cerraron el gueto en 1944 y casi todos los judíos que quedaban fueron enviados a Auschwitz. Rumkovski y su familia murieron allí. Lucille fue enviada a un campo de trabajo. Sobrevivió a la guerra y con el tiempo se instaló en la costa oeste de Estados Unidos.

Al final de la entrevista quiso expresar con palabras lo que había aprendido tanto en los años de preguerra, en Hamburgo, como en el tiempo que había sido prisionera de los nazis.

—He aprendido que cuando no se cree en una causa, sea una guerra o cualquier otra motivación, hay que decirlo. No siempre es popular decir lo que se piensa, pero si queremos que las cosas cambien, tenemos que aprovechar las oportunidades. Hay que hablar, hay que votar. Callar no sirve de nada.

Quinta parte
SOLDADOS DE LA FE

A diferencia de los conflictos épicos del pasado, como las cruzadas o la conquista musulmana del norte de África, la religión apenas tuvo un papel en el origen y desarrollo de la segunda guerra mundial. El crimen más atroz que se cometió, el exterminio de los judíos, no se basó en el antisemitismo religioso del pasado, sino en el odio «biológico» de los nazis por los judíos. Además, el principal artífice de la matanza, Adolf Hitler, desdeñaba las religiones tradicionales.

A pesar de todo, aunque la religión desempeñó un papel muy pequeño en el repertorio de motivaciones de los soldados (por ejemplo, los cinco veteranos cuya historia presentamos a continuación), fue una guerra protagonizada por la fe y las convicciones. Jacques Leroy, sin ir más lejos, luchó contra la Unión Soviética como un «cruzado», aunque no cristiano. Asimiló la doctrina nazi de que combatía contra un pueblo inferior del Este y su profundo convencimiento de que había que erradicar el comunismo le llenaba de un júbilo casi religioso.

Los tres soldados soviéticos incluidos en esta sección también estuvieron motivados por convicciones muy firmes. Pero a diferencia de Jacques Leroy, sus convicciones no fueron ideológicas. Su ejemplo fue Stalin, que el 3 de julio de 1941, con motivo del primer discurso público que pronunció tras la invasión alemana, se dirigió a los soviéticos llamándolos «camaradas», como mandaba la corrección ideológica, pero también «hermanos», como en los tiempos prerrevolucionarios. Muchos ciudadanos soviéticos de la época entendieron que su caudillo invocaba tanto los sentimientos nacionales como las convicciones comunistas.

Como se deduce de sus declaraciones, los tres veteranos soviéticos se sintieron impulsados por un sentimiento que no era ni religioso ni ideológico y que pese a todo casi les desbordó: el odio. No ha habido en la historia un ejemplo más claro de lo que Buda llamaba «consecuencia kármica»: la idea de que cuando se hace algo malo a otro se sufre a su vez algo también malo. Los alemanes habían invadido su país, habían matado a sus familiares y amigos; los soldados soviéticos, en consecuencia, replicaron con deseos de vengarse.

El caso de Zinaida Pitkina es, en el grupo soviético, el que mejor ejemplifica la tremenda fuerza del odio como factor de motivación. Una vez que los alemanes liberaron las emociones más recónditas de Zinaida, ya no hubo vuelta atrás. Conocerla fue una experiencia impresionante, incluso cincuenta y cinco años después de acabada la guerra.

En cuanto a Hiroo Onoda, su fe fue tan profunda que siguió librando la segunda guerra mundial en una isla del archipiélago filipino durante 29 años después de terminada oficialmente la contienda. Es posible que solo un caballero medieval comprendiera como es debido su sentido del honor.

En el mundo actual, no hace falta insistir en ello, se cometen muchos crímenes por motivos religiosos. Pero el testimonio de los entrevistados en esta sección nos recuerda que no hace falta una religión para articular un poderoso sistema de creencias.

20

Vladímir Ogrizko y el pánico de Moscú

Si me pidieran que señalase el día más importante de la segunda guerra mundial, no elegiría ninguna fecha conmemorativa, como el 3 de septiembre de 1939, día en que Gran Bretaña declaró la guerra a Alemania; ni el 7 de diciembre de 1941, día en que los japoneses atacaron Pearl Harbour; ni siquiera el 22 de junio de 1941, cuando los alemanes invadieron la Unión Soviética. Son fechas importantes, sí, pero señalan solo la aplicación de decisiones tomadas previamente. No, yo elegiría un momento realmente decisivo en el que yo creyera que un solo hombre había cambiado el rumbo del conflicto. Elegiría, pues, el jueves 16 de octubre de 1941, jornada en la que se tomó una decisión en el momento más crucial de la guerra entre Hitler y Stalin.

Suele creerse que Hitler invadió la Unión Soviética porque estaba loco; que nadie podía conquistar un territorio tan amplio y que creer que los nazis podían vencer era como desafiar a los dioses. Pero esta es una opinión formada retrospectivamente y no lo que muchos (de ambos bandos) pensaban en la época. Tanto los británicos como los norteamericanos temieron que la guerra relámpago de los alemanes acabara subyugando a la URSS. El día posterior a la invasión alemana, el ministro de Marina norteamericano dijo al presidente Roosevelt que, «Según las opiniones más autorizadas, Hitler tardará entre seis semanas y dos meses en apoderarse de Rusia». Y el Ministerio de la Guerra británico ordenó a la BBC que diera informaciones asegurando que la resistencia soviética no iba a durar más de seis semanas.[1]

El pesimismo parecía justificado en otoño de 1941. En octubre, gracias a su victoria en Viazma, los alemanes estaban a unos 150 kilómetros de Moscú y la capital se encontraba en situación precaria, defendida por menos de 90.000 soldados. Documentos que no se hicieron públicos hasta la caída del comunismo han revelado que Stalin pensó en la posibilidad de abandonar en aquel momento la capital y trasladarse al este, a unos 650 kilómetros de allí, a Juibisheb, a orillas del Volga. Un documento secreto, el número 34 del Comité de Defensa del Estado, fechado el 15 de octubre de 1941, dice que se había decidido «Trasladar el Presidium del Soviet Supremo y los niveles superiores del Gobierno (el camarada Stalin se irá mañana o más tarde, según la situación)».

Al día siguiente había un tren blindado en la estación central de Moscú, preparado para trasladar a Stalin. Se sacó del Kremlin material de comunicaciones. Y la noche del 16 de octubre subieron al tren los miembros del estado mayor de Stalin, sin olvidar al telegrafista, Nikolai Ponomariev. Stalin tenía ante sí una disyuntiva vital. ¿Debía subir al tren o quedarse y arriesgarse a no poder huir de Moscú? Fue un momento de gran trascendencia porque la guerra en el Este estaba en tal situación que podía decantarse por igual en un sentido o en otro. Si Stalin hubiera subido a aquel tren y abandonado Moscú, estoy convencido de que la guerra habría terminado en breve con una derrota deshonrosa y una paz humillante para la Unión Soviética.

Había un precedente. Según el tratado de Brest-Litvosk, firmado en marzo de 1918 entre el novato Gobierno de los comunistas y los alemanes, la Unión Soviética renunciaba a sus derechos sobre Ucrania, Polonia, Bielorrusia, los países bálticos y una serie de territorios del sur, capturados antaño a los turcos. Si Lenin había estado dispuesto a salir de la primera guerra mundial renunciando a países enteros, ¿por qué Stalin no podía obrar del mismo modo? Y como más del 90 % de la economía de guerra alemana se dedicaba al conflicto con la URSS, el fin de la guerra en el Este habría supuesto un cambio en la situación del frente occidental. Con todo el ejército alemán

«Empezamos por Osaka, Tokio, Nagoya y todas las grandes ciudades, y las bombardeamos hasta que no quedaron más que escaleras y chimeneas. Destrucción total al ciento por ciento.» Paul Montgomery y el bombardeo total de los japoneses. (Arriba: las consecuencias de un bombardeo norteamericano.)

«Todo rápido y sencillo. Sin ceremonias, nada. Los dábamos por desaparecidos y punto.» Petras Zelionka (derecha) y los campos de exterminio nazis.

«Me dije que no estaba dispuesto a tolerar que nuestro pueblo quedara reducido a la esclavitud. Cuando te das cuenta de que están humillando a toda una nación, has de hacer algo, te guste o no, y yo estaba dispuesto a todo.» Alexéi Bris (arriba) y el fin del sueño ucraniano.

«Yo temblaba de pies a cabeza, eché a correr, le clavé la bayoneta y fue fácil. Antes de ensartarlo estaba asustado, pero después comprendí que podía hacerlo. Se mata a una persona muy fácilmente.» Hajime Kondo y la forja de un demonio en el ejército imperial japonés.

«Las casas rusas eran primitivas y vivían tan por debajo de lo que nos parecía normal que no nos tomábamos muy en serio la tarea de incendiar o volar las viviendas.» Wolfgang Horn y la ejecución de soldados del Ejército Rojo.

«No sentí nada ni por haberla violado, ni por haberla matado, ni por habérmela comido. Esto vale para todo lo que hice [en China].» Masayo Enomoto (en la fotografía, a la derecha): violación, asesinato, canibalismo.

«Nadie imaginaba en aquellos tiempos que pudieran suceder tales cosas en un mundo que se llamaba civilizado.» Peter Lee y las virtudes de un inglés prisionero de los japoneses. (Izquierda: las tumbas de los prisioneros de guerra que murieron en Sandakan.)

«Separaron a los niños de sus padres y sus gritos llegaban al cielo.» Estera Frenkiel y las alternativas en el gueto. (Abajo: niños en el gueto de Lodz.)

«Después estuve mucho tiempo sin poder mirarles. Pero acabas acostumbrándote. Nos dicen: “Ama a tus enemigos”. Yo digo que no.» Connie Sully y las violaciones perpetradas por los japoneses. (Abajo: Desfile militar japonés en Hong Kong.)

«Si no hubiéramos sido fuertes y resistentes, los alemanes nos habrían engullido. Cada metro de Stalingrado podía significar la muerte. Íbamos con la muerte a cuestas.» Suren Mirzoyan y la lucha cuerpo a cuerpo en Stalingrado.

«Los individuos como él [el joven comandante] habían matado a muchos soldados rusos. No esperaría usted que le diera un beso a cambio.» Zinaida Pitkina (izquierda) y SMERSH.

«Cuando las masas gritaban "*Heil!*", ¿qué podía hacer una persona sola? Lo que hace es decir amén. Dijimos amén. Eramos los hinchas.» Erna Krantz y la vida normal con los nazis.

«Cuando lo conocí [a Hitler] era un hombre normal. Al final, cuando murió, era un ser horrible [...] Hay que juzgar muy bien a una persona antes de poner nuestra vida a su disposición.» Karl Böhm-Tettelbach (izquierda) y los nazis encantadores.

«La unidad de ataque especial [los kamikazes] se presenta como modelo de valor y al soldado japonés se le representa como temerario y fanático. En realidad estábamos muy tranquilos e hicimos un análisis muy sereno e imparcial [antes de convenir en tornar parte].» Kenichiro Oonuki (derecha) y la lógica del kamikaze.

«No había ninguna esperanza y yo estaba convencida de que era el fin del mundo, el fin de mi vida.» Waltraud Reski y la violación masiva de Demmin. (Arriba: mujeres y niños huyen del avance del Ejército Rojo en Dansk.)

apostado en Francia e Italia, difícilmente habrían podido los aliados invadir Europa occidental antes de la invención de las armas nucleares.

Pero sabemos que Stalin no subió al tren. El material se bajó de los vagones y volvió a instalarse en el Kremlin. El estado mayor de Stalin volvió al trabajo. Stalin había dicho que Moscú no debía caer y por lo tanto su presencia en la capital era insustituible. Pero sabía que él solo no podía salvar la ciudad; confiaba en el apoyo de docenas de miles de ciudadanos como Vladímir Ogrizko.

Cuando conocí a Ogrizko a fines de los años noventa en su piso del centro de Moscú, tenía ya más de ochenta años. Pero no era como los ancianos que había conocido hasta entonces. Tenía músculos de gorila de discoteca y una espalda más recta que una barra de hierro. En 1941 tenía a su cargo una unidad de guardias de la NKVD (el precedente del KGB) de Moscú:

—El 14 de octubre el enemigo estaba ya muy cerca [de Moscú] y una sección de tanques había llegado al pantano de Jimki. Moscú empezó a temblar de miedo cuando pudo ver al enemigo con los prismáticos [...]. La comida estaba muy racionada y la gente empezaba a ser presa de la histeria. El miedo se multiplicaba por culpa de los agentes derrotistas y los espías que habían conseguido burlar las defensas de Moscú [...] había robos, ocurría todo lo imaginable, porque, como suele suceder, la gente perdía la cabeza. La escoria de la sociedad asomó la nariz y se apoderó de las calles.

Stalin y las autoridades soviéticas decretaron el estado de sitio aquel octubre para tratar de controlar la situación, y Vladímir Ogrizko y su unidad estuvieron entre los encargados de que se obedeciera:

—Las carreteras estaban colapsadas. Los que huían de Moscú pensaban que se salvarían y sobrevivirían; eran así de primitivos. Y aquella gente bloqueaba las carreteras [...]. Es muy sencillo. Si alguien estaba en medio, se apartaba. Los rusos son fuertes. Los empujabas a la cuneta y se acabó. Y los que llegaban a continuación se daban cuenta de por dónde iba el asunto [...]. Plenos poderes. Aún me enorgullezco de que mi compañía vetara el paso a todo el que resultaba ser un enemigo, un maleante. No tocábamos a los desorientados, y había muchos: simplemente les hacíamos volver a las filas. Los que se resistían eran ejecutados. Estas severas medidas, estas hermosas medidas, son la esencia y el contenido de la guerra. No se puede decir que sean contrarias a los derechos humanos, no son crueles ni enfermizas. Era justo ejecutar a las personas que no comprendían cuál era su posición en un momento en que su país sufría crueldades aún mayores.

Ogrizko estaba convencido de que había hecho lo justo en octubre de 1941, incluso cuando mataba a quien le llevaba la contraria.

—No estábamos en tiempos de paz. No vas a decirle al otro: «Estate quieto o te mato» mil veces antes de apretar el gatillo, y tampoco vas a disparar al aire. Desde luego que no. Le pegas un tiro allí mismo. Las órdenes eran tajantes. Cualquiera que se resistiera y no obedeciese las órdenes que se le daban, y más aún si se alejaba o abría la boca, era eliminado allí mismo, sin contemplaciones. Y eso se consideraba un acto heroico, porque estabas matando a un enemigo. Era la única forma de acabar con la histeria.

Estas unidades especiales de la NKVD no se limitaron a reprimir brutalmente el pánico que se había desatado en Moscú: también intervinieron en el frente como destacamentos de retaguardia. Su misión era sencilla: impedir que los soldados soviéticos huyeran. Los cuatro primeros meses de la guerra se habían caracterizado por la retirada masiva del Ejército Rojo y Stalin había resuelto trazar una línea al oeste de Moscú para señalar hasta dónde podía llegar la retirada. El ejército recibió orden de quedarse donde estaba, al precio que fuera.

—Yo diría que los destacamentos de retaguardia desempeñaron un papel psicológico, de apoyo moral. Inculcaban un sentido de responsabilidad en los soldados y los oficiales para que mantuvieran sus posiciones [...]. Cuando se está en plena batalla no hay deserciones, solo traiciones. La orden decía: «Moscú está detrás de nosotros, no podemos perder terreno».

Cuando los soldados soviéticos querían retroceder, Ogrizko y sus hombres se lo impedían.

—Cuando ves a un soldado en esa situación, sea oficial o tropa, si es presa de la histeria, no tiene ningún control sobre sí mismo. Tienes que pararle los pies a tiempo, tienes que zarandearlo, incluso darle un puñetazo. Y entonces ves que vuelve a ser un soldado. Es muy duro, psicológicamente hablando [...] hay que verlo para creerlo [...] tienes que detenerlo, decirle que dé media vuelta, se eche al suelo y siga combatiendo. Y eso le hace recuperar la sensatez. Le desaparece la tensión. Si se resiste o algo parecido, o echa a correr, entonces lo eliminamos. Les pegamos un tiro y se acabó. Ya no eran soldados.

Amenazar con la muerte a los traumatizados soldados para obligarles a que volvieran al frente me pareció una extraña forma de «aliviar la tensión». No hace falta decir que Vladímir Ogrizko era el peor consejero psicológico que podía encontrarse.

Por sus palabras y actitudes era evidente que se sentía completamente a gusto con su papel de juez, jurado y verdugo. He aquí lo que respondió, por ejemplo, cuando se puso en duda la moralidad de fusilar en el acto a sus propios compatriotas:

—Bah, en todos los países, no solo en el nuestro, en todas partes hay traidores, gente acobardada; muchos son traidores. Se les da una oportunidad, les dices: «Detente o disparo». Y si no se detienen, se les pega un tiro. En la vida hay una serie de normas, sobre todo en el ejército, y más aún en la guerra. Son traidores, y esto no es demagogia. Son sencillamente traidores. Y a los traidores se les trata como a traidores. Esto debería ser una ley de vida, debería formar parte de la educación de la gente [...] a un traidor hay que darle su merecido.

La fe de hierro de Vladímir Ogrizko llenaba la habitación. Además, saltaba a la vista que durante la guerra pensaba que sus superiores eran mucho más implacables que él.

—Stalin se portó bien. A pesar de todos sus arraigados defectos [...] Stalin será recordado como un personaje histórico de mucha valía. Hacía falta un hombre fuerte. Se sirvieron del miedo para vencer el miedo. ¿Qué importa si estaba bien o mal? Estábamos en guerra y había que obrar con firmeza.

Naturalmente, la firmeza que invocaba Ogrizko se basaba en el ejemplo de Stalin, que había demostrado su valor quedándose en Moscú. Ogrizko no habría obedecido con tanta determinación a un jefe que hubiera huido al este en busca de la seguridad. Era innegable que había allí una relación de causa y efecto. Stalin se había quedado en Moscú y los hombres como Vladímir Ogrizko habían seguido su ejemplo luchando a su lado. Si no hubiera sido por la decisión que tomó Stalin el 16 de octubre de 1941, el efecto habría sido muy distinto.

21

Suren Mirzoyan y la lucha cuerpo a cuerpo en Stalingrado

Casi todas las personas que saben algo, por poco que sea, de la segunda guerra mundial han oído hablar de Stalingrado. Saben que esta victoria soviética dio un giro de ciento ochenta grados al curso de la guerra en el frente oriental. Pero lo que no se ha divulgado tanto es que fue un símbolo de la diferente forma de hacer la guerra de los alemanes y los soviéticos, y esto lo vi yo encarnado en un ruso llamado Suren Mirzoyan. Lo conocí en Volgogrado (nombre actual de Stalingrado) a fines de los años noventa. Era un típico día otoñal en la región, gris, húmedo, con nubes bajas que parecían casi tóxicas, y los destartalados edificios de viviendas que culebreaban a orillas del Volga respiraban abatimiento.

Al oeste de la ciudad se extiende la estepa, cientos de kilómetros de tierra llana, ideales para las unidades mecanizadas del ejército alemán. En el verano de 1942, los tanques de Hitler invadieron la estepa (fue la Operación Azul), en dos meses recorrieron seiscientos cincuenta kilómetros y la última semana de agosto llegaron al Volga y a Stalingrado. Ver el río fue una experiencia casi mística para muchos veteranos alemanes que he conocido; era la señal de que habían «alcanzado su objetivo», la frontera de su nuevo imperio. Ya solo faltaba expulsar al Ejército Rojo de Stalingrado, presionando por la orilla occidental del Volga.

Los alemanes pensaban que iba a ser una operación fácil. Primero bombardearon la ciudad y luego lanzaron a la infantería. Pero la resistencia soviética, ineficaz en terreno llano, estaba allí bien atrincherada. Entre los escombros y los edificios en ruinas, la superioridad tecnológica de los alemanes contaba poco; y los soldados como Suren Mirzoyan estaban decididos a resistir:

—Cada palmo de tierra que habíamos cedido al enemigo pesaba sobre nuestras conciencias. Nos habíamos jurado no rendir la ciudad. Íbamos a defender nuestro país con uñas y dientes porque no queríamos entregarlo.

Poco a poco, los soldados del Ejército Rojo empezaron a creer que había una posibilidad de resistir. Mirzoyan la columbró en agosto de 1942, cuando le ordenaron a él y a otro camarada que «secuestraran» a un alemán de primera línea para someterlo a interrogatorio.

—Había una carretera comarcal y cerca crecían los arbustos. Estuvimos allí una hora esperando a los alemanes. Queríamos capturar a uno. Yo dije: «Cojamos un alambre, atémoslo a un árbol y tensémoslo a través de la carretera». Y eso hicimos. Atamos el alambre a un árbol, cruzamos la carretera con él y nos escondimos en el otro lado. Pasó un alemán, tropezó con el alambre y atacamos. —Capturaron a un comandante de la división acorazada—. Dijo que tenía dos hijos en Alemania y que su padre había luchado contra nosotros en la primera guerra mundial. Era muy corpulento y fuerte [...]. Nos pidió que le perdonáramos la vida. Nos dijo todo lo que sabía.

En vez de resistir y negarse a dar al Ejército Rojo una información que iba a perjudicar a sus compatriotas, aquel comandante alemán parecía deseoso de contar todo lo que sabía. Y Suren Mirzoyan, que en 1942 tenía diecinueve años, llegó a la conclusión de que «los alemanes no eran héroes. Eran unos cobardes. No estaban seguros de su victoria».

Mirzoyan creía haber descubierto el punto flaco de los alemanes: la lucha con proximidad física. A los alemanes les había ido muy bien mientras iban escondidos en sus tanques, cruzando el campo a toda velocidad y acabando de lejos con personas y edificios. Pero la guerra adquirió un cariz muy distinto en Stalingrado, porque la batalla que se libró allí permitió al Ejército Rojo explotar mejor sus recursos y aptitudes.

—Sabíamos que cuando asestáramos el primer golpe a los alemanes se retirarían enseguida. Todo el mundo sabe que no hay soldados como los rusos.

El jefe de las fuerzas soviéticas en Stalingrado era Vasili Chuikov, un hombre temerario e implacable que solía golpear con un palo a sus propios oficiales si no le complacían. Chuikov ordenó a sus soldados que se mantuvieran lo más cerca posible de los alemanes. En algunos lugares, la tierra de nadie era de unos cuantos metros. Aquello significaba que los alemanes no podían aprovechar su superioridad con bombardeos aéreos, para no alcanzar a los suyos.

En Stalingrado se combatió casa por casa, casi ladrillo por ladrillo. Dentro de los edificios bombardeados, Suren Mizoryan participó en algunos de los encuentros físicos más terribles de la guerra.

—De pronto saltó un alemán sobre mi compañero y este se revolvió y le dio un rodillazo. Y luego saltó otro alemán encima de él y entonces me lancé yo; teníamos cuchillos. Cuando se aprieta un tomate maduro sale la pulpa, ¿verdad? Pues yo lo estuve acuchillando y todo quedó salpicado de sangre. Solo pensaba en una cosa: mata, mata, es un animal. Y otro alemán se me echó encima gritando y también cayó. Si no hubiéramos sido fuertes y resistentes, los alemanes nos habrían engullido. Cada metro de Stalingrado podía significar la muerte. Íbamos con la muerte a cuestas.

Esta clase de lucha estaba a años luz de la guerra mecanizada que se libraba en las estepas; en realidad, era un enfrentamiento tan primario que Mirzoyan renunció a las armas sofisticadas:

—Yo iba con un cuchillo o una pala, una pala de hoja afilada. A veces es mejor que una ametralladora. También utilicé la pala en el frente. Sirve para cavar y para combatir cuerpo a cuerpo. Una ametralladora consume tiempo: hay que cargarla. Pero si tienes una pala, la levantas y golpeas con ella. Tiene su lógica. Las palas fueron muy importantes en aquellos combates.

Al igual que todos los que lucharon entre las ruinas de Stalingrado, Suren Mirzoyan soportó las condiciones más terribles:

—No puede usted figurarse lo mal que huelen los cadáveres, lo peor es un cadáver que se descompone. Puede enloquecer a cualquiera. Todavía me acuerdo. Un cadáver se hincha y hace un ruido silbante, *pssss*, como si tuviera aire dentro. Vi muchos cadáveres, todos medio quemados. Niños, mujeres, hombres. Muchos civiles muertos. También me acuerdo de las vacas muertas e hinchadas. No podíamos luchar por culpa de aquel hedor [...] Lo tengo metido en la memoria para siempre. Cuando matas a un hombre ves su sangre. Yo a veces la veo en sueños. Hubo atrocidades por ambas partes. La culpa de todo la tuvieron el fascismo y Hitler. Veía alemanes muertos, unos chicos guapísimos, y me daba mucha pena. ¿Por qué tuvo que ocurrir? También me acuerdo de amigos inteligentes y apuestos que dieron su vida. Estaban vivos y cuando te dabas cuenta yacían muertos en el suelo. Es horrible. La guerra es lo peor que puede suceder.

Mirzoyan estaba convencido de que en las ruinas de Stalingrado solo tenía dos opciones: luchar o morir. No le motivaban los ideales comunistas ni la retórica estalinista. Su fe era tan elemental como las armas que empuñaba: o caía él o caía el enemigo.

Los alemanes que habían llegado al Volga en agosto, jubilosos porque creían que el avance había cesado y que ya tenían asegurado el objetivo, debieron de desmoralizarse ante la espantosa realidad de los combates entre las ruinas. «Como unidad acorazada, conducíamos tanques y tratábamos de abatir al enemigo con tanques —me dijo un veterano alemán que había combatido en Stalingrado—. Pero aquello quedó sepultado en el pasado, a muchos siglos de distancia.»

Y mientras Suren Mirzoyan y sus compañeros combatían cuerpo a cuerpo con los alemanes entre los escombros, el alto mando soviético preparaba una de sus ofensivas más ambiciosas, la Operación Urano. Iniciada el 19 de noviembre de 1942, puso de manifiesto lo mucho que los estrategas del Ejército Rojo (sobre todo los mariscales Yukov y Vasilievski) habían aprendido de sus propios errores. En vez de lanzar un ataque frontal contra el enemigo, proyectaron un ataque envolvente contra las líneas de abastecimiento con objeto de aislar al 6.° Ejército, que contaba con doscientos cincuenta mil hombres. Ahora le tocaba a los alemanes quedar rodeados.

Göring, jefe de la Luftwaffe, dijo a Hitler que abastecería al 6.° Ejército por el aire, pero no pudo. El mariscal de campo Von Manstein organizó una operación de rescate, pero también sin resultados. Al final, el mariscal de campo Von Paulus, jefe del 6.° Ejército, se rindió a los soviéticos el 31 de enero de 1943. Fue una decisión polémica porque en teoría los mariscales de campo alemanes no debían rendirse: ante la perspectiva de la derrota, se esperaba que se suicidaran. El comportamiento de Von Paulus enfureció y desconcertó a Hitler. «Lo que más me duele —dijo este un día después de la rendición— es que el heroísmo de tantos soldados haya quedado en nada por culpa de un pelele sin carácter [...]. ¿Qué es la vida? Todo individuo acaba muriendo de un modo u otro. Lo que sigue viviendo cuando muere el individuo es la nación. ¿Cómo puede temer nadie este momento de liberación cuando el deber no nos retiene en este valle de lágrimas?»[1]

El efecto que produjo en Suren Mirzoyan la batalla de Stalingrado fue totalmente distinto, como es lógico. Por fin se demostraba que, a pesar de la superioridad técnica de su armamento, «los alemanes no eran héroes» ni estaban «seguros de su victoria». Más aún, el haber estado en aquel infierno del combate casa por casa le dejó una huella emocional imborrable.

—Brindé y me dije que después de lo de Stalingrado ya no podía tener miedo de nada.

22

Jacques Leroy y la mentalidad de un fanático de las SS

En la cultura popular (las películas de Hollywood, la prensa sensacionalista, los tebeos) hay una identificación palpable entre Alemania y el nazismo. Pero no todo el mundo sabe que el nazismo atrajo a muchos ciudadanos que no eran alemanes. En realidad, el SS más fanático que he conocido en mi vida era belga.

Se llamaba Jacques Leroy y filmé nuestra entrevista en 1996. Conocerlo fue una aventura extraña desde el principio. Vivía en el campo, en el sur de Baviera, en una casa de dos niveles y de aspecto futurista; no le gustaban las mansiones sólidas con muchos sofás confortables y cachivaches que solían preferir otros veteranos a quienes entrevisté en aquel mismo viaje. Lo recuerdo de pie en la entrada: un setentón bajo, manco y tuerto que todavía respiraba un aire combativo y agresivo. Se había comportado con dureza en la guerra y seguía siendo un hombre duro.

Nació en Bache, pueblo de Valonia, región francófona de Bélgica. Su padre era el alcalde, era rico y poseía una fábrica de cerveza y casi una docena de restaurantes.

—Se lo cuento para que usted se sitúe, para que sepa que yo no tenía ninguna necesidad económica de hacer lo que hice [...]. para que me sitúe a mí y sitúe el problema.

De adolescente se sintió «fascinado y atraído» por Léon Degrelle, jefe de los rexistas, un partido fascista adaptado a las preferencias de los belgas.

—Léon Degrelle atacaba a los políticos de entonces —dijo Leroy con admiración—, políticos que, debo decirlo, estaban corrompidos [...]. Cuando tenía once o doce años ya iba a los mítines de Léon Degrelle. Le escuchaba y su política me atraía y me fascinaba.

Así como el partido nazi de Hitler entusiasmó a muchos jóvenes alemanes con su consigna de *Deutschland erwache!* (¡Alemania, despierta!) y la promesa de una renovación espiritual, el partido rexista de Degrelle prometía cambios radicales y un nuevo comienzo para todos los belgas. Uno de los principales puntales tanto del nazismo como del rexismo era el anticomunismo.

—En la actualidad no se concede mucha importancia a estas ideologías, pero tiene usted que situarme entonces, tiene que transportarme al contexto histórico en que vivíamos, porque hoy es posible que ya no signifique nada, pero entonces tenía mucha importancia. Toda Europa se estremecía, toda Europa se sentía atraída por aquellos dos movimientos anticomunistas y antibolcheviques.

Sin embargo, aquel entusiasmo juvenil por los rexistas no significaba que Leroy se considerase nazi ni nada parecido. En realidad, afectado por el temor de sus padres, se asustó cuando los alemanes invadieron Bélgica, el 10 de mayo de 1940. Todavía con quince años, Leroy «lloró» el día que llegaron los nazis.

—Estábamos aterrorizados porque desde siempre nos habían dicho que los alemanes les cortaban las manos a los niños pequeños [...]. Es lo que nos habían dicho en la escuela, pero más tarde me di cuenta de que no era verdad, de que nos habían mentido.

A raíz de la invasión alemana, la familia de Leroy huyó al sur de Francia, pero al cabo de unos días decidieron volver. Y fue durante aquel viaje de regreso a Bélgica cuando Leroy y su familia conocieron a alemanes que no tenían nada que ver con los «bárbaros» que habían temido.

—Tuvimos una avería y los alemanes nos ayudaron, nos dieron gasolina y repararon el camión. Nos dieron de comer. Se portaron correctamente.

Fueron tratados así porque no eran ni judíos ni comunistas. En realidad, fue lógico que les ayudaran, dado que el muchacho militaba en un partido fascista. Pero por esta experiencia concreta, Leroy llegó a la conclusión general de que todos los alemanes «se comportaron de un modo irreprochable con la población local». Fue una conclusión absurda si pensamos en la deportación posterior de los judíos belgas.

A Leroy le resultó indiferente la represión de los judíos.

—Los judíos me preocupaban tanto como me preocupaba lo que hubiera pasado en el año 40 a. C.

Aunque reacio a comentar el antisemitismo que vertebraba ya la ideología de sus admirados rexistas, Leroy admitió sin rodeos que era un «racista» convicto y confeso. «La raza blanca, la raza blanca es fundamental.»

Me explicó la concepción del mundo de las SS, con la que estaba de acuerdo.

—La diferencia entre los que podríamos llamar *Übermenschen* [superiores] y los *Unfermenscben* [inferiores] es que los *Übermenschen* son los componentes de la raza blanca [...] la raza blanca. Ese es el motivo de que tantos extranjeros vengan a los países de raza blanca. Es un acto deliberado, lo hacen adrede los políticos para arrinconar esta forma de entender el racismo. Para crear el pluralismo étnico [...]. Por entonces estábamos orgullosos de pertenecer a la raza blanca.

Racista y profundamente anticomunista, no es de extrañar que a los dieciséis años se alistara voluntario en el ejército alemán para luchar contra Stalin. Lo más llamativo de todo es que su héroe Léon Degrelle era uno de los oficiales de la unidad en la que se alistó, una división valona especial integrada en las SS.

Las enormes bajas sufridas por las unidades de las SS en el frente oriental habían inducido a Heinrich Himmler a aflojar en 1943 su política de no aceptar reclutas más que de los países llamados «germánicos». En realidad, hacia el final de la guerra, los extranjeros (de Francia, Croacia, Noruega, Dinamarca, Letonia, Ucrania, Hungría, Estonia, Albania, Italia, Eslovenia, Serbia y Bélgica) sumaban más del 50 % de las fuerzas de combate de las SS.

—El objetivo ideológico de las Waffen SS era adiestrar hombres, hombres de élite. Ya sé que esta expresión no tiene mucho prestigio actualmente, en particular en nuestra sociedad pluralista, pero era eso, preparar hombres de élite, hombres capaces de cumplir una orden y servir a su país. —La finalidad de aquella fuerza «de élite» era evidente—. Era luchar contra Rusia, contra la Rusia comunista y bolchevique, eso era [...] porque esa era la razón de todo.

Muchos pensaban que, por combatir con el uniforme de las SS, Jacques Leroy era un traidor a su patria.

—Sí, eso es exactamente lo que decían y lo que siguen diciendo en la actualidad. —En el curso de la entrevista se puso furioso por aquella acusación y barbotó—: ¿Qué es un traidor? ¿Qué es un traidor, estimado señor? ¿Se puede ser traidor a los dieciséis años? Yo no llevaba uniforme belga [...]. ¿Se es un traidor cuando se combaten ideas que no son propias de Europa, que no son populares? Cuando se asimilan ideas que vienen del extranjero, entonces se es un traidor. La palabra «traidor» no me pasó por la cabeza ni una sola vez.

Leroy y los demás voluntarios de la división valona (el nombre oficial era 5.ª División de Voluntarios Valones de las SS) fueron enviados al frente oriental. Leroy no tardó en demostrar que era un combatiente atrevido y valeroso.

—Luchábamos con armas, nos escondíamos en los árboles, peleábamos cuerpo a cuerpo.

Incluso le dieron una medalla especial al valor por un combate cuerpo a cuerpo. Pero en 1943, entre la nieve del bosque de Teklino, en Ucrania occidental, Leroy y sus compañeros se enfrentaron a un contingente soviético que les superaba en número. El resultado fue catastrófico.

—Fueron unos enfrentamientos terribles. Perdimos el 70 % de los hombres. Teníamos dos o tres tanques de apoyo, pero no pudieron adentrarse en el bosque. —Conforme recordaba el episodio se iba animando. Como si volviera a estar en aquel bosque combatiendo contra los soviéticos—. ¡Luchamos como jabatos! Atacábamos y ocupábamos una posición tras otra. —Pero su suerte acabó por esfumarse—. Estaba acuclillado detrás de un abedul, es un árbol muy delgado, y de pronto sentí una especie de descarga eléctrica. Dejé caer el arma [...]. La solté y en aquel instante vi sangre, gotas de sangre en la nieve. Me habían alcanzado en un ojo y quemaba. Y había recibido tres balazos en el hombro.

Se desplomó en la nieve y allí se quedó desangrándose hasta que dos compañeros lo sacaron del bosque y luego lo llevaron a un hospital de campaña. Los cirujanos le operaron el ojo y el brazo, pero no pudieron salvárselos.

Y aquí es donde empieza la parte más extraordinaria de su historia, porque, a pesar de estar mutilado, solicitó reincorporarse a su unidad y lo consiguió. Lo cual mueve a formular una pregunta espontánea, pero básica: ¿por qué?

—Para no hundirme en la mediocridad y para estar con mis camaradas —respondió Leroy—. Había perdido un brazo y un ojo, es verdad, pero cuando se es joven los problemas no afectan del mismo modo que cuando se es un adulto. Y, por encima de todo, para no hundirme en la mediocridad. No me gusta la mediocridad. No me gusta no hacer nada, permanecer ocioso, no tener un objetivo en la vida [...]. A veces hay que convertirse en símbolo, porque, de lo contrario, ¿para qué vivimos? La vida no consiste en pasarse las horas viendo la televisión. Hay que pensar, hay que tener una meta.

Leroy hablaba con pasión y se notaba su desprecio por la mediocridad por su forma de pronunciar la palabra francesa *médiocrité*. Pero como solía ocurrir en las entrevistas que realizaba, sus palabras tenían un alcance mayor de lo que podía parecer. Había una pista importante en lo que acababa de decir, que «la vida no consiste en pasarse las horas viendo la televisión». Porque en la casa de Leroy había uno de los televisores más grandes que había visto en mi vida, y captaba una infinidad de canales vía satélite. Y por otras observaciones que hizo en el curso de la entrevista, por ejemplo, que «Todos los días busco y encuentro películas, películas parciales en las que se calumnia y se tergiversa a los alemanes, y se les tacha de bárbaros», era evidente que Leroy pasaba muchas horas al día viendo la televisión, es decir, haciendo aquello en lo que no consistía la vida.

Me imaginé a aquel anciano airado, manco y tuerto, discutiendo durante horas con el televisor. No costaba mucho darse cuenta de que los años en que había formado parte de las SS y combatido contra el Ejército Rojo habían sido no solo los más felices de su vida, sino los únicos durante los que creía haber bebido la esencia de la vida hasta las heces. Como si aquellos tiempos hubieran sido en tecnicolor y el resto de su existencia en blanco y negro.

Pero resultaba difícil apiadarse de él; no solo porque le habría sublevado que alguien pensara que era digno de compasión, sino sobre todo porque hacia el final de la entrevista él solo se colocó en la categoría de los individuos más detestables: la de los que negaban el genocidio judío. Hizo especial hincapié en que nunca había visto que se cometieran atrocidades contra los judíos.

—¡Nunca, nunca, nunca, nunca! Nunca he visto nada semejante, por eso no me lo creo, ¡no me lo creo! Ya sé que esto que le estoy diciendo puede tener repercusiones graves para mí, puede tenerlas porque en la actualidad es obligatorio compadecerse de ellos.

Acabada la filmación (cuando Leroy podía expresar con mayor libertad lo que pensaba del genocidio judío), le dije que había pruebas gráficas de los cadáveres amontonados en los campos de concentración nazis. Replicó: «¿Y usted cree de verdad que esas imágenes son auténticas?».

Leroy murió poco después de nuestra entrevista. Estoy convencido de que entregó su último aliento con sus convicciones intactas, como un fanático que había estado en las SS, que negaba la realidad del genocidio y que discutía con su televisor cada vez que este le mostraba la verdad.

23

Zinaida Pitkina y SMERSH

Un oscuro atardecer del invierno de 1998 entré en el helado patio de una casa de Volgogrado que parecía un pesebre. La noche era cruda, el frío traspasaba mi grueso abrigo y el gélido viento me quemaba las mejillas. Las ramas de los árboles se sacudían con violencia por encima de mí y algunas se partían y caían al suelo. Pensé: «Un atardecer apropiado para visitar a una asesina sin piedad».

Zinaida Pitkina tenía casi ochenta años cuando la conocí. Encogida en aquella casita destartalada, a primera vista parecía una abuela típica. Pero miraba con una fijeza que no armonizaba con su edad. Todavía era capaz de juzgar fríamente a todas las personas que conocía y al parecer a casi todas les encontraba defectos. Una actitud que no resultaba sorprendente cuando se conocía su pasado.

En 1943, después de la batalla de Stalingrado, comunicaron a Zinaida que una organización llamada SMERSH quería hablar con ella. (En contra de lo que cree la imaginación popular, SMERSH no fue una invención del creador de James Bond; existió realmente y era un acrónimo ruso que significaba «Muerte a los espías».) Zinaida Pitkina se asustó. Era entonces una enfermera de veintidós años adjunta a la 88.ª Brigada Acorazada. ¿Qué querría de ella SMERSH? Al principio temió que fueran a acusarla de algún delito. Pero los militares le explicaron que solo querían saber si era apta para unirse a ellos. SMERSH reclutaba a su personal buscando personas idóneas y alguien había sugerido que se hiciera una prueba a Zinaida Pitkina. Les gustó lo que vieron y aquel otoño la nombraron suboficial.

Cuando pedí a Zinaida Pitkina que me explicara lo que hacía en SMERSH supe que iba a ser una entrevista fuera de lo común.

—Mi misión era cumplir las órdenes de mis superiores.

—Pero ¿qué hacía?

—Todo lo que me ordenaban.

Pese a su resistencia inicial a concretar la naturaleza exacta de su papel, no tardé en saber que su misión era doble, como el objetivo de toda la organización. Por un lado, tenía que comprobar que entre los soldados soviéticos reinara un «espíritu saludable»; por el otro, debía recoger información sobre el enemigo, básicamente interrogando a los prisioneros alemanes.

Para que reinara el «espíritu saludable», SMERSH infiltraba soplones en los grupos de soldados soviéticos sobre los que pesaba alguna sospecha. Los soplones procuraban «que no se hablara de desertar, ni de violar mujeres, ni de otras cosas [...]. A veces, cinco o seis soldados se ponían de acuerdo para pasarse al bando alemán y nos avisaban con anticipación». Cuando se descubría que un soldado pensaba desertar o se comportaba de tal modo que desmoralizaba a sus camaradas, recibía un duro castigo; por lo general se le enviaba a un batallón penitenciario o se le mataba en el acto. Zinaida Pitkina me contó que «también podía ocurrir que desertaran algunos de los nuestros y luego volvieran con instrucciones secretas de los alemanes. Teníamos que interrogarlos [...] era una labor dura, llena de trampas e interesante».

Había otra actividad que le parecía aún más interesante y con la que gozaba sin reservas, y era sonsacar información a los alemanes capturados. Con soldados del Ejército Rojo se organizaban grupos «de secuestro» que se acercaban al frente y se llevaban alemanes para que SMERSH los interrogara. Según Zinaida Pitkina no eran prisioneros de guerra normales, porque habían sido capturados por las patrullas de secuestradores. En consecuencia, los agentes de SMERSH pensaban que tenían derecho a tratarlos como quisieran. Ordenaban a los alemanes que confesaran el nombre de su unidad, su misión, sus planes de batalla, los nombres de los jefes y oficiales, un sinfín de datos concretos. Si no cooperaban a entera satisfacción de sus captores, se les trataba «con amabilidad». Esta amabilidad era la tortura; porque si los alemanes no hablaban, entraba un «especialista» y les daba un «repaso» (es decir, una paliza) hasta que cantaban. Al fin y al cabo, como dijo la propia Zinaida, «Nadie quiere morir».

Cincuenta y cinco años después de aquellos acontecimientos, Zinaida Pitkina seguía sintiéndose orgullosa de sus actividades en SMERSH. Consideraba justo tratar a los prisioneros alemanes «como ellos nos trataban a nosotros. ¿Qué íbamos a hacer? ¿Adorarles? Mataban a nuestros soldados. ¿Qué quería que hiciese?».

Zinaida Pitkina no solo presenciaba los interrogatorios y torturas, sino que participaba personalmente en la etapa final de las operaciones: la ejecución de los prisioneros. Un día le ordenó un superior que «seleccionara» a un joven comandante alemán que ya había sido interrogado. Zinaida sabía qué significaba «seleccionar» en la jerga de SMERSH: significaba matar.

—Era lo normal cuando traían a los prisioneros después de interrogarlos [...]. No me habría temblado la mano, aunque me hubieran llevado una docena [...]. Había que aniquilarlos, teníamos que tratarlos como ellos nos trataban a nosotros [...]. En la actualidad no lo haría, fueran enemigos o no, porque ya he superado aquello, y dejaría que decidieran los demás. Pero en aquella época, si hubiera tenido a todos los alemanes en fila, los habría matado a todos, porque muchos soldados rusos perdieron la vida a los dieciocho años, a los diecinueve, a los veinte, una vida que no habían vivido, soldados que tuvieron que ir al frente para luchar contra los alemanes porque estos querían más tierra. ¿Qué había que hacer? —Zinaida Pitkina rebosaba de odio al ver al joven oficial al que le habían dicho que matase—. ¿Que qué sentía? Dado que yo era miembro del partido comunista, tenía ante mí a un hombre que habría podido matar a mi familia. Lo habría cortado en pedazos si me lo hubieran ordenado [...]. No podía ni verlo. No solo yo, ninguno soportaba verlos, porque habían muerto muchos soviéticos, muchos jóvenes. ¿Y para qué? Para que los alemanes fueran más ricos.

El viento seguía soplando con furia y entre las sombras de la pequeña casa de madera me imaginé al joven comandante alemán en el momento de salir de la sala de interrogatorios, lleno de magulladuras, camino de la muerte. ¿Qué pensaría aquel hombre en aquellos momentos? Era evidente que sabía que estaba a punto de morir. Ya le habían cavado la fosa; y Zinaida Pitkina lo colocó de forma que, al apretar el gatillo, cayera en ella de espaldas. ¿Lamentó en aquellos últimos instantes la decisión de su Führer de invadir la Unión Soviética y despertar todo aquel odio? ¿O afrontó la muerte convencido de que la «cruzada» contra el bolchevismo era justa y de que él era un mártir de la causa nacionalsocialista?

Por los contactos que he tenido con veteranos alemanes que participaron en la Operación Azul (el gran avance por tierras soviéticas del verano de 1942 que luego se tradujo en la amarga retirada de 1943), creo que el joven comandante al que Zinaida Pitkina iba a matar habría pensado en su propia muerte, pero también en la vida de los seres queridos que tenía en la patria. Tenía que saber que el ejército alemán, con su propia conducta, había desatado una sed de venganza que podía destruir a millones de compatriotas. Sus últimos pensamientos habrían sido, pues, de desesperanza en lo que se refería a él y de angustia en lo que afectaba a la suerte de los suyos.

Cuando Zinaida Pitkina levantó la pistola para descerrajarle un tiro, sus emociones eran muy distintas:

—Sentí alegría [...]. No me tembló el pulso cuando lo maté [...]. Los alemanes no pedían que se les perdonase la vida. Sabían que eran culpables y yo estaba furiosa. Tenía delante de mí a un enemigo, un enemigo responsable de la muerte de mi padre y mis tíos, de muchas madres y hermanos. —No fue a contemplar el cadáver cuando cayó en la fosa—. Me sentía a gusto. Había cumplido la tarea asignada. Volví a la oficina y eché un trago.

Hacia el final de la entrevista dijo:

—Entiendo que pueda despertar la curiosidad el que una mujer mate a un hombre. En la actualidad no lo haría. Bueno, lo haría si estuviéramos en guerra y viese otra vez lo que vi entonces; en ese caso, seguramente volvería a matar [...]. «Uno menos», pensaba yo. Que le pregunten a cuántos mató él, ¿o es que no pensaba en eso? Yo quería salir en misiones de reconocimiento, acercarme a rastras hasta el enemigo, capturar a uno, tal vez matarlo. También habrían podido matarme a mí... así pensaba entonces [...] y si hoy nos atacara un enemigo, obraría del mismo modo.

Aquella noche, después de despedirme de Zinaida Pitkina, volver al hotel y meterme en la cama, sucedió algo inusual. Soñé con la historia que acababan de contarme. Vi el cadáver del comandante pudriéndose en la fosa, y a Zinaida y a sus amigos celebrándolo cerca de allí. Es posible que ella tuviera la culpa de la pesadilla o, mejor dicho, las últimas palabras que pronunció durante la entrevista:

—Los individuos como él [el joven comandante] habían matado a muchos soldados rusos. No esperaría usted que le diera un beso a cambio.

24

Hiroo Onoda y la negativa a rendirse

En 1974, un hombre de cincuenta y dos años aterrizó en el aeropuerto Narita de Tokio y fue recibido con el aparato que normalmente se dedica a las estrellas del rock. Cuando salió parpadeando a la luz, sus admiradores prorrumpieron en gritos y los fogonazos de los fotógrafos iluminaron el cielo. De este modo tan espectacular recibieron en su patria a Hiroo Onoda, un teniente del ejército japonés que había pasado los últimos veintinueve años prosiguiendo él solo la segunda guerra mundial en Lubang, una remota isla del archipiélago filipino.

Cuando lo conocí en Tokio, veintiséis años después, Hiroo Onoda seguía gozando aún de cierta popularidad. Su negativa a rendirse, su tozudez de hierro y su obstinación colosal habían hecho vibrar un elemento muy arraigado en el alma de los japoneses. Hasta entonces no había concedido ninguna entrevista detallada a nadie de los medios occidentales, pero accedió a responder a mis preguntas y a contarme su historia.

Nació en 1922, en el seno de una familia pobre que tenía ya cuatro hijos. Recuerda que sus padres le «regañaban siempre» y se enfadaban porque no se contentaba con las cosas sencillas. Tenía unas relaciones particularmente tensas con su madre, que por lo visto era tan tozuda como él. Cuando tenía seis años se enzarzó en una pelea con otro chico y fue a empuñar un cuchillo. La madre lo llevó inmediatamente a un templo sintoísta y le dijo que se suicidara, porque una persona así de violenta debía desaparecer. Hiroo Onoda sigue preguntándose en la actualidad por qué no se atrevió a abrirse el vientre (a los seis años, recordémoslo) al verse acusado de aquel modo por su madre.

Cuando cumplió los diecisiete decidió irse de casa y buscar fortuna.

—Quería ser empresario y ganar dinero. Porque cuando yo era pequeño Japón era muy pobre. Y mis padres me reñían siempre, porque éramos muy pobres, y a mí la pobreza me parecía tan terrible, tan insoportable, que quería ganar dinero, para fundar una familia en la que los niños no se quejaran.

Pero su deseo de ser un empresario rico sufrió un serio revés desde el principio mismo, porque fue llamado a filas. Obedeció sin rechistar, ya que se trataba del ejército del emperador.

—El emperador estaba en lo más alto de la jerarquía [...] algunos ancianos decían que [la familia imperial] estaba por encima de las nubes. Y la gente normal vivía por debajo de las nubes, así que vivíamos en niveles diferentes [...]. La guerra era inminente por entonces y todo parecía indicar que iban a movilizarnos a todos. Estar en el ejército no me entusiasmaba, pero cuando me llamaron a filas tuve que hacer las cosas del mejor modo posible, porque lo contrario habría sido vergonzoso. Me esforcé por rendir al máximo, porque no quería ser un perdedor. Puede que se debiera a mi carácter [...]. Y, además, tenía mucha salud, era muy fuerte. Era muy firme y enérgico.

Cuando entró en el ejército se vio sometido a un régimen brutal de intimidación sistemática cuyo objeto era hacer de él un soldado que obedece las órdenes sin cuestionarlas. Ya conocía la historia (la había oído de labios de otros veteranos japoneses), pero la que me contó Hiroo Onoda tenía un cariz diferente. Lejos de pensar que recibía un trato injusto, estaba de acuerdo con él:

—La guerra de verdad, en el frente, es peor. Quien no recibe una instrucción severa, no soportará las condiciones reales del frente [...]. Así que durante la instrucción hay que simular lo que luego se vive [en el frente] y de ese modo se eleva el nivel de resistencia [...]. De lo contrario, cuando el soldado se encuentre en la guerra real, estará demasiado asustado y no podrá hacer nada.

Así, con su nivel de resistencia «elevado» gracias a uno de los métodos de instrucción más violentos de la reciente historia militar y con la despedida de su madre resonando en su cabeza («suicídate si ves que vas a caer prisionero»), Hiroo Onoda se fue a combatir contra los norteamericanos.

A fines de diciembre de 1944, los norteamericanos avanzaban sistemáticamente por el Pacífico y nuestro hombre fue enviado a Lubang, isla del archipiélago filipino, para organizar operaciones guerrilleras. Tenía que convertir a doscientos cincuenta reclutas poco adiestrados en una fuerza de combate capaz de enfrentarse a los marines estadounidenses. Onoda construyó varios depósitos de suministros en las montañas y dispersó a su ejército por la jungla para esperar la llegada del enemigo.

Los marines llegaron a Lubang con muchos más hombres y un equipo muy superior. El ejército de Onoda estaba en clara desventaja y tuvo muchas bajas mortales.

—No creo que pensaran que morían por el emperador y por la patria. No creo que pensaran en eso. Estaban allí, en aquella situación, porque se les había obligado, porque no habían podido escaquearse. Algunos soldados morían gritando: «¡Madre!», pero ninguno moría gritando: «¡Padre!», y yo jamás oí a ningún moribundo pronunciar el nombre del emperador.

Onoda conocía perfectamente la superioridad del enemigo al que se enfrentaba:

—Sabía que no podíamos vencer. Sabía que perderíamos, pero si la situación se prolongaba, moriríamos de todos modos, así que pensamos que lo mejor era resistir y luchar. Nuestra única esperanza era que los americanos se cansaran de la guerra y cesaran los combates. Tiempo después, Estados Unidos declaró la guerra a Vietnam y fue derrotado [...]. Incluso un país rico, un país opulento, puede verse obligado a poner punto final a una guerra a causa de los problemas que le plantea.

La idea de que la única forma de parar a los norteamericanos era hacer que se «cansaran» de combatir desempeñó un papel fundamental en la determinación de no desistir que animaba a Onoda, que parecía personificar la política que sostenían los militares japoneses en aquella fase de la guerra. Es posible que los norteamericanos, al menos en teoría, tuviesen mejores armas y una economía mejor para financiar la guerra, pero en última instancia los japoneses tenían más fuerza de voluntad.

—Lo que estaba en juego era la supervivencia de nuestra nación. Yo no combatía para que me dieran una medalla, un adorno o un aumento de sueldo; no era eso. Nuestra patria estaba en guerra y no había más remedio que librar la guerra [...]. Estaba en juego el futuro de Japón como país. Japón podía desaparecer, ser borrado del mapa.

La unidad de Onoda no se enteró del lanzamiento de las bombas atómicas sobre Hiroshima y Nagasaki ni de que Japón se había rendido el 14 de agosto de 1945. Sus hombres siguieron escondidos en las montañas y solo bajaban para robar comida a los campesinos de los valles. En octubre de aquel año, uno de sus hombres encontró una octavilla que decía que la guerra había terminado e invitaba a los resistentes a entregarse. Onoda calificó la octavilla de vulgar estratagema norteamericana y su unidad (de poco más de cuarenta hombres por aquellas fechas) siguió en sus puestos.

Hubo más octavillas (algunas lanzadas por bombarderos norteamericanos) y con el tiempo casi todos sus hombres decidieron entregarse; muchos lo hicieron cuando un oficial japonés les gritó por un megáfono que era verdad que la guerra había terminado. En abril de 1946 solo estaban en guerra Onoda y otros tres soldados.

Onoda se explicaba todas las ofertas de rendición como trampas que le tendían para que traicionara a su patria cuando más le necesitaba esta. Algunos de sus hombres volvieron a las montañas para decirles a gritos que el ejército japonés se había rendido, pero incluso entonces desestimó la noticia alegando que era fruto de la coacción norteamericana. Le hicieron llegar artículos de prensa (algunos con noticias relativas a la familia imperial), pero tampoco se creyó su contenido.

—Leí el artículo sobre el real enlace. Pensé que habían tomado Japón y que se había formado un nuevo Gobierno con apoyo norteamericano. En consecuencia, yo no estaba bajo las órdenes de aquel Gobierno. Pensé que era una situación [parecida a la] del general De Gaulle en relación con Francia durante la segunda guerra mundial [que cuando Pétain formó Gobierno bajo control alemán prosiguió la guerra contra Alemania desde Londres]. Pensé que las clases dirigentes habían huido a alguna parte y que en Japón se había formado otro Gobierno, pero que los militares y otras fuerzas estarían en el continente.

Había cierta lógica en la postura de Hiroo Onoda. Presuponía el cuestionamiento de la legitimidad del Gobierno. Si los nazis hubieran invadido Gran Bretaña e impuesto un régimen acorde con sus deseos, tal vez dirigido por Oswald Mosley, y la familia real hubiera huido a Canadá (sin Winston Churchill, que había jurado morir combatiendo a los nazis en las calles de Londres), ¿habría habido militares británicos que hubieran pensado y sentido como el señor Onoda? ¿Habrían proseguido la lucha, aunque hubiera ya otro Gobierno que les exhortaba a rendirse? ¿Y durante cuánto tiempo habrían luchado si, después de negociar la paz, el nuevo Gobierno (el impuesto por los nazis) hubiera sido reconocido por la comunidad internacional?

Esta lógica permitió a Hiroo Onoda racionalizar la estrecha y distorsionada imagen de las cosas que percibía desde la jungla de Lubang, sobre todo cuando veía pasar por el cielo los bombarderos norteamericanos que despegaban de la base Clark de Manila.

—Pensé que Japón estaba contraatacando, pero luego resultó que eran [aviones] de la guerra de Corea.

Años después aumentó la actividad aérea a causa de la guerra de Vietnam.

—Pensé que las fuerzas japonesas seguían luchando allí, que se habían desplazado hacia el sur. Pero aquello prosiguió [...] y ya no supe qué pensar [...]. Fueron algunos de los incidentes que me persuadieron de que la guerra continuaba. Y estuve razonando de aquel modo durante treinta años. Es el destino —añade—. El destino de cada cual. Naces para vivir esa vida y has de vivirla. ¿Puedes morir con honor o puedes vivir con honor? Fue como un experimento a lo grande, eso pensé, porque estaba dispuesto a vender muy cara mi vida. No quería que el enemigo me derrotara tan fácilmente. Mi misión era entonces sobrevivir. Esa era la misión que se me había encomendado, sobrevivir.

Y para cumplirla, él y sus compañeros quitaban a los lugareños lo que necesitaban, por la fuerza si no había más remedio.

—Tenía un arma, luego podía hacerlo. Tenía la capacidad. Y podía llevarme cosas de los habitantes, por ejemplo, ganado [...]. Algún que otro aldeano guiaba a la policía para que nos atacase y luego yo mataba al aldeano [...] los policías no llevaban uniforme y a veces no podíamos identificarlos. En la jungla hay que disparar a menos de cincuenta metros. Y hay que disparar primero [...] yo lo hice muchas veces. Los lugareños dicen que maté a cincuenta, pero yo creo que no, no recuerdo haber matado a cincuenta aldeanos [...]. Siempre me culpaban de cualquier crimen que se cometiera en la isla.

Uno de los tres que se quedaron con él al principio, un sombrerero llamado Akatsu, bajó de las montañas en 1949 y se rindió. Más tarde dio a entender que si Onoda no se rendía era, entre otras cosas, porque temía que los lugareños se vengaran de él. Onoda negó con vehemencia esta acusación, y después de conocerlo me inclino a pensar que era sincero. No era un rasgo que congeniase con su psicología. Había muchos testimonios que más bien indicaban que había construido toda su vida alrededor de su sentido del honor personal. Y si el grupo de Onoda temía tanto la venganza de los lugareños, ¿cómo es que Akatsu se atrevió a entregarse? No, me dije: era mucho más probable que Akatsu diera aquella explicación porque tenía que dar alguna cuando volviera a Japón, y aquella le pareció la más apropiada.

La partida de Akatsu redujo el grupo de fieles a dos hombres, y uno, Shimada, fue abatido por las fuerzas de seguridad filipinas en un tiroteo que se produjo hacia 1955. Onoda no tenía ya más que un soldado bajo su mando, el leal Kozuka.

Con el paso de los años Onoda pensó en el futuro y comprendió que tarde o temprano tendría que rendirse, entre otras cosas porque su organismo no funcionaba con eficacia en el inhóspito entorno tropical.

—Pensaba que seguiría así hasta los sesenta. Vivía como un animal salvaje. Había llegado al final de mi resistencia. Si mataba ganado, y sacaba cuarenta o cuarenta y cinco kilos de carne, tenía que llevarla a cuestas, montaña arriba, cinco horas andando. Sabía que cuando cumpliera los sesenta me resultaría imposible. Lógicamente, había que ahorrar munición y fijé un límite: gastar a lo sumo sesenta proyectiles por año. [Cuando cumpliera sesenta] habría agotado la munición y entonces seguramente me matarían. Así pues, supe qué iba a suceder al final.

La verdad es que no lo sabía. En 1972 Kokuza fue muerto a tiros en la jungla por la policía filipina y su pérdida causó una profunda impresión a Onoda, último superviviente de las fuerzas japonesas de la isla.

—Fue terrible. Había estado veintiséis años conmigo, y lo mataron. Quería que pagaran por lo que le habían hecho, una especie de venganza. Así me sentía. El deseo de venganza creció [...]. Tenía que ser más agresivo, de lo contrario me derrotarían. Me volví más salvaje y agresivo cuando me quedé solo, porque ya no podía hablar con mi amigo.

A raíz de la muerte de Kazuka se hizo un último intento para convencer a Onoda de que depusiera su actitud. Hubo un contacto inicial, un oficial japonés de alta graduación se internó en la jungla y personalmente leyó a Onoda una orden que este no pudo negarse a cumplir. Solo la comunicación personal con aquel oficial y la muerte de su amigo y compañero Kazuka le hicieron abandonar las montañas de Lubang.

—Me conozco muy bien. No quería perder. Tenía un espíritu combativo, desde pequeño. Nunca pedí perdón a mis padres, nunca les dije que lo sentía, ni cuando era muy pequeño. Siempre fui testarudo, siempre tenaz [...]. Mi principal característica es la testarudez, la tenacidad, nunca quiero perder. Detesto ser un perdedor.

En cualquier caso, cuando se fue de Filipinas en 1974, tras haber obtenido el perdón personal del presidente Marcos por los delitos que hubiera cometido en Lubang, no fue recibido en Japón como un perdedor, ni mucho menos. Era un hombre que había conservado la fe. Que la fe conservada fuera fe en un régimen dictatorial que había causado millones de víctimas en una guerra de agresión se olvidó en medio de la alegría del momento.

Onoda, he aquí la paradoja final, averiguó que en el fondo no le gustaba vivir en el nuevo Japón. Según él, era un país corrupto y sin disciplina, y (como ya había temido en la jungla) ocupado todavía por los norteamericanos. Así que se instaló en una hacienda de Brasil y se dedicó a lamentar su suerte y a hacer viajes ocasionales a Japón.

Sexta parte
SERVIDORES DEL RÉGIMEN

Esta sección, donde se cuentan ocho historias personales, refleja las experiencias de la mayor parte de los que vivieron la segunda guerra mundial. Las ocho personas entrevistadas defendieron, en mayor o menor medida, el régimen de su respectivo país. Unos afirman haber cedido bajo presión y otros admiten que apoyaron a sus dirigentes con total sinceridad. Pero en última instancia todos accedieron a lo que les pedía el Estado.

Siete historias están protagonizadas por personas que vivieron en países donde se habían suprimido la democracia y la libertad de expresión: cuatro alemanes y un sueco que defendieron el nazismo, un ciudadano de la antigua Unión Soviética y un japonés. La octava contribución procede de una persona que vivió en un medio distinto, un inglés, Nigel Nicolson. He incluido su testimonio porque, como muchos de los ya señalados, tuvo que elegir entre ser consecuente con sus principios morales y no serlo: entre obedecer las órdenes y «obrar como es debido».

Los ocho tienen algo más en común: arrastran un pasado que hoy nos parece muy ajeno. Y cada cual carga con sus emociones de diferente manera. Fritz Hippler, por ejemplo, cultiva la negación lisa y llana, mientras que Manfred von Schröder admite su cobardía. Ken Yuasa casi inventa otro «él» que existió en el pasado y Erna Krantz se aferra a la idea de que aquellos cultos e inteligentes nazis se corrompieron en algún momento.

Todos querían encajar en el mundo en que vivían. Sin duda es uno de los rasgos que más definen a los seres humanos y un sentimiento que late en el fondo del triste informe que escribió en 1936 un miembro del partido socialdemócrata, proscrito por los nazis: «El trabajador medio se interesa más por el trabajo que por la democracia. Quienes antes defendían con entusiasmo la democracia ya no muestran interés por la política. Conviene aclarar que los hombres son ante todo padres de familia que tienen que trabajar, la política es secundaria para ellos y aun así solo cuando esperan sacar algo de ella».[1]

Naturalmente, cada ser humano opta por comportarse de un modo o de otro, y por eso en todas las sociedades hay espíritus valientes que se niegan a obedecer órdenes que juzgan inmorales, pero a la luz de los testimonios que siguen habrá que admitir que el conformismo y el interés personal suelen tener más fuerza de lo que nos gustaría creer.

25

Erna Krantz y la vida normal con los nazis

Cuando llegué a la cómoda villa que tenía Erna Krantz en las afueras de Múnich no esperaba encontrarme con una testigo del nazismo particularmente valiosa. Al entrar en la casa no vi nada insólito. La sala se parecía a muchas otras que había visitado: los perritos y pastorcillas de porcelana, el sofá supertapizado, la gruesa alfombra, el juego de té de porcelana. Era una mujer cordial y buena anfitriona, una anciana satisfecha que aprovechaba su retiro. Ni en ella ni en su situación había nada que me permitiera adivinar que era una de las personas más francas que he conocido en mis viajes.

Erna Krantz nació en el seno de una familia alemana de clase media y lo único que quiso desde el principio era tener una vida feliz y normal, protegida por los envolventes brazos de la burguesía. La casa que yo vi era una versión de ese deseo. Todo el entorno proclamaba: este es el mundo que quiero, este es el ideal al que aspiro. Pero su vida acusó los efectos desatados por el caos económico de fines de los años veinte y principios de la siguiente década:

—Había mucha pobreza en Alemania. La llamada clase media desapareció prácticamente [...]. Fueron tiempos difíciles para nosotros y huelga decir que tuvimos que espabilar. Yo iba a la Academia de Inglés para señoritas, estaba en Pasing y era un centro privado. Teníamos que comprarlo todo nosotras: los libros, los lápices, la matrícula y otras cosas.

Era todavía una colegiala cuando Adolf Hitler pasó a ser canciller de Alemania, en enero de 1933, pero para ella fue como percibir «un destello de esperanza, un destello de esperanza para todos. No solo para los parados, sino para [...] bueno, para todo el mundo, porque todos sabíamos que vivíamos con muchas estrecheces». Y aunque sigue debatiéndose si los alemanes en general mejoraron económicamente durante el régimen nazi en los años treinta, Erna Krantz no vacila en decir que supuso un cambio en su vida, en la de su familia y en la de sus amistades.

—Mejoraron muchas cosas. Los salarios fueron más estables. Todo mejoró un poco [...]. Yo solo conozco aquella época por la situación personal de mi familia, y es que mejoró. Cada vez había menos parados en las calles. Eso era ya una gran ventaja [...]. Empezaron a construirse las autopistas, aquello creó puestos de trabajo y las calles se despejaron.

Ya adolescente, comulgó sin reservas con la concepción nazi de la cultura. El arte «degenerado» (la pintura, la escultura y la música modernas) estaba prohibido y en su lugar había obras que para los expertos actuales son el colmo de la vulgaridad. Pero atraían a la joven Erna Krantz y a millones como ella.

—Veíamos florecer la cultura. Yo personalmente pensaba que las exposiciones de la Galería [de Múnich] eran muy hermosas. Me gustaba todo aquello, aquella estética, en la escultura, en las pinturas. A mí me parecía bello. Yo hablo solo por mí misma —añadió—. A mí me pareció una buena época. Me gustaba. Vivíamos bien, como ahora, pero entonces había orden y disciplina. Y había muchas personas que eran modelos de conducta. Aquello se estimuló. Se promovía a los buenos escritores y también a los filósofos. Eran nuestros héroes; los imitamos durante nuestra juventud porque los jóvenes necesitan modelos de conducta. Hoy no los tienen. Y ya le digo que fue una época mejor. Diciendo esto sé que corro un riesgo. Pero lo digo de todos modos.

Erna Krantz no era torpe. Sabía que era políticamente archiincorrecto opinar que, para ella, vivir en el régimen nazi había sido «mejor» que vivir en la democracia de la Alemania posbélica. Pero estaba decidida a ser sincera. Recordaba haber respirado y absorbido una atmósfera en que «la gente se enorgullecía de decir que el alemán era especial, que los alemanes deberíamos ser una aristocracia [...] estar por encima de los demás [...]. Se fomentaba la idea de casta superior [...]. Y bueno, debo decir que aquello era contagioso. Dicen que cuando se repite diariamente a un joven: "eres especial", al final acaba creyéndoselo».

Lo singular de Erna Krantz es que no se consagró totalmente al movimiento nazi, por ejemplo, afiliándose al Bund Deutscher Mädel, la sección femenina de las Juventudes Hitlerianas. Era una persona más compleja, una persona que cabalgó en las olas de la corriente principal de aquellos tiempos, mientras se quedaba con los elementos de la cultura nazi que más le gustaban.

El acontecimiento que mejor simbolizó su felicidad bajo el régimen nazi fue la Noche de las Amazonas (*Nacht der Amazonen*), un festival que se celebró poco antes de la guerra en el parque de Nymphenburg, al oeste de Múnich. Aquella vistosa noche había sido idea de Christian Leber, el alcalde de la ciudad, un personaje corrupto incluso para los nazis. La atracción fuerte era un desfile de bellas mujeres que simbolizaban a personajes de la mitología y la historia. Lo que más sedujo al público (en el que había muchos cabecillas nazis que habían acudido por las carreras de caballos) fue que muchas jóvenes iban casi desnudas.

—Aquellas chicas iban como habían venido al mundo. Era una celebración y querían reproducir escenas de caza de las leyendas antiguas, de los mitos griegos, con la diosa Diana y las amazonas. Fue un regalo para los ojos, un espectáculo bello y estético que muchos encontraron atrevido y oportunista, hecho para los peces gordos [...]. Querían hacer una representación fiel, como las que hay en las iglesias, de las pinturas de Tiépolo o Rubens [...] también ellas reproducen la realidad. La Capilla Sixtina, también ahí están desnudos, todos desnudos, ¿verdad?

Existe una película en color de uno de aquellos desfiles y en ella se ve una extraordinaria colección de cuadros vivos en carrozas de carnaval. Se ve a Diana, la diosa cazadora, de pie, sin más indumentaria que un tanga y el arco. Se ve una serie de muchachas con el pecho al aire, un casco de plata en la cabeza y una lanza en la mano. Y una chica totalmente pintada de oro que sale bruscamente de una caja multicolor. Es la apoteosis del oropel y el porno blando.

Pero Erna Krantz no tuvo que quitarse prendas para participar. También se necesitaban chicas que supieran montar, vestidas —de manera algo estrafalaria, aunque la idea también lo era— de Madame Pompadour. Erna Krantz, asidua de la hípica local, se puso un vestido con «un escote muy bajo» y cabalgó a mujeriegas por el parque en un caballo zaíno. La velada terminó con fuegos artificiales y ella estaba «tan emocionada» con aquella «gran experiencia» que «apenas podía sujetar» el caballo. Sin embargo, hipersensible a su educación de clase media, se fue de la celebración en cuanto pudo y abordó el último tren de la noche. Tuvo la precaución de ponerse el abrigo, porque «con aquel escote tan abierto temía resfriarme».

Fueron tiempos felices para Erna Krantz, que confesó haberse sentido «satisfecha» de la vida que llevaba hasta que la guerra empezó a ir mal para Alemania. Se llenó de orgullo con las victorias de 1939 y 1940, pues aquellos triunfos confirmaban lo que les habían enseñado, a ella y a su generación, que los alemanes eran «especiales». Y cree que lo que les permitió seguir adelante, a ella y a sus compatriotas, después de la derrota de Stalingrado y entre el bombardeo de noticias sobre el implacable avance del Ejército Rojo hacia el oeste, fue la «germanidad» que les habían «inculcado e infundido» durante los años de preguerra: «Un alemán no hace esto, un alemán no traiciona, ¿entiende?».

Pero, como sabemos, la vida bajo el nazismo tenía otra cara. Desde el momento en que Hitler fue canciller, en 1933, se persiguió a los que no cuadraban con este ideal del alemán «especial»: los más tristemente célebres fueron los judíos, pero también se persiguió a los comunistas, los gitanos, los homosexuales y los discapacitados mentales y físicos. La filosofía de Erna Krantz durante este período fue que no hacía falta ninguna filosofía:

—Se nace en una época y nadie piensa mucho en eso. Quiero decir que cuando estamos en medio de algo no nos hacemos preguntas, en fin, por qué, para qué se hace esto. Si tuviéramos que pasarnos el día entero preguntándonos cómo es esto posible, por qué ocurren estas brutalidades, por qué suceden de este modo, bueno, es que no podríamos vivir. Pues en aquella época era así también.

Admite voluntariamente que la vida era «terrible» para los judíos alemanes y recuerda que se sintió «apenada» cuando, en 1941, una señora rica que vivía en una calle cercana y que era muy «simpática» tuvo que llevar la estrella de David.

—En el fondo es como en nuestros días, no puedes estar en todas partes. Lo mismo ocurría entonces. Decíamos: «¿Qué podemos hacer?». Estábamos obligados a no hacer nada y a aceptar que se persiguiera a alguna persona que no había cometido ningún delito [...]. Bueno, es algo que los alemanes lamentaremos mucho tiempo, pero no es la primera vez y no fueron solo los alemanes. En todo el mundo se ha perseguido a los judíos desde siempre, desde que aparecieron [...]. Pero me sentía apenada cuando veía a aquella mujer, cada vez [...]. Al principio nos dejamos llevar por una ola de esperanza, porque nos iba mejor, había orden en el país [...] y solo después te ponías a pensar.

Pese a todo, ser testigo de la persecución judía no inclinó a Erna Krantz a oponerse al régimen.

—¡No, no, no, no! —exclamó al oír la posibilidad—. Cuando las masas gritaban «*Heil!*», ¿qué podía hacer una persona sola? Lo que hace es decir amén. Dijimos amén. Eramos los hinchas.

Próximo ya el final de la entrevista, Erna Krantz admitió que los felices recuerdos de aquella época se habían empañado «un poco» cuando, andando el tiempo, se enteró de la suerte que habían corrido los judíos.

—Bueno, se siente un poco de vergüenza. Se siente, no se puede negar. Cuando se piensa en ello, que un pueblo altamente civilizado, pues así se consideraban los nazis, que una élite pudiera rebajarse a hacer algo así... visto retrospectivamente es algo que no alcanzo a comprender.

Era evidente que se había dedicado a seleccionar los mejores elementos del nazismo, desde su punto de vista: los desfiles, la conciencia comunitaria, la disciplina, la maravillosa noticia de que ella era «especial»; pero sintiéndose impotente en relación con lo peor: el racismo, la persecución y exterminio masivo de civiles inocentes. Aún recordaba con placer lo primero y se comportaba como si lo segundo hubiera sido un desdichado complemento opcional, una especie de política añadida, una política del horror que se desató cuando los aristocráticos nazis, inexplicablemente, «se rebajaron».

Fue una experiencia notable conocer a Erna Krantz. No tenía pretensiones y admiré su franqueza. Pero su propia sinceridad había puesto de manifiesto un defecto fundamental en sus esfuerzos por explicarse el pasado. Aún no se había dado cuenta de que las dos caras que había visto en el nazismo, la «buena» y la «mala», estaban inextricablemente unidas. A los alemanes como ella no se les podía decir que eran «especiales» sin definir al mismo tiempo a los grupos que no eran «especiales». No se puede decir a nadie que «está por encima de otros» y no inferir que aquellos por encima de los cuales se está son inferiores.

26

Mark Lazarevich Gallay y la inspiración mortal de Iósif Stalin

«Stalin tiene que tener el cerebro enfermo —dijo Adolf Hitler a fines de los años treinta—, no se explica de otro modo un régimen tan sanguinario.»[1] Stalin era el colmo incluso para los nazis, que no eran precisamente respetuosos con las libertades individuales. No porque reprimiera a los enemigos del interior: los nazis tenían campos de concentración y lo comprendían. No, lo que desconcertaba a los nazis era el carácter al parecer arbitrario de las purgas de Stalin. Muchas otras personas que han estudiado después al dictador soviético se han acercado a la tesis hitleriana del «cerebro enfermo». Pero después de conocer a Mark Lazarevich Gallay a fines de los noventa, y de analizar los actos de la cúpula soviética en la primera etapa de la guerra con Hitler, acabé concibiendo una conclusión diferente.

Nacido en 1914, hacia 1935 Gallay era ya piloto de pruebas. Una parte de él recuerda aquella época con alegría:

—Aprendía a pilotar máquinas nuevas, volaba en misiones, y sentía que estaba mejorando profesionalmente. Salía con mi futura esposa y era joven. Por la mañana iba de buena gana al trabajo y me gustaba aprender cosas nuevas. —Pero cuando las purgas masivas, fomentadas por Stalin, empezaron a afectarle en 1937, apareció el lado oscuro de su vida—. Nos reuníamos dos o tres veces a la semana y en aquellas reuniones teníamos que hablar de los «enemigos del pueblo». Y cuando menos lo esperabas indicaban a uno de los nuestros que hablara de sus contactos con enemigos del pueblo o con espías extranjeros.

Casi todos los denunciados por «enemigos del pueblo» en aquellas reuniones del partido comunista local eran inocentes de todo lo que se les acusaba. Pero todos los presentes sabían que, si no denunciaban a nadie, el grupo entero pasaba a ser sospechoso de haber ocultado a un traidor y todos los miembros serían castigados.

Las purgas solían hacerse para llenar cupos. Cada sección del ejército, cada célula del partido tenía que entregar una cantidad predeterminada de «enemigos del pueblo». Los cabecillas ambiciosos sabían que para causar buena impresión a los jefazos de Moscú había que superar la cantidad solicitada. Así, en la Unión Soviética de fines de los años treinta se demostraba la lealtad a Stalin denunciando a más falsos traidores de los que se exigían.

El delito de ser «enemigo del pueblo» se juzgaba celosamente. Parece que Lavrenti Beria, jefe del NKVD, la policía política, creía que «dudar de la política del partido» bastaba para merecer la acusación. Así pues, se podía ser «enemigo del pueblo» por preguntar si los autobuses eran puntuales o si el rancho del cuartel podía mejorarse. Era una acusación omnímoda que obligaba a pensar que en la Unión Soviética no regía ya el imperio de la ley, sino el capricho personal y la paranoia de los caciques en general y del cacique supremo en particular. (Esta idea de que en Rusia las leyes son deliberadamente vagas para permitir que la élite tenga más control creo que sigue arraigada en la cultura rusa de nuestros días. Durante los diversos viajes que he hecho para filmar allí, cada vez que preguntaba a los funcionarios si estaba permitido lo que proponíamos, obtenía la misma respuesta: «Bueno, es más o menos legal».)

Y allá en los años treinta, como Mark Gallay vio con sus propios ojos, no faltaban personas deseosas de acusar al chivo expiatorio elegido:

—Siempre hay personas a las que les gusta golpear al caído [...]. Por suerte, yo no era miembro del partido por entonces, era candidato a miembro. Y no tenía que participar en la votación. Yo no ignoraba que los que votaban sabían que un solo voto en contra [de la acusación] era como apoyar la cabeza en los raíles cuando se acerca el tren. Y todo esto hacía más opresivo el clima en que vivíamos. Desaparecieron muchas personas notables. Luego supimos que unos habían muerto en el gulag y otros habían sido fusilados sin juicio previo.

Desde que Mark Gallay me describió aquellos mítines me he imaginado a aquellos funcionarios del partido, mirándose de reojo, sabiendo que había que sacrificar a alguno para salvar al grupo. ¿Era aconsejable denunciar a alguien enseguida, estuviera en la sala o en otra parte, para impedir que lo denunciaran a uno? ¿O esto llamaría la atención y multiplicaría el peligro en el siguiente mitin?

El resultado de aquel clima de opresión no fue solo que se castigó al inocente, sino que se deterioró el Estado. Pensemos en lo que le sucedió a Andréi Tupolev, uno de los proyectistas aeronáuticos más brillantes de su generación.

—Me acuerdo de cuando detuvieron a Tupolev. Era un día lóbrego y frío. Fuimos al trabajo y vimos que los pintores se daban mucha prisa en pintar la cola de los aviones en los que figuraba la abreviatura del nombre de Tupolev.

Las autoridades soviéticas habían detenido a una persona de gran peso en la contribución a la guerra y que era inocente de las absurdas acusaciones que pesaban sobre él: que estaba organizando un partido «fascista» en la Unión Soviética. Crearon un problema innecesario y en consecuencia lo resolvieron con una solución ilógica: le dejaron seguir trabajando, pero en la cárcel. Tupolev fue trasladado a un campo especial de la red de los gulag, donde le proveyeron de todo el entorno técnico que necesitaba para seguir proyectando aviones. No lo soltaron hasta 1944, siete años después, y no fue totalmente «rehabilitado» hasta después de la muerte de Stalin, acaecida en 1953. Probablemente no habrá imagen más elocuente de la grotesca injusticia del régimen soviético que la de aquel Tupolev, presunto «enemigo del pueblo», que seguía ayudando a su patria desde el gulag. Lo asombroso es que las autoridades soviéticas no se dieran cuenta de la palpable irracionalidad de la solución que habían dado al problema creado por ellas: porque si Tupolev era realmente un «enemigo del pueblo», ¿cómo es que le permitían proyectar aparatos para la aviación militar?

Como señaló Mark Gallay, las purgas acarrearon otra consecuencia perjudicial.

—Durante las pruebas se estrellaban aviones de vez en cuando. Es inevitable y sucede en todas partes. Lo que ocurrió en la Unión Soviética fue que cada vez que había un accidente se abría una investigación [...]. Por lo general se detenía al personal subalterno, a alguno de los ingenieros que habían preparado el ensayo. Aquello no tenía lógica. Si se estrellara un avión por culpa de un sabotaje, una negligencia, un descuido en la ejecución de una labor, entonces sería natural echarle la culpa al responsable. Pero a veces son los pequeños defectos los que producen el accidente. Por ejemplo, cierta vez que probábamos un avión el piloto murió, porque los científicos no sabían aún por aquellas fechas cómo se comportaba un avión a altas velocidades, y no se puede culpar a los científicos de lo ocurrido. —El desenlace de esta cultura de acusaciones y responsabilizaciones fue que cada cual redujo la cantidad de riesgos que estaba dispuesto a correr—. Cuando se trataba de decidir si se introducían cambios en el proyecto, el clima de represión afectaba a la gente [...]. El enrarecimiento de las relaciones en el seno de la familia no favorece la productividad ni la creatividad de nadie. Cualquier cosa que sea opresiva coarta la iniciativa personal.

Las consecuencias de esta pérdida de iniciativa innovadora fueron catastróficas para la aviación militar soviética. A principios de los años treinta los aviones más revolucionarios del mundo se debían a los ingenieros soviéticos, pero en 1941 y en la ruptura de hostilidades entre Hitler y Stalin las fuerzas aéreas soviéticas estaban desastrosamente atrasadas en relación con las alemanas. Las purgas de Stalin habían transformado una de las perlas del sistema soviético (famosa por las marcas que batió cruzando el Polo Norte) en una fuerza de segunda categoría que apenas entorpeció el avance alemán.

La eliminación de los principales mandos de las fuerzas armadas durante las purgas también tuvo consecuencias nefastas.

—Al final, los regimientos estaban bajo el mando de los alféreces. En los años que precedieron a la guerra, los jefes jóvenes eran incapaces de adquirir experiencia. La gente tenía miedo de exponer iniciativas porque las iniciativas podían causar errores. Cuando se trataba de mandar, los jefes tenían miedo de excederse, y en consecuencia los que mandaban eran individuos muy inexpertos. Stalin pensaba que lo más importante en la aviación era que el piloto hubiera tenido experiencia práctica en combates. Pero esto no es lo único que necesita un piloto. Un piloto necesita también buena educación y buena experiencia en el mando. No se puede ascender a los tenientes a generales con mando en regiones militares enteras. En la región militar del Oeste, que fue la primera alcanzada por los alemanes, casi todos los aviones fueron destruidos en el acto, porque se concentraron absurdamente en los aeródromos [del frente]. Y al final un jefe joven (brillante piloto de guerra, pero un jefe sin experiencia), cuando vio que había perdido todos aquellos aviones en las primeras horas de la guerra, se quedó sin recursos [internos] y se desesperó tanto que se suicidó.

Gallay no cree, ni siquiera sesenta años después, que hubiera ningún motivo cuerdo detrás del comportamiento de Stalin.

—Es como matar la gallina de los huevos de oro. No había lógica en la política de Stalin y su política dejó enferma la economía del país durante muchos años. No es lógico detener a un proyectista que sabe trabajar bien. No se puede explicar por qué habría que detenerlo [...]. Stalin habría encajado mejor en la Edad Media que en el siglo XX.

En cierto modo, Gallay tiene razón. Las purgas de Stalin hicieron mucho daño a la sociedad soviética en general y a sus recursos militares en particular. Las purgas fueron patentemente injustas y crueles. Pero eso no significa que no fueran resultado de un planteamiento racional. La fuerza motriz que impulsó todos los actos de la vida de Stalin fue el instinto de conservación. A diferencia de Hitler, que sabía que sin él el partido nazi no era nada, Stalin era muy consciente de no ser más que un seguidor de Lenin y de que cualquier otro discípulo de Lenin podía sucederle con facilidad. Saberlo le suponía un problema: cómo conservar el poder.

Lo hizo de un modo sencillo: con el miedo. Stalin conocía perfectamente la tremenda fuerza del miedo como herramienta de control. Y el miedo al castigo arbitrario es una de las emociones más disuasorias que existen. ¿Quién se atrevería a conspirar contra Stalin cuando veían torturar y castigar a inocentes por conspiraciones imaginarias? La verdad es que las purgas fueron lógicas, al menos desde el punto de vista de Stalin. Es verdad que aniquilaron la iniciativa y que mermaron la capacidad de las fuerzas armadas; pero desde la perspectiva de Stalin aquello era una bagatela en comparación con lo que obtenía, dado que las purgas le ayudaron a mantenerse en el poder.

Es probable que, durante las peores crisis de su jefatura, el recuerdo de las purgas paralizara a quienes querían derrocarle y seguramente matarle. El 29 de junio de 1941, siete días después de la invasión alemana, Stalin asistió a una desastrosa reunión que se celebró en la calle Frunze de Moscú, en el Ministerio de Defensa. Le comunicaron que el Ejército Rojo se batía en retirada y que Minsk estaba a punto de caer. Salió aturdido y murmurando: «Lenin fundó este estado y nosotros lo hemos jodido con ganas». Entonces se retiró a su dacha campestre y se quedó allí.

Los altos colegas de Stalin, es decir, Molotov, Mikoyan y Beria, estaban en un dilema. Stalin no parecía capaz de solucionar la crisis, ¿y si unían sus fuerzas y lo reemplazaban? Pero las purgas destruyeron la confianza mutua que hubieran tenido anteriormente y por lo tanto la posibilidad de actuar juntos para presentar un frente unido al caudillo supremo. Sabían que Stalin no desaprovechaba ninguna ocasión de vengarse, sobre todo si la ofensa cometida era fruto de sus sospechas paranoicas. En consecuencia, el Politburó envió una delegación a la dacha de Stalin para suplicarle que condujera a la Unión Soviética a la victoria. Todos tenían que saber que el responsable de tan peligrosa situación era el propio Stalin, pero nadie se atrevió a levantar la cabeza ni siquiera para preguntar en susurros por qué no se purgaba al artífice de las purgas.

Así pues, el precio que Stalin estuvo más que dispuesto a pagar para seguir en el poder fue la tortura, el encarcelamiento y la ejecución de miles y miles de ciudadanos que no habían cometido ningún delito. Y para alcanzar este objetivo se celebraron en toda la Unión Soviética incontables reuniones como aquellas a las que asistió Mark Gallay y en las que se condenaba a inocentes. Todos los que participaron acabaron contaminados, ya que el estalinismo corroía también el espíritu.

27

Manfred Freiherr von Schröder y el trabajo con Hitler

Una de las características más turbadoras del nazismo es que atrajo no solo a matones ignorantes, sino también a personajes de la crema alemana. No es de extrañar, pues, que desde siempre haya querido saber más del proceso por el que la retórica de un antiguo y mediocre cabo llamado Adolf Hitler acabó seduciendo a las capas superiores de la sociedad alemana. Motivo por el que me alegró mucho contar en 1996 con la posibilidad de preguntárselo a Manfred Freiherr von Schröder.

Pertenecía a las capas más altas, vivía en una mansión de la zona más elegante de Hamburgo y tenía mucho encanto personal. Sus modales y su inglés eran perfectos. El único motivo por el que no habría encajado en mi familia era que procedía de lo que mi abuela llamaba una «clase mejor». Como muchos británicos, supongo, aunque mis padres eran de clase media y mis abuelos y restantes antepasados eran innegablemente de la clase trabajadora. En cambio, tuve la impresión de que el único contacto que había llegado a tener la familia de Manfred Freiherr von Schröder con la clase obrera en los últimos siglos había sido preguntar cuándo se servía el desayuno.

Nació en 1914, poco antes del estallido de la primera guerra mundial, y se educó parcialmente en Inglaterra. Su familia tenía sólidas relaciones financieras con Londres; de hecho, era propietaria de un banco cuya casa matriz se había fundado en Hamburgo en 1846. Su hermano mayor entró en el negocio familiar, pero Manfred quiso hacer otras cosas. Su mayor ilusión era ser oficial de la marina, pero era corto de vista y tuvo que renunciar a su sueño. Luego quiso ser diplomático.

No tuvo inconveniente en ponerse al servicio del régimen nazi y de hecho se afilió al partido.

—Los jóvenes de aquella época éramos entusiastas y optimistas. Creíamos en Hitler. Y pensábamos que sobreponerse a las consecuencias de la primera guerra mundial y sobre todo al Tratado de Versalles era una tarea maravillosa. Todos desbordábamos esperanza.

Durante los primeros años del régimen nazi no creyó que el Führer fuera un expansionista peligroso. Aunque Hitler había escrito ya en la segunda parte de *Mein Kampf* (publicada en 1926) que Alemania debía conquistar el Este (clara alusión a la Unión Soviética), Manfred y muchos otros contemporáneos se encogieron de hombros.

—Nadie creía en lo que se decía en *Mein Kampf*. Era un libro escrito por un joven, ¿qué pensarán los políticos actualmente de lo que escribieron hace veinte años? Así que nadie se lo tomó realmente en serio. Yo lo leí, creo que, de estudiante, no me despertó el interés y no volví a abrirlo desde entonces. Habría debido hacerlo, pero no lo hice.

Pero Manfred se daba cuenta de que Adolf Hitler no era un político corriente. Y me confesó que una de las razones principales por las que muchos alemanes cultos como él apoyaron la jefatura de aquel hijo de aduanero de educación irregular fue que creían que la «vergüenza» de la derrota de Alemania en la primera guerra mundial y la «injusticia» del tratado de paz exigían soluciones radicales; y con soluciones radicales apareció un cabecilla radical y fuera de lo común: Adolf Hitler.

—En 1933 [cuando Hitler llegó al poder] pensábamos que era el comienzo de una Alemania nueva. Todo volvía a estar en orden y limpio [...]. Cundía un sentimiento de liberación nacional, un nuevo principio [...] en 1933 la población se movilizó con entusiasmo sincero [...]. Por eso, aunque conocíamos la existencia de campos de concentración, decíamos: «¿Qué más da? Los comunistas habrían hecho lo mismo y esto es una revolución, ¿no?».

La idea de que la llegada de Hitler a la Cancillería señaló el principio de una «revolución» fue fundamental para hombres como Manfred Freiherr von Schröder. Significó que los crímenes de los piquetes nazis debían entenderse en el contexto histórico de revoluciones anteriores.

—En Inglaterra no han tenido nada parecido desde Cromwell. Lo más próximo es la Revolución francesa, ¿no? Ser un noble francés en la Bastilla no era tampoco muy agradable. Por eso la gente decía: «Bueno, es una revolución. Es una revolución asombrosa y pacífica, pero en parte es una revolución». En esas condiciones no se podía mirar al futuro. Era imposible que nadie previese el 45 en el 33. Era imposible. Fueron solo doce años, pero parecen muchos más.

Enardecido por la idea de estar participando en una «asombrosa revolución pacífica», Manfred aprobó los exámenes y pasó al Ministerio de Asuntos Exteriores alemán. Corría el año de 1938 y su primer día de trabajo coincidió con uno de los «grandes hitos» del Gobierno hitleriano de preguerra: el Anschluss [anexión] de Austria por Alemania.

—Hitler estaba en el momento culminante de su popularidad. Era como un sueño nacional, la unidad alemana [...]. El Sacro Imperio del pueblo alemán [...]. Aquello incluía Austria, y todos pensaban que había sido un error histórico que se hubieran separado en tiempos de Bismarck [...]. Creo que en aquella época no conocí a nadie en Alemania que no se enorgulleciera del Anschluss. Es posible que para los judíos y la oposición austríaca fuera muy distinto.

No me pasó inadvertida aquella observación hecha casi de pasada. Era evidente que aún estaba impresionado por la anexión y que después de expresar su entusiasmo había creído necesario admitir que una de las consecuencias de la materialización de aquel «sueño nacional» había sido la persecución de los judíos y los partidos de la oposición de Austria. Pero con su tono y su actitud general en aquella y otras respuestas ponía de manifiesto que en el fondo le importó poco la persecución de una minoría de austríacos en 1938. Como él mismo había dicho, participaba en una revolución y en las revoluciones, incluso en las «asombrosas» y «pacíficas», siempre acaba alguien herido. Para un hombre como Manfred Freiherr von Schröder no fue una cuestión de justicia o injusticia; fue sencillamente una realidad histórica. Siguió trabajando felizmente en el Ministerio de Asuntos Exteriores y en otoño de 1938 asistió a la conferencia de Múnich, en la que Neville Chamberlain permitió que el ejército alemán ocupara la región checoslovaca de los Sudetes, cuya población era mayoritariamente germanófona. Poco después fue testigo presencial de otro gran momento de la «diplomacia» de Hitler: la ocupación de toda Checoslovaquia.

Con la ocupación de los Sudetes los checos se habían quedado sin las grandes fortificaciones de la vieja frontera y estaban más indefensos que nunca ante una invasión. Hitler presionó a los mandatarios eslovacos para que se independizaran de Checoslovaquia, amenazándolos con reclamar su territorio si no obedecían. El 14 de marzo de 1939, los eslovacos hicieron lo que se les ordenaba; el texto de su independencia había sido preparado por Ribbentrop, el ministro de Exteriores alemán.

El anciano presidente Hacha fue obligado a viajar a Berlín para discutir el asunto personalmente con el Führer. Hacha y su delegación llegaron el 14 de marzo al atardecer y Manfred Freiherr von Schröder recibió el encargo de «acomodarlos» en la nueva e impresionante Cancillería del Reich.

—Es una cortesía normal en las conferencias internacionales, de ese modo la delegación checa tendría a quien dirigirse para saber dónde había papel o licores, para pedir comunicación telefónica con Praga y para ahorrarles los pormenores de estas operaciones.

Pero Hitler no iba a comportarse con Hacha con «cortesía normal». Hizo esperar varias horas al presidente checo, mientras él comía y veía una de las últimas películas de Göbbels. Durante aquella larga espera Manfred no tuvo «nada que hacer»; tampoco, al parecer, uno de los grandes caciques nazis.

—De súbito entró Herman Göring en la habitación y preguntó si le podían dar una cerveza. No hablamos mucho. Solo quería hacer un alto en el trabajo.

Hitler recibió a Hacha a la una de la madrugada y le informó inesperadamente de que a las seis las tropas alemanas invadirían su país. Göring, sin duda relajado por la cerveza, describió con júbilo los daños que iban a causar sus bombarderos en Praga si el presidente checo no «invitaba» a los nazis a entrar en el país. Hacha no pudo resistirlo y se desplomó. «Necesitábamos un médico —dice Manfred— y eso era responsabilidad mía.» Llamó al propio médico de Hitler, Theodor Morell. Este acudió enseguida y puso al otro una inyección. El atemorizado y abatido presidente se recuperó lo suficiente para firmar el fin de la libertad de los checos, dos horas antes de que se cerrara el plazo de la invasión.

Hitler fue así dueño de todos los territorios checos. Reinaba el júbilo en la Cancillería del Reich y Manfred Freiherr von Schröder y los demás nazis presentes asistieron a una «especie de fiesta de la victoria» en el despacho de Hitler.

—Fue entonces cuando vi de cerca a aquel hombre. Era asombroso ver cómo se comportaba cuando estaba solo entre amigos y no tenía que conducirse como un estadista, para el público. —Me hizo una demostración práctica de cómo se sentaba Hitler, con las piernas apoyadas en el brazo del sillón y el botón superior de la camisa desabrochado—. Hablaba todo el rato, dictando a dos secretarias, una proclama a los checoslovacos y una carta a Benito Mussolini. Entonces me pareció que se comportaba como un genio, pero no hace falta que le diga que fue un error de apreciación. Cuando me acuerdo de aquello en la actualidad y vuelvo a verlo de pie y luego sentado, tengo la convicción de que se comportaba como un histérico.

Manfred Freiherr von Schröder obedeció a Hitler (el hombre al que por entonces creía un «genio») y fue a la guerra en 1939. Puesto que era un nazi convencido, se alistó en el ejército y combatió en el frente oriental.

—Una vez que hay una guerra en curso, el sentimiento nacional es tan fuerte que te dices: «Con razón o sin ella, es mi patria». Entonces dejas de pensar [...]. La vida humana vale poco en una guerra. Si oyes decir que han fusilado cerca de allí a unos prisioneros rusos, o guerrilleros, incluso judíos, lo que piensas entonces, cuando ese mismo día han matado a cinco compañeros, lo que piensas entonces es «¿Y a mí qué?». Todos los días morían millares [...] lo único en que se piensa es en seguir vivo. Y todo lo demás interesa muy poco.

Como ponen de manifiesto estos comentarios, Manfred Freiherr von Schröder confesaba voluntariamente que su reacción a las atrocidades del frente oriental era decir «¿y a mí qué?». Pero reaccionó de otro modo cuando se enteró de las realidades de Auschwitz, meses antes del final de la contienda:

—Horrorizado. Horrorizado —dijo cuando le pregunté cómo se había sentido al conocer lo de Auschwitz—. ¿Qué podía pensar [...]? En el fondo no creía que pudiera suceder y lo negaba ante mí mismo. Es una vergüenza espantosa y los responsables fueron los alemanes. Desviaban la mirada, porque no podían, no podían hacer nada. Yo no podía impedir la existencia de Auschwitz, no podía hacer nada al respecto, así que lo mejor era no saber. Es demasiado horrible, no quieres enterarte cuando es tan horrible [...]. Solo había dos soluciones: o eras un mártir o mirabas a otro lado, porque no se podía hacer otra cosa. —Hizo una pausa y añadió unas palabras que él sabía que eran de la máxima importancia—: Yo no tenía valor suficiente para ser un mártir.

28

Ken Yuasa y los experimentos con humanos durante la guerra

Conforme he ido conociendo a una cantidad creciente de veteranos de diferentes países he acabado por creer que el siglo XX fue, casi todo el tiempo, el siglo de los estados inmorales. Vivir en Alemania, en Japón o en la Unión Soviética en una época sin democracia era vivir en una sociedad cuyas instituciones básicas estaban corrompidas.

Me di de manos a boca con la realidad de aquella pesadilla cierta vez que un judío me contó que, durante la *Kristallnacht* o Noche de los cristales rotos de 1938, cuando se incendiaron sinagogas y se agredió a los judíos, había llamado a la policía pidiendo ayuda; entonces se dio cuenta de que la propia policía estimulaba aquellos actos criminales.

Ramas profesionales enteras apoyaron el orden inmoral con rapidez y entusiasmo. El sistema jurídico quedó corrompido en cuestión de meses, mientras se instalaba y aceptaba un mundo paralelo de campos de concentración controlados únicamente por la «voluntad del Führer». En la Unión Soviética (véanse pp. 201-206) se inventó el «enemigo del pueblo», un «delito» polisémico que permitía que cualquiera pudiera ser detenido por cualquier cosa: y el aparato jurídico lo adoptó con júbilo. En Japón, las autoridades legalizaron la esclavitud y la violación en los «centros de recreo», y los militares estuvieron de acuerdo.

Pero lo más preocupante de todo quizá sea la diligencia con que la profesión médica de estos tres países arrinconó sus principios hipocráticos y comulgó con la inmoralidad y el crimen. Los médicos alemanes adoptaron el programa de «eutanasia» y mataron a niños y adultos discapacitados por medio de una inyección letal. Los profesionales de la medicina también fueron elementos capitales en el proceso de selección de Auschwitz, ya que decidían quién debía morir enseguida y quién salvarse temporalmente de una ejecución asegurada. Mientras los médicos soviéticos solían declarar «locos» a presos políticos totalmente cuerdos que eran torturados en hospitales psiquiátricos especiales, sobre todo en el tristemente célebre Instituto Serbski, de la calle Kropotkin de Moscú. Y los médicos japoneses aprovecharon todas las oportunidades que les ofrecía la guerra en China para llevar a cabo experimentos humanos.

Ken Yuasa fue uno de los médicos japoneses que participaron en la comisión de estos crímenes. Cuando lo conocí en Tokio, en 1999, a primera vista no parecía más que un digno médico, ya retirado. Su padre también había sido médico y Ken Yuasa lo había idealizado:

—Mi padre quería ser útil a la comunidad y ayudar a los desfavorecidos. Recuerdo que cuando yo era pequeño iba a visitar a sus pacientes incluso de noche.

Ken se matriculó en la Facultad de Medicina con intención de ser un médico tan dedicado al bien público como su padre. Pero cuando terminó la carrera, en 1941, a los veinticinco años, se dio cuenta de que o se alistaba «voluntario» como médico en el ejército imperial o esperaba a que lo llamasen a filas, donde solo sería un recluta más. En octubre de aquel año fue nombrado oficial médico y enviado a China.

Llegó a la China continental con los mismos prejuicios sobre la población indígena que el resto del ejército («Pensábamos que eran escoria. Basura») y fue destinado al hospital militar de Roan, en la provincia de Shansi. Al cabo de unas seis semanas, el director del hospital le dijo que aquella tarde iba a haber un «ensayo de operación» y le ordenó presentarse a las siete.

—Aquello me dejó destrozado. Me afectó realmente. Pensé: «Ha llegado la hora». Y me sentí muy inquieto, pero no podía decir nada.

El joven doctor Yuasa estaba «inquieto» porque le habían contado que se operaba a chinos sanos para enseñar a los médicos japoneses a ser cirujanos. Pero sabía que, «en el ejército, las órdenes son inapelables» y temía que, si se negaba, su familia sufriera las consecuencias.

—Las autoridades dirían que había cometido un delito de «desobediencia» y mis padres estarían en una situación difícil. Habría sido un motivo de vergüenza para ellos.

Hizo pues lo que se le había ordenado y aquella tarde se presentó en el quirófano. Habían juntado dos mesas de operaciones. Al lado había dos chinos. Uno era alto y fornido, de unos treinta años; el otro lloraba y tendría entre cuarenta y cincuenta. Cuando ordenaron al más joven que se adelantara, el interpelado se tendió en la mesa más cercana a él, pero el otro hombre no cooperó. El doctor Yuasa no había golpeado a nadie en su vida, nunca había empleado ninguna clase de violencia física, pero al ver que el chino de más edad se resistía, decidió intervenir.

—Apoyé los pies con firmeza en el suelo y le empujé. El agricultor se levantó y se acercó.

El doctor Yuasa pensaba que «teníamos que hacer gala de nuestra grandeza delante de los soldados coreanos». Estos coreanos eran la guardia que protegía el quirófano y los japoneses los consideraban «inferiores» a ellos.

Movido por la actitud del doctor Yuasa, el chino se tendió en la otra mesa de operaciones. Y cuando el joven médico vio lo que había conseguido, se sintió «muy orgulloso». Al recordarlo a fines de los años noventa, apenas podía creer que hubiera obrado de aquel modo. «Fue realmente terrible —dijo refiriéndose al "orgullo" que había sentido por obligar al chino a cooperar—, una situación mental terrible.»

Mientras cabeceaba con desconcierto al recordar su conducta, el doctor Yuasa parecía estar evocando a otra persona. Como si la discrepancia entre su conducta pasada y su actitud presente le hubiera obligado a distanciarse de los antiguos errores y a forjar un «él» más joven que no coincidía con la persona que era actualmente. Su yo pasado era una especie de hermano menor descarriado, alguien próximo, alguien cuya mentalidad entendía, pero de quien no podía considerarse responsable en la actualidad.

Pasó a describirme con la misma expresión medio aturdida que había presenciado las operaciones efectuadas a los dos chinos. Nada de cuanto se hizo era necesario para la salud de los pacientes, al contrario.

—La primera operación [en el chino de más edad] consistió en extirparle el apéndice, dado que en el ejército japonés había muchos casos de apendicitis; no teníamos antibióticos y habían muerto bastantes afectados a consecuencia de la operación. El oficial médico que practicó la extirpación no tenía experiencia, y como un apéndice sano es bastante escurridizo, creo que tuvo que cortar tres veces. Luego le extirpó el intestino, a continuación, le amputó los brazos y por último le puso una inyección en el corazón.

Por increíble que parezca, el agricultor chino aún estaba vivo después de aquellas mutilaciones, pero no duró mucho. El doctor Yuasa y otro oficial japonés le atenazaron la garganta, medio ahogándolo, mientras el médico le inyectaba el producto que acabó con su vida.

El chino más joven fue «operado» del mismo modo. Ninguno sobrevivió a aquellas «operaciones», no se esperaba que ocurriera. Durante el tiempo que pasó el doctor Yuasa en China participó en catorce operaciones practicadas en chinos sanos, todos los cuales murieron a consecuencia de las mismas. También presenció un «experimento», más bárbaro si cabe, en una prisión cercana a otro hospital. Allí, delante de un grupo de médicos japoneses, dos presos chinos recibieron sendos balazos en el estómago y los estudiantes japoneses trataron de extraer los proyectiles en «condiciones de campaña», sin anestesia.

—Creo que murieron de dolor durante la operación. No quería que me criticaran delante de todos aquellos, así que me esforcé por parecer muy valeroso y gallardo.

Los japoneses no se detuvieron aquí, sino que además estudiaron toda una serie de modalidades de agresión química y biológica. Y puesto que investigaban la forma más efectiva de matar, los miembros de la infame Unidad 731 experimentaron con civiles chinos, inoculándoles enfermedades contagiosas como el tifus, la viruela y la meningitis. Los médicos japoneses fueron los puntales de esta sucesión de crímenes. Muchos hicieron experimentos para aprender a hacer mejor su trabajo «normal». Los médicos alemanes hicieron lo mismo. El doctor Mengele de Auschwitz creía que sus experimentos con gemelos beneficiarían a la ciencia médica. No importaba que los niños murieran. Dado que eran judíos, eran «prescindibles». Y como consideraban «basura» a los chinos, los médicos japoneses los mataban alegando lo mismo.

En Alemania, Japón y la Unión Soviética había cientos de miles de médicos, pero solo unos cuantos no estuvieron de acuerdo con estas prácticas. Aun así, se limitaron por lo general a mantenerse al margen y a cerrar los ojos ante lo que sucedía. Es muy revelador que no hubiera campañas de protesta organizadas por la profesión médica en ninguno de estos países. Antes bien, algunos médicos vieron los experimentos con sujetos sanos como una oportunidad de oro para progresar en sus investigaciones y profesionalmente.

Nos gusta pensar que los médicos son diferentes del resto; que son seres altruistas que han consagrado su vida a nuestro bienestar; que la fórmula hipocrática con la que juran «no hacer daño a nadie» les obliga realmente. Pero lo que pone de manifiesto la historia de médicos como Ken Yuasa es la facilidad con que puede corromperse la mayoría.

Acabada la guerra, el doctor Yuasa fue prisionero de los chinos hasta 1956. Cuando volvió a Japón reanudó su actividad médica, solo que esta vez esforzándose, como su padre, por «ser útil a la comunidad».

29

Fritz Hippler y *El judío errante*

Al término de la guerra muchos alemanes se apresuraron a reescribir su currículo. Es verdad que fueron nazis, pero se habían afiliado al partido solo «para cambiarlo desde dentro». Es verdad que habían asistido a los actos organizados por las Juventudes Hitlerianas, pero únicamente porque les «gustaba ir de acampada». Es verdad que cometieron atrocidades con mujeres y niños en los territorios soviéticos ocupados, pero porque «todos los buscados eran milicianos».

He oído muchas excusas como estas para minimizar e incluso negar las responsabilidades contraídas bajo el Tercer Reich. Pero el esfuerzo más inesperado por desentenderse que he visto en mi vida lo hizo Fritz Hippler. Pasaba por ser el «director» de una película de propaganda, probablemente la más nauseabunda que se haya hecho: *Der ewige Jude* (literalmente, «el judío eterno», que para los alemanes es lo que para otras culturas es el «judío errante»). Este «documental» nazi muestra los pérfidos métodos que han permitido a los judíos infiltrarse en las sociedades «respetables» del mundo. Su escena más viperina alterna planos de ratas con planos de judíos, para ilustrar cómo se multiplica el mal racial.

Cuando conocí a Fritz Hippler en 1991, en su casa de Berchtesgaden, al sur de Baviera, le faltó tiempo para señalar que, aunque aparecía él como director de la película, quien merecía aquel honor era su jefe, el ministro nazi de Propaganda, Joseph Göbbels. Él había sido un simple técnico. Aunque inverosímil en primera instancia, este alegato necesitaba analizarse. Y cuando estudié la historia de la creación de *El judío errante*, vi que aquella película había tenido una evolución insólita y fascinante, completamente ajena al proceso normal de toda producción: guion, rodaje, montaje y distribución. Y me enteré de ciertas verdades que merecían conocerse, no solo sobre las decisiones que había tomado Fritz Hippler, sino también sobre las que habían tomado Joseph Göbbels y Adolf Hitler por su parte.

La película nació a raíz de una petición formulada por Göbbels en otoño de 1939. Dijo a Hippler, director de noticiarios y nazi convencido, que preparase un documental sobre los judíos de Lodz, en la Polonia ocupada por los alemanes. Según le dijo Göbbels, era porque «estaba previsto trasladar al este» a todos los judíos.

El jefe de propaganda estaba obsesionado por el poder del cine.

—Göbbels estaba convencido de que la prensa y la radio influían en el cerebro, en el inconsciente, en la inteligencia, en la imaginación. El inconsciente moviliza las auténticas fuerzas primarias del hombre, esas fuerzas de las que no es consciente pero que le impulsan desde más allá de la conciencia. El cine influye en esas fuerzas primarias de un modo particularmente incisivo, y Göbbels quería utilizar este medio con eficacia [...]. Todas las películas, incluso las exigidas por el Estado, tenían que ser entretenidas, no aburridas —prosiguió Hippler, reflejando el punto de vista de Göbbels—, porque es absurdo hacer propaganda cuando el destinatario se queda dormido.

A primera vista cuesta entender cómo encaja *El judío errante* en esta filosofía, ya que ni los nazis más empedernidos la considerarían entretenida. Pero Göbbels creía que «la película de los judíos» tenía potencial para despertar y movilizar las «fuerzas primarias» del público. Trabajó con Hippler en los diversos montajes que pasó la cinta en noviembre y diciembre de 1939. Cada vez que se montaba, afirmó Hippler, el resultado era más chirriante que el anterior. El 10 de diciembre Göbbels anotó en su diario: «La película polaca [*El judío errante*] ha resultado ser excelente. Estoy muy contento de ella». Tres días más tarde rectificó: «Trabajo muchas horas con películas y el noticiario. La película polaca ha tenido que montarse otra vez, por deseo del Führer».

¿Y cómo tenía que ser la película, según el «deseo del Führer»? Fritz Hippler estaba convencido de saberlo.

—Hitler quería que esta película fuera la «prueba», por así decirlo, de que los judíos eran una raza de parásitos que convivía con la humanidad y a la que había que apartar del resto de las personas. [Por eso] quiso Göbbels que hubiera planos con ratas, porque las ratas simbolizaban a los judíos.

Los diarios de Göbbels dicen claramente que la película volvió a montarse por indicación de Hitler. Y es de suponer que las sugerencias que hizo este para «mejorarla» consistieran en aumentar su extremismo, no solo porque Hitler odiaba a los judíos de un modo más visceral y desbordante que Göbbels, sino porque no tenían las mismas ideas sobre lo que debía ser una película eficaz, según se constata en los diarios de Göbbels, anotación del 5 de julio de 1941: «Algunos desacuerdos por el noticiario, el Führer quiere más material polémico en el guion. Yo preferiría que las imágenes hablaran por sí mismas y reducir el guion a explicar al público lo que no entendería si no se le dijera. Creo que esto es más efectivo porque entonces el espectador no ve el artificio».

Así pues, es probable que el nuevo montaje ordenado por Hitler redundara en un producto más «polémico», y no hay duda de que el resultado final fue polémico. La película se esfuerza por suscitar el odio a los judíos por los medios más burdos que puedan imaginarse. En contra de la filosofía fílmica de Göbbels, es seguro que todos los espectadores vieron «el artificio». Por ejemplo, el comentario final proclama: «Los judíos son una raza sin agricultores ni obreros manuales, ¡una raza de parásitos!». Y «Estos judíos que van errantes por la historia pueden compararse a las ratas, animales inquietos que también emigran en masa».

La película fue un fracaso precisamente a causa de su torpeza. Un estudio de audiencia emprendido por el SD, el servicio secreto de las SS, llegó a la conclusión de que: «Se repite una y otra vez que la película "agota los nervios"».[1] Por decirlo con la concisión de Hippler: «No era aquello lo que quería el público. Con otras películas se agotaban las localidades, pero el resultado de esta en taquilla fue nulo».

A pesar del desinterés del público alemán por ella, la película nos permite ver cómo pensaba Hitler entonces. Es crucial la fecha del estreno, el 29 de noviembre de 1940. Fue antes de que se pusiera en marcha la «solución final» de los nazis, el exterminio de los judíos. En concreto, la película se adelantó un año a la aplicación general de esta política.

En consecuencia, se puede ver en *El judío errante* una confirmación del odio de Hitler, antes de que se plasmara en la realidad a escala monstruosa. Incluso podría argüirse que esta película es un claro indicio de las intenciones genocidas de Hitler y Göbbels meses antes de que comenzara el exterminio de los judíos de Europa.

Lo cual nos deja sin resolver todavía el caso de Fritz Hippler. Recuerdo que antes de filmar la entrevista oficial le pregunté que cómo podía afirmar que no era un antisemita furioso, si teníamos en cuenta el carácter de su película.

—Yo simpatizaba con todo lo del nazismo, menos con el antisemitismo. Pero lo acepté. Es como si de pronto nos atrae una mujer hermosa y rica, pero que tiene joroba. Cargamos con la joroba.

Pero esto no coincidía con el entusiasmo con que se había expresado en favor del antisemitismo en aquella época. En el número del 30 de noviembre de 1940 de la revista alemana *Der Film*, Hippler escribió: «Sospecho que el público cinematográfico podría pensar que ya ha visto demasiadas películas sobre el mismo tema. Incluso adivino sus comentarios: "¡Otra película sobre la cuestión judía, no!". A esto respondo, y es intención de la película subrayar, que la cuestión judía no dejará de ser la cuestión palpitante hasta que el último judío haya salido del tejido racial de todas las naciones».[2]

Y en los diarios de Göbbels hay testimonios del importante papel de Hippler en la creación de *El judío errante*. Tomemos este, del 17 de octubre de 1939: «Hippler ha vuelto de Polonia con mucho material para la película del gueto [...]. Nunca he visto nada igual. Hay escenas tan aterradoras y de una expresividad tan brutal que hielan la sangre. Esa barbarie produce escalofríos. Hay que suprimir esa judería». El 28 del mismo mes añade: «Pase de películas al atardecer. Último metraje de nuestra película judía. Asombroso. Esta película será nuestro mayor éxito». Y el 11 de noviembre anota: «Trabajo con la película judía, el guion aún ha de revisarse a fondo. Discusión con Hippler sobre la forma futura de la película».

Y quizá lo más revelador de todo, que Hippler aceptó con mucho gusto figurar como director de la cinta. Aunque Hitler y Göbbels le exigieran cambios en los copiones que les presentaba, Hippler seguía siendo el legítimo poseedor de ese cargo, como confirmará cualquiera que trabaje en el cine o en la televisión.

Pero Hippler no podía prever en 1940 que cinco años después se le atragantaría *El judío errante*. A diferencia de las personas que pueden camuflarse con facilidad, los guionistas y directores cinematográficos se enfrentan a serias dificultades cuando cambia el sistema político, ya que sus obras pasan a ser testimonios incesantes de lo que hicieron entonces. Hippler murió en 2002, pero no su obra. Han transcurrido casi setenta años desde su creación y *El judío errante* sigue existiendo, y en mayúsculas: «Dirigida por Fritz Hippler».

30

Nigel Nicolson y la deportación de yugoslavos

Conozco a más de uno que prefiere leer documentos históricos a preguntar a las personas que participaron realmente en los acontecimientos en cuestión. «Las entrevistas pueden ser muy engañosas», dicen. «Fíate de los documentos.» Y cada vez que lo oigo pienso en una persona, en Nigel Nicolson. Porque conocerlo a él me permitió conocer el peligro que supone creer que una fuente histórica es intrínsecamente segura; los documentos pueden mentir tanto como las personas.

Conocí a Nigel Nicolson en 1990 en su casa solariega, el castillo de Sissinghurst, en Kent. Esta mansión isabelina, con un famoso jardín construido por la madre de Nicolson, Vita-Sackville West, está actualmente bajo la tutela administrativa del National Trust (ONG británica dedicada a la conservación del patrimonio cultural y natural). Nicolson me enseñó el jardín, que estaba lleno de visitantes; de vez en cuando los saludaba con la mano, para que supieran que se daba cuenta de su presencia. Irradiaba ese aire espontáneo de superioridad que vemos en algunos miembros de las clases altas británicas; y no era para menos a juzgar por su deslumbrante currículo. Había nacido en la periferia del grupo de Bloomsbury; había conocido a Virginia Woolf; había estudiado en Eton y en Oxford; había estado destinado en los Grenadier Guards durante la guerra; y luego había fundado con otro socio la editorial Weidenfeld and Nicolson. Además, había tenido tiempo para ser diputado conservador en el Parlamento y escribir un sensible y muy vendido libro sobre sus padres, *Portrait of a marriage*.

Nicolson tenía fama de ser hombre íntegro y de principios. Por ejemplo, en 1956, durante la crisis de Suez, se abstuvo de votar la cuestión de confianza pedida por el Gobierno conservador y a consecuencia de aquello perdió su escaño. Pero a mí me interesaba hablar con él solo de un pequeño segmento de su distinguida carrera, en concreto de las cuatro semanas que pasó en Carintia (sur de Austria) en la primavera-verano de 1945. Más arriba he repasado el papel del 5.° Cuerpo británico en la entrega de docenas de miles de cosacos en aquella misma zona, pero Nicolson, aunque pertenecía al 5.° Cuerpo, estuvo en otra entrega de prisioneros. Cuando tenía veintiocho años y mientras era oficial de información de la 1.ª Brigada de Guardias, participó en la deportación de unos veintiséis mil soldados yugoslavos que habían huido con sus familias del mariscal Tito y sus guerrilleros comunistas, y buscaban refugio en el sur de Austria.

La postura de Winston Churchill al respecto fue inequívoca: no había que entregárselos a Tito. Sin embargo, el general Robertson, ayudante del mariscal de campo Alexander, jefe supremo de los aliados en la zona y primer oficial administrativo del ejército, escribió lo siguiente en una orden de 14 de mayo de 1945: «Todos los rendidos de probada nacionalidad yugoslava que hubieran servido en las fuerzas alemanas deberán ser desarmados y entregados a las fuerzas yugoslavas locales [es decir, a los hombres de Tito]».

Cuando la orden de Robertson llegó al 5.° Cuerpo y a su comandante en jefe, el teniente general Charles Keightley, el jefe de estado mayor de este, el general de brigada Toby Low (luego lord Aldington), se encargó de «aclararla» en una serie de órdenes posteriores. La primera, fechada en 17 de mayo, ordenaba que «todos los ciudadanos yugoslavos» de la zona fueran entregados a Tito. La segunda, de 18 de mayo, decía que los «ciudadanos yugoslavos» eran «todos los soldados de nacionalidad yugoslava que no están con Tito», e incluía en la lista de los futuros deportados a «cuantos civiles puedan considerarse simpatizantes».

En estas órdenes hay dos puntos fundamentales. El primero es que, desde la perspectiva de los soldados que iban a ser entregados, había una lógica subyacente entre la orden de Robertson de que se entregara solo a los yugoslavos que habían servido «en las fuerzas alemanas» y los «soldados que no están con Tito» de Low. Y ello era porque la lucha desatada en Yugoslavia era compleja, había varios grupos y, si les hubieran dado la oportunidad, algunos habrían podido aducir que estaban librando una guerra civil contra Tito y no habían servido «en las fuerzas alemanas» en absoluto. El otro punto es que la orden de Low era una ampliación que abarcaba además a los «simpatizantes» civiles, lo cual significaba que muchos familiares de los soldados serían también devueltos a Yugoslavia. En la orden de Robertson no se decía que hubiera que entregar civiles a Tito.

Otro párrafo de la orden aclaradora de Low decía que a los soldados contrarios a Tito no había que informarles de su punto de destino.

—Tuvimos que inventar una mentira —dijo Nicolson—, que íbamos a mandarlos a Italia. Y se lo estuvimos repitiendo durante aquellos diez días y fue terrible para nosotros [...] una vergüenza [...] traicionar a aquella gente de aquel modo y encima mentirles, pero no había más remedio si queríamos cumplir la orden de entregarlos a Tito.

Las fuerzas contrarias a Tito que estaban en manos británicas fueron cargadas en camiones y transportadas al apeadero de Maria Elend, donde se les dijo que iban a subir al tren que los llevaría sanos y salvos a Italia. Pero escondidos en los edificios del apeadero y tras unos arbustos cercanos había guerrilleros comunistas de Tito. Las fuerzas contrarias a Tito entraron en los vagones de mercancías y, en cuanto se echaron los cerrojos, los comunistas asomaron la cabeza.

—Y los otros [los soldados contrarios a Tito] se pusieron a aporrear las paredes de los vagones y a vociferar insultos. No contra los guerrilleros de Tito, sino contra nosotros, sus protectores, y nos acusaban, no sin motivo, de haberles mentido y traicionado. Fue la peor experiencia que pasé en la guerra; no la viví únicamente una vez, sino dos veces al día durante diez días, hasta que perdí de vista al último.

Como oficial de información de la 1.ª Brigada de Guardias tenía que redactar diariamente un «parte de la situación», y el que preparó el 18 de mayo, víspera de la repatriación forzosa, merece leerse con atención: «Mañana por la mañana se trasladará a unos dos mil croatas [yugoslavos contrarios a Tito] de dos grandes campos de la orilla norte del Wörther See [...] hay muchas mujeres y niños entre ellos [...]. A los croatas no se les ha notificado su punto de destino y se les dejará que crean hasta el último momento que los llevan a Italia. Es un episodio muy feo y los soldados británicos cumplirán las órdenes con el mayor desagrado. Por el momento no se sabe qué alta política hay detrás de esta decisión».

—Escribí eso en el parte diario, y cuando la noticia de que cumpliríamos esas órdenes con el mayor desagrado circuló por nuestro batallón y por toda la división se organizó un alboroto tremendo. El general, o su jefe de estado mayor, me mandó llamar y me dijo que, al margen de la verdad que contuviera la noticia, yo no debería haberla incluido en un documento público, y además me dijo, y prácticamente me ordenó, que en el parte del día siguiente negara lo que había escrito la víspera y dijera que estábamos totalmente convencidos de que [los croatas] serían bien tratados cuando llegaran a Yugoslavia. Era completamente falso.

Ya entregados a los comunistas los soldados contrarios a Tito, Nicolson escribió lo siguiente en el parte del 19 de mayo: «La entrega fue organizada con eficiencia por el 3 WG [la unidad de los Guardias Galeses implicada] y el oficial de Tito, que demostró tener mucho tacto al alejar de la zona a todos los soldados de Tito, con la única excepción de él mismo. Según las primeras impresiones, la recepción de los croatas fue buena. Fueron entregados con amabilidad y eficacia. Se les sirvió un refrigerio antes de reanudar viaje en tren por territorio yugoslavo. Un delegado de Tito dijo que solo se castigaría a los criminales de guerra; los demás irían a trabajar a sus granjas. No vemos nada que nos impida creer que se cumplirá rigurosamente esta medida, que coincide con el comportamiento que ya hemos visto en los hombres de Tito.

El parte del 19 de mayo es un documento revelador. Nigel Nicolson me explicó que intencionadamente había utilizado frases irónicas, por ejemplo que los soldados fueron «entregados con amabilidad y eficacia» y que «se les sirvió un refrigerio», porque pensó que cualquiera que lo leyese se daría cuenta de que era una patraña. ¿Quién podía creer que los sanguinarios comunistas de Tito sirvieran refrigerios a sus enemigos?

Pero la sutil maniobra de Nicolson no surtió efecto. Conozco al menos a un historiador que tomó el documento al pie de la letra y se sirvió de él para demostrar que los guerrilleros de Tito se habían comportado con humanidad cuando les entregaban prisioneros enemigos. Es un aviso de la necesidad de enfocar con escepticismo todos los testimonios históricos y no solo el de los testigos presenciales.

Lógicamente, hay otro motivo por el que este documento es importante. Y es que Nigel Nicolson, un hombre aparentemente íntegro, accedió a escribir esa serie de mentiras. No solo participó en el engaño de los yugoslavos contrarios a Tito, sino que además firmó una falsa descripción de los hechos. Y se trataba de un hombre «honorable» que había estudiado historia en Oxford y que en consecuencia sabía mejor que la mayoría la importancia que tiene la exactitud de un documento. Cuando lo conocí estaba claramente avergonzado de su conducta, pero no se torturaba pensando que debería haber obrado de otro modo. Su carácter, su educación, su clase, la disciplina del ejército, todo le señalaba una sola dirección: hacer lo que le ordenaran sus superiores, aunque fuera mentir descaradamente e ir contra sus principios «honorables».

La suerte que corrieron muchos de los soldados contrarios a Tito entregados a los comunistas por Nicolson y el resto del 5.º Cuerpo fue horrible. Varios millares fueron asesinados en el bosque de Kocevje, en Eslovenia. Fui allí en 1990, cuando el globo histórico del comunismo empezaba a desinflarse, y pude ver personalmente las profundas fosas abiertas en el bosque, donde yacían los cadáveres de los soldados. Las tumbas carecían de toda identificación y aún podían verse fragmentos de huesos esparcidos por tierra. Estaba claro que se había cometido un horrible crimen de guerra, crimen que no se habría producido si se hubieran obedecido los deseos de Churchill.

Como en el caso de los cosacos a los que se entregó masivamente, sin separar antes a los que había que devolver a Stalin (los ciudadanos soviéticos) de los que no debían ser entregados (los ciudadanos no soviéticos), en lo relativo a los prisioneros yugoslavos tampoco hay una explicación satisfactoria de por qué se emitieron órdenes militares contrarias a la política del Gobierno. Lo más probable es que se entregara a los yugoslavos, como a los cosacos, porque las autoridades británicas, en un momento de crisis administrativa, quisieron «librarse» de ellos lo antes posible.

Tenemos la suerte de que Nigel Nicolson admitiera, antes de morir, en 2004, que había mentido al decir en su parte diario que habían «servido un refrigerio» a los yugoslavos contrarios a Tito. Porque si no lo hubiera confesado, cada vez que se hubieran estudiado en el futuro los detalles de lo ocurrido se habría tropezado con una ficción. El falso informe habría permanecido tranquilamente en los archivos, listo para engañar a las futuras generaciones.

31

Karl Böhm-Tettelbach y los nazis encantadores

—Era una persona respetable —me dijo Karl Böhm-Tettelbach, refiriéndose a Adolf Hitler—. Como anfitrión era encantador, sin extravagancias y gritos [...]. Era muy cordial... normal.

Lo miré con desconcierto. ¿Me estaba hablando de Adolf Hitler? ¿Del responsable no solo del genocidio judío, sino también de la destrucción de su país? ¿Del que adoptó una política de odio racial desde el momento en que pisó la Cancillería del Reich? ¿Y era «normal» y «encantador»?

Cuando visité a Karl Böhm-Tettelbach en su piso de Colonia no sabía que iba a entrevistar a una de las personas más singulares de mi investigación. Había nacido en Portland, Oregón, en 1910, y aunque su padre era de Renania, la familia de su madre era de pura cepa norteamericana, así que él era tan norteamericano como alemán. No se afilió al partido nazi, pero se alistó en la aviación. Fue piloto de las fuerzas aéreas alemanas y, después de la guerra, trabajó en Pan-Am Airways. Era un hombre que impresionaba; educado, hospitalario e interesante. Y no se podían desestimar, así como así, sus inusuales observaciones sobre los capitostes nazis que había conocido.

A mediados de los años treinta, Böhm-Tettelbach fue destinado al puesto de agregado de la Luftwaffe al mariscal de campo Von Blomberg, el ministro de Defensa alemán. Que fuera medio norteamericano no le supuso ningún obstáculo, ya que su padre había estado con la organización derechista Casco de Acero y, desde el punto de vista nazi, era muy respetable.

Trabajar cerca de Blomberg (una «figura paternal», según él), le permitió conocer a muchos nazis de las altas esferas. No solo a Hitler, sino también a Göring, jefe de la Luftwaffe, al que recordaba como a un «alegre camarada» que conocía «el lenguaje de los pilotos», y a Göbels, el ministro de Propaganda y Educación Nacional, que siempre le preguntaba con mucha solicitud qué películas le gustaban a su jefe y prometía enviarle las últimas películas comerciales que había conseguido.

Pero los recuerdos más asombrosos de Böhm-Tettelbach se refieren a los dos nazis más tristemente famosos, Adolf Hitler y Heinrich Himmler, jefe de las SS. Himmler le pareció «muy normal».

—Era bávaro, tenía acento bávaro, hablaba con mucha corrección y no estaba rígido [...]. Hablaba con cualquiera, era muy sociable [...]. Se expresaba con mucha cordialidad y yo no tuve miedo de hablar con él... He de decir que, en el papel de anfitrión, era muy simpático y agradable, porque se enzarzaba incluso con los jóvenes como yo en una larga charla, con una taza de café, o una copa de champaña, o un vaso de licor. Y preguntó por las fuerzas aéreas, qué hacía, cómo me iba y cuánto tiempo iba a estar con Blomberg; si me gustaba el trabajo, lo que había visto en mi último viaje a Hungría, cosas por el estilo; estaba realmente interesado por conocer mi opinión. No podía decir tonterías, tenía que argumentar mis observaciones [...]. Por eso me sentía a gusto cuando Himmler andaba por allí.

Podría decirse que es una observación poco usual. Al fin y al cabo, Himmler no solo contribuyó a planear y organizar el genocidio judío, sino también la reorganización étnica de países como Polonia y Ucrania. Pocos individuos han traído al mundo tanto sufrimiento.

Pero el juicio de Böhm-Tettelbach sobre el jefe de las SS está corroborado por escritos contemporáneos y otros testimonios de testigos presenciales. Los documentos de las SS reflejan la preocupación paternal, casi agobiante, de Himmler por sus hombres; a uno le reprendía por fumar y beber demasiado, a otro por no aprovechar más los permisos para estar con su mujer. En los archivos privados de Himmler se ve el cuidado con que anotaba los regalos que hacía a sus muchos ahijados, para no equivocarse y regalar lo mismo dos veces. (Los juguetes que solía regalar a los chicos eran tanques, aviones y ametralladoras.) Recuerdo haber hablado con una de las secretarias de Himmler y me dijo que, por lo que ella había vivido, había sido un jefe maravilloso. Siempre se preocupaba por ella, se acordaba de su cumpleaños, y era amable y detallista. Himmler sabía escuchar. Y la secretaria no es la única persona; otras que también habían trabajado muy cerca de Himmler, y con las que también hablé, se expresaron en términos parecidos. Así que los recuerdos de Böhm-Tettelbach tenían su lógica, y eso significa que tenemos que admitir que uno de los mayores genocidas de la historia humana fue también, desde el punto de vista de quienes trabajaron para él, el perfecto jefe moderno.

El último encuentro que tuvo Böhm-Tettelbach con Himmler lo confirma. En abril de 1945, en los últimos días de la guerra, cuando Böhm-Tettelbach llevaba unos mensajes secretos a un mariscal de campo del norte de Alemania, se detuvo a pasar la noche en la finca de un millonario que simpatizaba con los nazis. Al llegar le dijeron que Himmler y su séquito también estaban allí, y como él, camino del norte.

—Himmler me vio, me conoció y se dio cuenta de que estaba muerto de hambre y de frío, y entró conmigo en la cocina a freír unos huevos y servir té para los dos [...]. Luego se fijó en que llevaba ropa interior de verano y camisa de manga corta, y como no le gustó, dijo: «Escuche, va usted a ir a Flensburg. Allí hay un almacén de las SS. Usted va y que le den camisa y ropa interior para andar caliente». Y recuerdo que fui y, enseñando la firma de Himmler, me dieron tres camisetas, buenas camisetas de las SS. No tenían el distintivo en la garganta, sino en el hombro. Aún existe una camiseta que se pone mi hija cuando hace mucho frío. Esa es de las de Himmler.

Böhm-Tettelbach introdujo así en mi mente la imagen de aquella hija cuarentona que se pasea por un centro comercial de Estados Unidos, en lo más crudo del invierno, con una camiseta de las SS, regalo personal de Heinrich Himmler a su padre.

Sus recuerdos de los momentos que pasó con Hitler eran igual de extraordinarios. A mediados de los años treinta estuvo en la Berghof, la casa que tenía el Führer en Berchtesgaden, en el sur de Baviera.

Allí tuvo ocasión de observar de cerca a los dirigentes alemanes. Recordaba que Hitler se acercaba de un modo «respetuoso [...] no con violencia y gritando». Le «encantaba hablar» y también ver películas, sobre todo comedias. Recordaba haberle visto sentado en un sillón en la Berghof, viendo una comedia alemana, y riendo y aplaudiendo de entusiasmo.

En 1944 pudo ver a Hitler en circunstancias muy distintas, cuando fue destinado al cuartel de invierno de aquel, la Guarida del Lobo, que estaba en Prusia oriental. Hitler había solicitado que «alguien [que hubiera estado] en servicio informara de la situación aérea. Buscaron y el único oficial de estado mayor que seguía vivo era Karl Böhm-Tettelbach.

—De buenas a primeras me prohibieron volar y me trasladaron al cuartel general [...]. Hitler me conocía de la época de Blomberg. Por extraño que parezca, no le gustaba el personal nuevo. En mi caso vio una cara que recordaba y se sintió seguro.

En la Guarida del Lobo vio otra faceta de Hitler: el caudillo dominante.

—Nunca lo vi en una conferencia en la que él no ganara [la discusión]. Años antes, cuando empezó, tenía una memoria que era como un ordenador, y cuando oía o conocía algo, lo apuntaba en el ordenador. Así, cuando veía a alguien al cabo de un año, decía: «Pero el año pasado usted dijo esto y lo de más allá. Dijo que necesitaba más acero, ¿tiene suficiente acero?».

Böhm-Tettelbach recordaba que Hitler se ponía como «loco» cuando sus generales le discutían lo que se había dicho en reuniones anteriores, así que hizo que tomaran notas taquigráficas para que se supiera lo que se había acordado ya y poner al otro contra las cuerdas.

—Era la estratagema que empleaba [...] como quien le estaba informando no sabía qué responder, él ganaba siempre.

Le pregunté si le había «gustado» Hitler por entonces.

—¡No, no, no, no! En aquella época lo respetaba. Me impresionaba y me ponía en tensión cada vez que estaba cerca. Tenía que estar muy atento.

Después de haber conocido a muchas personas que trabajaron con el dirigente soviético Iósif Stalin me llamó mucho la atención aquel clima de discusión y polémica que según Böhm-Tettelbach había en presencia de Hitler. Stalin no toleraba aquellas discusiones: cuestionar lo que decía era jugarse el pellejo. Se cuenta que, poco antes de la guerra, un imprudente oficial de las fuerzas aéreas soviéticas dijo en una reunión con Stalin que sus pilotos se veían obligados a utilizar aviones que eran «ataúdes» volantes. El dirigente soviético respondió: «No debería haberlo dicho». Antes de una semana dieron de baja al oficial. Tiempo después fue detenido y fusilado.

Nada semejante sucedía cuando se cuestionaba a Hitler, según pudo comprobar Böhm-Tettelbach. Cierto día del verano de 1944 fue a recibir a un mariscal de campo que había llegado en avión desde París para celebrar una conferencia con Hitler. «Me gustaría saber de qué humor está —le dijo el mariscal de campo—, porque le voy a dar una bomba. Es necesario que sepa lo que pasa en Francia.» Luego, según Böhm-Tettelbach, criticó a Hitler con «palabras realmente feas».

Pero después de celebrar la reunión con Hitler, el mariscal de campo buscó a Böhm-Tettelbach y le dijo: «Discúlpeme, Böhm. Hoy tenía los nervios de punta, pero es que cometí una equivocación. Hitler me ha convencido de que estaba justificada y yo en un error. Yo no sabía que supiera tanto. Y lo siento de veras».

—En otras palabras, que entró encolerizado y salió entusiasmado y pasmado. Muy extraño. Muy extraño. Pero el talento de Hitler tenía caminos insospechados. Era capaz de hablar con uno a punto de suicidarse, devolverle la vida y convencerlo de que enarbolase la bandera y pereciese en la batalla. Muy extraño.

Insistí en el tema de la capacidad de persuasión de Hitler, pero lo único que supo decir es que era como si Hitler tuviera «antenas», unas antenas «muy sutiles». Pese a todo, el 20 de julio de 1944 las sutiles antenas de Hitler no detectaron la conspiración urdida por varios oficiales y simpatizantes alemanes para hacerle saltar por los aires en la Guarida del Lobo. Böhm-Tettelbach oyó la explosión de la bomba, pero al principio pensó que sería alguna mina de los bosques cercanos, activada por algún conejo. Entonces vio correr a los guardias de las SS y una columna de humo elevándose entre los árboles, y comprendió que había ocurrido algo grave.

Yo creía que la reacción de Böhm-Tettelbach al atentado iba a ser la políticamente correcta: decir que el conde Von Stauffenberg, que puso la bomba, y los demás conspiradores eran héroes. A fin de cuentas, no podía decirse que hubiera sido cómplice de las atrocidades del régimen. Pues me equivoqué. De hecho, «no aprobaba» de ningún modo la conjura para matar a Hitler. Y sus razones tenían su miga. Para empezar, Böhm-Tettelbach adujo que «lo habría aprobado si él [Stauffenberg] hubiera explotado también estando en el aire con Hitler. Es lo que hacen hoy los palestinos. Pensaba que Stauffenberg era un «incompetente» porque había puesto la bomba y había huido. «A mí me enseñaron a hacer el trabajo perfecto, hay que ser perfeccionista.»

Böhm-Tettelbach se irritaba cuando hablaba de Stauffenberg; fue el único tema que le sublevó en toda la entrevista. Pensaba que, por no haberse sacrificado para asegurarse de que Hitler moría, Stauffenberg había condenado a la desdicha y el sufrimiento a sus compañeros de armas.

No pudo decirlo más claramente cuando le pregunté qué habría hecho si Stauffenberg se hubiera dirigido a él para sugerirle que se uniera a la conspiración.

—Le habría dicho: «Voy a informar a Hitler de que quiere usted matarle». No tenía otra alternativa. Si hubiera guardado silencio, ellos [los partidarios de Stauffenberg] me habrían incluido en su pequeño cuaderno [que contenía los nombres de los conspiradores] y me habrían fusilado.

Le señalé que sí tenía otra alternativa, ya que al sugerírselo le habrían ofrecido una línea de conducta diferente. Habría podido unirse a la conjura.

—Entiendo, pero no. —Sin embargo, su explicación no fue convincente al ciento por ciento—. Matar a Hitler, eso no era tan problemático, era fácil [...] pero [...] pero habría habido que sustituir a Himmler, a Göring y a muchísimos más. Limitarse a poner una bomba a Hitler no sirve de nada.

Böhm-Tettelbach confesó asimismo que se sentía muy obligado por el juramento de lealtad que, al igual que todos los miembros del ejército, había prestado a la persona de Adolf Hitler.

—Nadie me habría sugerido nada, ya que sabían que no iba a faltar al juramento.

Admitía haberse tomado dicho juramento «muy en serio, la verdad sea dicha». Ante mi extrañeza, añadió que «le he sido fiel toda la vida. Un juramento es un juramento [...] no puedo quebrantar el juramento, de lo contrario podría acabar suicidándome».

Sin embargo, después de un largo rato de conversación, empecé a sospechar que había otro motivo, más simple aún, por el que no había participado en la conjura. No era leal solo porque el juramento le obligara como a un esclavo incondicional, sino porque en 1944 todavía apoyaba a Hitler. A fin de cuentas, también los conspiradores habían hecho el juramento.

Al final de la entrevista había llegado a la conclusión de que Böhm-Tettelbach era un hombre decente que se había equivocado en sus juicios, aunque también es verdad que no había querido ver lo que tenía delante. Cuando se enteró de los detalles de los horrores de Auschwitz, dijo haberse quedado estupefacto, pero él sabía ya en los años treinta que los nazis eran violentamente antisemitas y se había limitado a apartar la mirada, porque prefería la fascinante vida de piloto por el día e «irse a bailar» por la noche.

Lo que todavía le intrigaba era la magnitud del error que había cometido al juzgar el carácter de Hitler.

—Es anormal que una persona se acerque a hablar conmigo, como usted y yo hablamos ahora, y diga de pronto que ha matado a tres personas por la noche. Es algo que nos desborda. Es algo fuera de lo corriente. Es desmesurado. Es algo inusual, muy inusual. Bueno, es lo mismo que la Revolución francesa. Sin duda conocerá usted a los personajes de la Revolución francesa, a los dirigentes. Querían hacer cosas buenas y terminaron matando.

La lección que había aprendido de su notable vida no tenía vuelta de hoja para él.

—Cuando lo conocí [a Hitler] era un hombre normal. Al final, cuando murió, era un ser horrible [...]. Hay que juzgar muy bien a una persona antes de poner nuestra vida a su disposición.

32

Kristina Söderbaum y hacer cine para los nazis

En 1991 conocí a Kristina Söderbaum, actriz famosa durante el Tercer Reich, en su lujosa casita de Zurich. Antes de empezar la entrevista formal sugerí filmarla viendo una de sus antiguas películas. Estaba sentada en un sofá de cuero cremoso, inclinada hacia delante, y miraba con aire de curiosidad un vídeo de una película suya de 1944, una epopeya titulada *Opfergang* («Sacrificio»). Nuestro cámara trazó una panorámica para enfocarla a ella viendo el vídeo y la imagen de la pantalla, pero no parecía haber la menor relación entre las dos personas. En la televisión había una joven con un ceñido traje de baño, la encarnación de la doncella aria ideal, toda ella abundante cabellera rubia y pechos voluminosos. En el sofá había una ancianita con gafas.

Al ver una escena en que aparecía montando a caballo entre las olas, se esforzó por recordar algo de aquella película.

—Hacía mucho frío en el agua —dijo por fin—. Tuvimos que repetir la toma muchas veces. —Dio un suspiro—. Se enamoraron de mí muchos, pero si soy un *sex symbol* por eso, no lo sé. Vivía en una jaula de oro. Vi muy poco de la guerra. —Pero al verse en traje de baño, pasó a otro recuerdo, evidentemente doloroso—. Göbbels [el ministro nazi de Propaganda y Educación Nacional] dijo que yo no era sexy, pero que era erótica. En fin, bueno, no era sexy, era erótica.

Göbbels, el autor de esta apreciación que aún escocía a Kristina Söderbaum, controlaba la industria cinematográfica alemana como los legendarios productores de Hollywood. Se acostaba con tantas actrices que le llamaban *der Bock von Babelsberg*, «el macho cabrío de Babelsberg», por el barrio de Berlín donde estaban los estudios. Pero no parece que encontrara en las amantes el ideal ario de feminidad, quizá porque ya tenía un espécimen perfecto en casa, representado por Magda, su rubia y huesuda esposa. Para las aventuras extraconyugales buscaba a las morenas de aspecto eslavo (un tipo racial que su propaganda calificaba de «infrahumana»), como la actriz checa Lida Baarova.

Göbbels se daba cuenta de cuándo tenía delante un buen instrumento de propaganda y sin duda lo entrevió al conocer a la sueca Kristina Söderbaum. Y quería en concreto que me hablase de su trabajo propagandístico en dos de las películas más influyentes de Göbbels.

Göbbels la invitó a protagonizar una película que acabó por representar su concepto de la propaganda cinematográfica antisemita, *Jud Süss* («Süss el judío»). A diferencia de *El judío errante (Der ewige Jude)*, que se distribuyó aquel mismo año de 1940, *Süss el judío* era una obra compleja. Afirmaba basarse en un hecho real, en la historia de un judío llamado Joseph Süss Oppenheimer que había trabajado para el duque de Württenberg en el siglo XVIII, pero los acontecimientos se distorsionaron para obtener el resultado que quería Göbbels: que Süss el judío había sido un ladrón y un violador.

Kristina Söderbaum interpretó el papel de Dorothea Sturm, la hija del jefe de Gobierno de Württenberg. Para acostarse con Dorothea, Süss hace que encarcelen a su prometido y en una escena realmente fuerte vemos que ha conseguido que el hombre al que ama la muchacha sea torturado muy cerca de allí. La tortura solo se detendrá si Dorothea cede a los deseos de Süss. Entonces la viola. Traumatizada por haber perdido el honor, Dorothea se suicida.

Pero Süss acaba pagando lo que ha hecho y en la última escena vemos que lo ejecutan en la plaza de la ciudad. El padre de Dorothea, el jefe de Gobierno Sturm, anuncia solemnemente que todos los judíos deberán abandonar la ciudad; Württenberg iba a quedar «libre de judíos». Sturm dice a continuación: «Quieran nuestros descendientes mantener esta ley, porque así ahorrarán sufrimientos y daños a su vida y a sus casas, y al linaje de sus hijos y de los hijos de sus hijos».

La conexión de la película con los acontecimientos de la Alemania contemporánea era evidentísima. Süss encarnaba el peligro que según los nazis representaba toda la población judía: el oportunismo, el egoísmo, la delincuencia, la sed de sangre y la depravación sexual.

Tuvo un gran éxito tanto entre los alemanes corrientes como en la élite nazi. A Himmler le gustó tanto que ordenó que la vieran todos los miembros de las SS. Cuando declaró en el proceso de Auschwitz, ya en la posguerra, el SS Stefan Baretzki confesó que, después de ver la película, los SS de la guarnición del campo trataron peor a los reclusos.[1]

La opinión de Kristina Söderbaum sobre todo esto (y que no modificó en toda la entrevista) era muy sencilla:

—Hoy sabemos mucho más sobre la guerra. Entonces no sabíamos tanto. Pero hoy lo sabemos, porque hemos visto películas, películas terribles de campos de concentración, y cosas por el estilo. De pronto aparece lo peor y te dices: «Por el amor de Dios, ¿yo colaboré con esto?». Entonces no lo veíamos así, no sabíamos adónde conduciría.

La explicación no me convenció del todo, pero ya lo había previsto. No solo había por entonces multitud de muestras palpables de la persecución de los judíos en todas partes, sino que además se había casado con el director de la cinta, un nazi convencido llamado Veit Harlan. Había viajado al gueto de Lodz para elegir personalmente a ciento veinte judíos para que hicieran de extras en la película y había declarado a la revista *Der Film* que: «Retrato judíos auténticos, tal como eran entonces y como siguen siendo, sin ningún control, en Polonia».[2]

El único elemento de sus recuerdos sobre *Süss el judío* que me pareció que había que tomar al pie de la letra fue lo que respondió cuando le pregunté por qué la habían buscado a ella para ser protagonista.

—Bueno, me querían porque era una chica aria simpática, rubia y no muy inteligente.

La verdad es que, a pesar del talento interpretativo que sin duda tuvo, no parece que meditara mucho lo que hacía durante aquellos años. Por ejemplo, su participación en la película más extraordinaria que produjo el Tercer Reich: *Kolberg*.

Cualquiera que sienta un interés especial por la mentalidad nazi debería analizar *Kolberg*. Este largometraje histórico, producido en los últimos meses del Tercer Reich, concentra buena parte de la arrogancia nihilista que palpita en el eje del pensamiento nazi. Veit Harlan, responsable de *Süss el judío*, también dirigió *Kolberg*, y en su autobiografía confesó que aunque entonces se atribuyó el guion a él y a Alfred Braun, gran parte del diálogo lo había escrito en realidad Joseph Göbbels.[3]

La película cuenta la historia de la heroica resistencia de la ciudad prusiana de Kolberg en 1806, durante la guerra contra Napoleón. Pero al igual que en *Süss el judío*, como los hechos reales no convenían (la ciudad cayó al final en manos francesas), se reescribió la historia y los lugareños, gracias a su coraje, repelían a los invasores. Una de las ideas fundamentales que Göbbels quería que la película resaltase era que, en última instancia, quienes defienden la patria son las personas corrientes, no los soldados profesionales. Era un mensaje que Göbbels quiso que se repitiera sin cesar en los noticiarios de la época. Él mismo era un fanático defensor del Volksturm, el pueblo en armas, una especie de milicia nacional de la que el último año de la guerra se esperaba un esfuerzo sobrehumano para contener al Ejército Rojo.

Entre las muchas cosas asombrosas que tenía *Kolberg* estaba la escala. Fue la película alemana más cara que se había producido hasta la fecha, con un presupuesto de casi nueve millones de marcos. Y por increíble que parezca, se trasladó del frente a docenas de miles de soldados para que hicieran de extras. En una entrevista que hicimos a Wilfred von Owen, un asesor del ministro de Propaganda, confesó que «Göbbels llegó a decirme que tenía más importancia la actuación de los soldados en la película que en el frente, donde ya no valía la pena combatir, porque estábamos en medio del hundimiento total».

Cuando Göbbels vio la película quedó encantado. Incluso ordenó que se lanzara una copia en paracaídas a una posición de las SS sitiada en Francia, para que animara a los soldados. Y al compositor Norbert Schultze, que había escrito la música, le dijo: «¡Kolberg nos sobrevivirá!».

En la escena más espectacular de la cinta, Maria, la heroica aldeana (interpretada por Kristina Söderbaum, que parecía hecha para el papel), habla con el jefe de la milicia que defiende la ciudad, Nettlebeck, que le dice: «Has sacrificado todo lo que tenías, pero no en vano. La muerte es inseparable de la victoria. Las mayores hazañas siempre se alcanzan con sufrimiento». Palabras que concentran a la perfección la propaganda contemporánea, en la que Göbbels invocaba la «guerra total» y luchar hasta la muerte. Ni Göbbels ni los ciudadanos de Kolberg concebían la posibilidad de rendirse, pero sí la de morir.

Los últimos días de la guerra Göbbels habló de la película con su personal de Propaganda; según dijo, fue una inspiración, porque algún día se haría una película parecida sobre ellos: «Caballeros, dentro de cien años se estará proyectando otra elegante película en color que describirá los terribles días que estamos pasando. ¿No quieren representar un papel en esta película, volver a vivir dentro de cien años? Todos tenemos hoy la ocasión de elegir el papel que querremos desempeñar en la película futura. Les aseguro que el film será excelente y edificante. Y por esta perspectiva vale la pena resistir. Resistamos ahora para que dentro de cien años no nos abucheen ni nos silben los espectadores cuando nos vean en la pantalla».[4]

Posiblemente sea el discurso de Göbbels que refleja más detalles personales. Lo tiene todo: su egotismo, su nihilismo, su convicción de que podía escribir el guion de su propia película sobre los últimos días y su creencia de que la película podía ser real como la vida misma.

Dado este contexto, es comprensible que quisiera saber qué pensaba Kristina Söderbaum. A fin de cuentas, había representado el papel más importante de la película, y lo había hecho con brillantez. Pero su único comentario sobre *Kolberg* fue:

—Me parecía absurdo estar de filmación cuando el enemigo se encontraba cada día más cerca. Nos enterábamos de la guerra y de todo lo que sucedía. En esas circunstancias, ponerme delante de la cámara... me sentía una mona.

Fue una respuesta decepcionante; sin embargo, aunque no revelaba nada del objetivo artístico o propagandístico de Kolberg, revelaba mucho de su mentalidad: era una egocéntrica decidida y esta impresión me la corroboraron las palabras que dijo después de la entrevista, mientras tomábamos un té.

—Hablando con sinceridad, desde que acabó la guerra he procurado leer todo lo que se ha dicho sobre las cosas terribles que hizo Hitler. Pero resulta muy difícil, entiéndame, porque tenía unos ojos azules maravillosos. Y más que eso, que siempre fue simpatiquísimo conmigo.

Séptima parte
SUICIDIOS COLECTIVOS

Japón es el país que cuenta con más suicidios durante la guerra, por eso imagino que no extrañará a nadie que dos de las tres historias de esta última sección recojan diferentes aspectos de la experiencia japonesa. Pero los motivos que impulsaron a estas personas no eran lo que yo había esperado.

Antes de efectuar el primer viaje de investigación a Japón pensaba que el principal elemento responsable de los suicidios colectivos del último año de guerra había sido el celo religioso. Había leído que los kamikazes, por ejemplo, creían que volverían después de la muerte y vivirían como «dioses» en un templo sintoísta de Tokio. Pero la religión no resultó ser la clave para comprender a los japoneses. Aunque en Japón había monasterios zen que parecían confirmar la idea que yo tenía, parece que, en términos generales, la religión (como la entendemos en Occidente) desempeñaba un papel muy menor en la vida de la mayoría.

El sintoísmo, la religión tradicional de Japón, es más una filosofía del comportamiento que una religión. No tuvo un fundador único ni cuenta con un solo escrito doctrinal. Es vago en lo referente al más allá, a la teología y al papel de los «dioses». Uno de los temas en que no es vago es la responsabilidad del individuo ante el grupo. La moral es lo que el grupo decide. Así, el sintoísmo de estado fue básicamente, durante la guerra, un instrumento de control político.

Incluso el famoso culto al emperador, venerado durante la guerra como un «dios», se ha malinterpretado en Occidente. Los japoneses no pensaban que el emperador fuera un dios, en el sentido de que poseyera cualidades sobrenaturales. En el sintoísmo oficial, el emperador era un ser especial y «divino», tan «divino» como el derecho que los monarcas británicos se arrogaron para reinar hasta el siglo XVII. Y si algún kamikaze creía sinceramente que iba a volver como un dios después de muerto para vivir en un templo de Tokio, lo creía de un modo muy abstracto, como formar parte del viento o de la lluvia.

La religión no es el factor dominante en ninguna historia de japoneses suicidas. Y más que ver un «aislamiento» exótico en la experiencia japonesa, me llamó la atención la semejanza que había entre una de las historias japonesas y la única alemana que incluyo en esta sección, a saber, el caso de Waltraud Reski. La traumática experiencia que vivió en Demmin, una población del este de Alemania, tiene muchos puntos en común con la historia de Shigeaki Kinjou, que transcurrió en la otra cara del mundo. En relación con el suicidio había y hay, naturalmente, actitudes culturales muy distintas en Alemania y en Japón (comento esto al final de la entrevista con Shigeaki Kinjou), pero creo que la cultura popular ha exagerado las diferencias. Las tres historias personales que siguen no giran alrededor de la religión; en su eje hay algo muy distinto: desesperación. No es casualidad que las tres historias transcurran hacia el final de la guerra y acontecieran a ciudadanos de los perdedores, Alemania y Japón.

Antes de conocer a los tres entrevistados, Shigeaki Kinjou, Kenichiro Oonuki y Waltraud Reski, simpatizaba poco con los suicidas. Como es lógico, pensaba que todo individuo es libre de quitarse la vida si quiere, pero creía que era un acto de supremo egoísmo. Había visto los efectos del suicidio en los familiares y amigos del muerto, que por lo general se sienten culpables, y sabía que el sufrimiento tarda años en desaparecer. Pero ahora me doy cuenta del rigorismo de este juicio. Miles de personas no pensaron en el suicidio en ningún momento hasta que hacia el final del conflicto cambió su situación. Es de esperar que no volvamos a vivir una situación de este calibre. Pero si la viviéramos, ¿estamos seguros de que no haríamos nunca lo que hicieron ellos?

33

Kenichiro Oonuki y la lógica del kamikaze

El 5 de abril de 1945, Kenichiro Oonuki voló hacia la flota aliada que rodeaba la isla japonesa de Okinawa. Su misión era sencilla: estrellar el avión, que iba cargado de explosivos, contra un buque de guerra aliado. El avión estaba destinado a convertirse en metralla, él saltaría hecho pedazos y, según le habían dicho, se transformaría en dios. Porque Kenichiro Oonuki pertenecía a la casta guerrera más tristemente famosa y temida de la segunda guerra mundial: la de los kamikazes.

Los aliados que tropezaban con estos pilotos suicidas solían llamarlos «los locos». Es un juicio comprensible. En época de guerra, la convicción de que el enemigo está loco es un instrumento útil que une a todos alrededor de un objetivo común. No hay ningún margen para las equivocaciones, ninguna posibilidad de diálogo, ninguna duda sobre la justicia de nuestra causa. Cuando el otro está loco y nos pone en peligro, ¿qué podemos hacer sino darle caza como a un perro rabioso? Pero el kamikaze no estaba loco, ni mucho menos. Un repaso a la historia japonesa nos revela que, paradójicamente, los únicos japoneses «raros» eran seguramente los pocos que, cuando se les solicitaba, no se ofrecían voluntarios para ser kamikazes y volar con el avión en mil pedazos.

En el verano de 1944 se veía ya que Japón iba a perder la guerra. Nunca había sido derrotado en toda su larga historia, de modo que el país sentía una vergüenza colectiva de magnitud inimaginable; sobre todo porque a los de aquella generación les habían enseñado desde la infancia que había que proteger al emperador a cualquier precio. A los soldados, nada más alistarse, les decían que estaba prohibido rendirse, de lo contrario el deshonor mancharía a las familias. Después de pasar una instrucción básica, exageradamente brutal, en la que los reclutas eran golpeados e intimidados, casi todos estaban dispuestos a obedecer las órdenes a cualquier precio.

En la época del ataque a Pearl Harbour, casi tres años antes, los japoneses habían contado con un armamento superior en muchos sectores clave, por ejemplo, en el aire, gracias al excelente caza Zero. Pero habían calculado mal la capacidad de respuesta de los norteamericanos al ataque sorpresa del 7 de diciembre de 1941. Pensaban que, al ver destruida buena parte de su flota del Pacífico, los norteamericanos se apresurarían a concertar una paz negociada. Pero los norteamericanos contraatacaron, aprovechando el gran potencial económico que tenían a su disposición, y en el verano de 1944 la superioridad armamentística japonesa había desaparecido y el ejército imperial se retiraba en todos los frentes.

El 15 de junio, la 2.ª y 4.ª divisiones de marines desembarcaron en la pequeña isla de Saipán. Fue un hecho de gran trascendencia, porque la isla era suelo patrio para los japoneses, que la habían ocupado antes de la guerra. Habían quedado atrapados en la isla más de treinta mil soldados japoneses y la retirada era imposible. No tenían más remedio que rendirse (y faltar al juramento hecho al emperador al alistarse) o morir. El 6 de julio, el jefe de la unidad, teniente general Yoshitsugu Saito, ordenó lo que venía a ser una carga suicida contra los marines. Murieron casi todos los japoneses. Fue un acto que representó un punto de inflexión en el comportamiento del ejército imperial durante la guerra.

Unas semanas más tarde, el 20 de agosto, la escuadrilla de Ozuki trataba en vano de impedir que los bombarderos norteamericanos B29 atacaran las islas nacionales del archipiélago japonés. De manera inopinada, dos pilotos japoneses, que se habían quedado sin munición y estaban hartos de su propia incapacidad para derribar al enemigo, se estrellaron contra los B29 en pleno vuelo. La propaganda japonesa calificó de héroes a estos pilotos muertos en desafío espontáneo. Para muchos fue una prueba de que las cualidades individuales como el valor y el sacrificio pesaban más que la superioridad técnica. Y los mandos del ejército sacaron una conclusión más: que aquellos ataques aéreos suicidas podían tener valor militar. Y empezaron a solicitar voluntarios que estuvieran dispuestos a estrellarse contra un buque de guerra aliado.

Kenichiro Oonuki fue kamikaze gracias a esta campaña. Se había alistado en la aviación en 1943 y quería ser piloto por una razón muy simple: los pilotos eran la élite y él quería ser miembro del selecto club. Desde luego, no imaginaba que tiempo después le ordenarían que se sacrificara y lanzase su avión contra la masa de acero de un buque aliado.

Pero hete aquí que en el otoño de 1944 llegó a la base de Oonuki un alto mando de la aviación japonesa. Dijo que quería «voluntarios» para una «misión especial» y dio a entender a continuación que no habría ninguna esperanza de regreso para quienes fueran. Dijo a Oonuki y a sus compañeros que meditaran la propuesta. Al día siguiente por la mañana los pilotos dieron una de las tres respuestas permitidas: «No», «Sí», «Sí, me ofrezco voluntario con todo mi corazón». (Es curioso que hubiera dos respuestas afirmativas. Claro que quien prefería la tercera hacía alarde de valor y heroísmo.)

La reacción inmediata de Oonuki y sus compañeros fue la que era de esperar. Pensaron que la propuesta era «absurda».

—Nos quedamos atónitos. No era precisamente la clase de misión que yo habría solicitado.

Desde luego. ¿Quién podía estar de acuerdo con aquella locura? Pero al caer la noche empezaron a pensar en las consecuencias de responder negativamente. Podían acusarles de cobardía y ser marginados por los de su grupo; y algo peor aún: sus parientes podían recibir desaires de otras familias japonesas.

Descontando un breve período entre fines del siglo XIX y principios del XX, Japón había sido siempre uno de los países culturalmente más aislados del mundo. Y el Gobierno militarista que había subido al poder en los años treinta había proclamado el regreso a los «valores tradicionales», los que había habido antes de entrar en contacto con

Occidente. Que en 1944 le excluyeran del único grupo cultural que durante años le habían dicho que era admisible resultaba muy humillante para cualquier japonés.

Pero Oonuki y sus compañeros imaginaron otra posible consecuencia de negarse a ser voluntarios. Los que no se presentaran serían «aislados y luego enviados al frente de la batalla más cruda, para morir allí de todos modos».

No hay duda de que, cuando se meditaba, la acción más natural, dadas las circunstancias, era decir «sí, me ofrezco voluntario con todo mi corazón», que es lo que hicieron Oonuki y sus amigos al día siguiente por la mañana, cuando les preguntaron.

—Probablemente resultará inconcebible en estos tiempos de paz. Nadie lo quería, pero todos dijimos: «Sí, con todo mi corazón» [...]. Era la atmósfera que respirábamos [...]. No podíamos oponernos.

Habría hecho falta un temple muy especial para soportar la tremenda presión, cultural, compañeril y emocional, que se sentía en las bases aéreas japonesas en 1944. La propaganda japonesa proclamaba que los kamikazes eran héroes; cuando terminaban su misión eran «ascendidos», de modo que sus familias recibían una pensión más cuantiosa después de su muerte. Incluso se les prometía que después de sacrificarse se transformarían en una especie de dioses cuya alma volvería de manera difusa y mística para habitar en el sagrado templo Yasukuni de Tokio, donde el emperador les rendiría culto.

Oonuki y sus compañeros fueron a un cursillo de «conversión» y ensayaron el ataque en picado, que era muy peligroso.

—Vi morir a muchos durante el entrenamiento. Si el aparato se estrella contra el suelo, cuesta mucho recomponer el cadáver.

Se estuvieron preparando para el mayor ataque kamikaze de la guerra, contra la flota aliada que cercaba la isla de Okinawa. Los mandos japoneses creían que, si derrotaban a los norteamericanos, estos se inclinarían por negociar la paz.

Cuando despegó la primera escuadrilla hacia Okinawa, el aparato de Oonuki no estaba listo y el joven piloto tuvo que despedirse emocionado (y definitivamente) de media docena de amigos.

—Fui a verlos cuando los motores ya estaban en marcha y ellos en la pista [...]. Las azaleas estaban en flor, así que hice un ramillete y se lo di a mis compañeros. Uno me dijo: «Parto antes que tú. Quería ir al encuentro de mi destino en tu compañía. Perdóname». Nunca había visto tanta tristeza en unos ojos [...]. Suele decirse que antes de la muerte tenemos esa expresión de tristeza en los ojos [...]. Así que antes de despegar di a cada uno un ramillete de azaleas; a todos. Y todos pensaban: «Parto antes que tú», pero nadie habló de muerte. Todos tenían la misma expresión en los ojos, como los de un pez de las profundidades que mirase el azul del cielo.

La misión de los compañeros de Oonuki tuvo algunas consecuencias, pero ninguna decisiva. Los objetivos más vulnerables eran los portaaviones norteamericanos de cubierta de madera. Un kamikaze que los alcanzara de lleno podía perforar la superficie y llegar hasta los hangares y tanques de combustible de las tripas del gigante. En las playas de Okinawa alcanzaron a unos doscientos barcos norteamericanos y hundieron treinta y cuatro. Enfrentarse a un kamikaze fue para muchos marineros aliados la experiencia más espantosa de toda la guerra. Había anécdotas de marineros norteamericanos que se echaban al agua, víctimas del pánico, cuando se acercaba un kamikaze.

Oonuki despegó el 5 de abril de 1945 para dirigirse con su escuadrilla a Okinawa y proseguir el ataque. Pero por el camino fue atacado por cazas norteamericanos y tuvo que hacer un aterrizaje forzoso en una de las islas Riukiu, no muy lejos de Okinawa. No le gustó haber salido ileso del ataque enemigo. Al contrario.

—Me sentía deshonrado, porque la misión especial de ataque significaba que había que encontrar una muerte honorable. Como soldado pensaba que el hecho de haber sobrevivido significaba que no se había cumplido la misión.

Al cabo de ocho días lo recogió un barco japonés que lo devolvió al territorio nacional. Aquí lo recibieron con estas palabras: «¿Por qué ha vuelto?». Y lo encarcelaron.

—Nos daban reprimendas y nos hacían reproches. Nos decían: «¿No sientes pesar, vergüenza y culpa al pensar en todos los que ya no están entre nosotros? Eres una vergüenza para los muertos». Los superiores nos acusaron de todo. Habíamos sobrevivido por culpa de nuestra debilidad mental. Luego me golpearon con una espada de bambú, tanto que no podía mover ni un músculo [...]. Ni siquiera podíamos suicidarnos; no teníamos con qué.

Oonuki no ha hablado de sus experiencias hasta hace poco, para impedir que cayera la deshonra sobre él y sus allegados, y cuando lo conocí, en 1999, en Tokio, se notaba que aún le resultaba muy penoso recordar todo aquel episodio. No es que se creyera víctima de una injusticia, sino que aún se sentía muy culpable por haber sobrevivido.

—Al margen de cuál sea la razón, sobrevivir pesa como una losa. Los compañeros, con los que se tiene un vínculo casi tan fuerte como el de la familia, han desaparecido; en cambio, nosotros seguimos vivos.

Una parte de él pensaba claramente que su cuerpo debería haberse esparcido por la llameante cubierta de un buque de guerra aliado en 1945. No debería estar vivo; y eso que pensaba que toda la idea del kamikaze le parecía «sencillamente absurda».

Sin conocer el contexto podría pensarse que la experiencia de Oonuki como kamikaze voluntario es un ejemplo claro del comportamiento patológico de los japoneses durante la segunda guerra mundial. Observada de cerca, es otra cosa.

—La unidad de ataque especial [los kamikazes] se presenta como modelo de valor y al soldado japonés se le representa como temerario y fanático. En realidad, estábamos muy tranquilos e hicimos un análisis muy sereno e imparcial [antes de convenir en tomar parte].

Es que a veces, como acabó comprendiendo Kenichiro Oonuki, la única solución cuerda es aceptar algo que otros, que no conocen toda la historia, llamarán luego «de locos».

34

Waltraud Reski y la violación masiva de Demmin

Entre el martes 1 y el jueves 3 de mayo de 1945, el Ejército Rojo arrasó y saqueó Demmin, una ciudad del noreste de Alemania. Waltraud Reski, que estuvo allí, dijo que fue «el infierno en la Tierra». Tenía once años entonces y no entendió gran parte de lo que sucedía. Estando con su madre, su hermana menor y su abuela a orillas del río Peene, vio:

—Familias enteras que se habían atado. Yo me preguntaba: «¿Por qué harán eso?». Seguí viendo mujeres con niños de la mano que corrían hacia el agua. No debíamos verlo y mi abuela siempre nos tenía ocupadas, nos decía que empujáramos el carrito o que cuidáramos de nuestra madre. Pero lo oía. Hubo una especie de chapoteo, como cuando una persona se lanza al agua. Y yo no dejaba de preguntar: «¿Por qué se arrojan al agua?». Y mi abuela dijo: «Son muy desgraciados, quieren quitarse la vida». Me lo dijo susurrando. Pero no lo entendí.

Waltraud recordaba también haber visto los cadáveres:

—De los que se habían arrojado al agua por la noche. Era un espectáculo horrible, aquellos cadáveres morados e hinchados. No miraba mucho, porque no quería que fuera verdad [...]. Y cuando mi madre volvió con nosotras anduvimos un poco más lejos, muy cerca del agua [...]. De pronto nos sujetó y corrió con nosotras hacia el río. Las dos nos pusimos a gritar y mi abuela venía detrás.

Waltraud Reski me contó su historia sentada en la orilla del río Peene, con las torres de la iglesia de Demmin a sus espaldas. Era un lugar tranquilo. Los patos nadaban en las aguas centelleantes y el cielo estaba despejado y azul. Costaba creer que casi mil habitantes (hombres, mujeres, niños) se hubieran quitado la vida allí durante la visita del Ejército Rojo en mayo de 1945. Pero así había sido. También costaba entender qué habría podido impulsarles. ¿Por qué una madre querría matarse junto con sus hijos?

Hitler se había suicidado el 30 de abril y parece que a los soldados soviéticos que entraron en Demmin les dieron carta blanca durante tres días. Para ellos fue un obsceno período de permiso. Y aunque en el Ejército Rojo estaban oficialmente prohibidos el robo y el pillaje, había muchos casos en que los superiores preferían no ver lo que pasaba; en realidad, había muchos mandos que no desdeñaban la oportunidad de sacar algo. Del mariscal Yukov, el general más famoso del Ejército Rojo, se decía que se había llevado del frente trenes enteros de botín, para provecho personal.

La abuela consiguió calmar a Waltraud, que estaba «llena de miedo y angustia».

—Siempre hablo de mi abuela, pero era la que tenía en pie a la familia, porque mi padre estaba en la guerra y mi madre estaba muy enferma. Decía: «Claro que los rusos son nuestros enemigos, pero también son seres humanos». Lo decía para tranquilizarnos a todos.

Waltraud oyó acercarse al Ejército Rojo mucho antes de verlo.

—Aquel ruido, los tanques avanzando, era un ruido espantoso. Cada vez que lo veo en el cine me acuerdo de aquello. Es posible que usted lo conozca, el rugido y el traqueteo metálico. Y luego nos atrincheramos en nuestras casas. Bloqueamos la puerta principal y las demás puertas con muebles, y pensamos: «Nada puede pasarnos».

Se equivocaban. Los soldados que habían cruzado las líneas alemanas y el río Oder no iban a detenerse ante aquellas defensas.

—Cuando comprendieron que no queríamos que entraran, se pusieron a dar patadas y así entraron. Huíamos de una habitación a otra y ellos lo iban poniendo todo patas arriba. Repetían: «*Uri! Uri!*». Querían relojes y joyas, y se lo dimos. Cuando salieron se dirigieron a las casas contiguas, así que por el momento nos vimos libres de ellos.

La ciudad, mientras tanto, se había rendido. Había banderas blancas en las ventanas y las azoteas. Pero al Ejército Rojo le dio igual. Fusilaron a los responsables municipales y se pusieron a incendiar edificios.

—Demmin estuvo ardiendo durante tres días, seguramente como castigo. Y durante tres días se autorizó la caza de mujeres; tenían libertad para abusar de ellas. En realidad, se esperaba que todos muriéramos entre las llamas.

Mientras estaba en su casa con su familia, aún traumatizada por la repentina llegada del Ejército Rojo, oyó crujidos y comprendió que las casas adyacentes estaban ardiendo. Miró por la ventana trasera y vio que las llamas habían alcanzado ya el patio y se extendían con rapidez.

—Nos pusimos a gritar. Estábamos asustadas. No sabíamos qué hacer. ¿Y si no salimos de esta ratonera? Fue mi abuela quien, una vez más, conservó la calma. Teníamos un carrito de mano y en un santiamén juntó todo lo que creyó esencial y nos marchamos por el patio trasero del vecino.

Empujando el carrito, esperaban no llamar la atención de los soldados soviéticos y llegar a casa de unos parientes que vivían en una aldea próxima, a unos quince kilómetros de allí. Pero los soldados soviéticos estaban decididos a violar a todas las alemanas que les apetecía; y les apeteció la madre de Waltraud.

—Todas las mujeres intentaban ocultar sus figuras, pero aun así las descubrían, y el caso es que a mi madre la descubrían siempre, una vez, y otra vez, y la trataron de un modo horrible.

Por todas partes, entre el crepitar de las llamas, los soldados secuestraban mujeres y las violaban. Mi hermana, que tiene cuatro años menos, y yo tratábamos de proteger siempre a nuestra madre y gritábamos.

Pero no servía de nada.

—Solo perdonaban a las embarazadas [...]. Les habría pegado si hubiera podido, si mi abuela no me hubiera contenido. Ya sabe, la sensación de impotencia, aquella crueldad. Ni siquiera hoy encuentro palabras para expresarlo. Y durante mucho tiempo estuve muy dominada por la inquietud en relación con los hombres.

Las oscilaciones de las llamas, el resplandor rojizo en la cara de los soldados soviéticos, los edificios que se desplomaban, los gritos de las mujeres y los niños, la lujuria y el sufrimiento... sin duda tiene razón Waltraud Reski y estas escenas de lo ocurrido en Demmin aquella noche de comienzos de mayo fueron realmente «el infierno en la Tierra».

—Todos pensábamos que íbamos a morir entre las llamas. No había ninguna esperanza y yo estaba convencida de que era el fin del mundo, el fin de mi vida. —Y aquella noche la abuela les hizo saber la única esperanza con que contaban para salir con vida—. Debo decir que, si mi abuela no hubiera conservado la calma, todas habríamos muerto quemadas allí.

La abuela, la madre y las dos muchachas salieron del centro urbano y cruzaron el río, donde vieron familias que se suicidaban juntas, lanzándose a las rápidas aguas cogidos todos de la mano. Después de correr un rato junto al río, Waltraud pensó que estaban a salvo, pero se equivocaba. Las descubrió un grupo de soldados soviéticos. Se acercaron a las mujeres, rebuscaron en el carrito y se llevaron todo lo que tenían. Entonces se fijaron en la madre de Waltraud y se la llevaron a un bosquecillo cercano.

—Corrimos tras ellos gritando, pero nos apartaban con la culata del fusil.

Otra vez fue la abuela la encargada de tranquilizar a las aturdidas muchachas; hasta que, al cabo del rato, reapareció la madre. Pero aquella última violación en grupo había sido demasiado. La madre asió a las dos niñas y corrió hacia el río con intención de suicidarse.

La abuela les salvó la vida por última vez. Sujetó a la madre de Waltraud y le dijo gritando: «Por favor, no lo hagas. ¿No te das cuenta? ¿Qué voy a decirle a tu marido cuando vuelva de la guerra y no te vea?». La madre se fue calmando y dejó que la alejaran del río y de las ideas suicidas. Al día siguiente llegaron a la granja de sus parientes y se instalaron en una habitación del desván. Pero al libro del horror le faltaba el último capítulo.

En la casa vivía también una polaca que había trabajado de criada doméstica para la familia. La habían deportado a Alemania como mano de obra y vio la ocasión de vengarse. Al ver cerca de allí a unos soldados soviéticos les dijo que la madre de Waltraud estaba escondida en el desván.

—Aquella mujer [la polaca] había sufrido y quizá sus padres y familiares también, y solo quería resarcirse de aquel modo. No tuvo más remedio. —La madre de Waltraud fue violada otra vez—. Yo ya había visto cosas en Demmin que no entendía, pero sabía que llevarse a aquellas mujeres y humillarlas era inhumano y un delito contra la dignidad humana. Y al igual que las demás mujeres, mi madre quedó completamente trastornada [...]. Es imposible imaginar lo que es ser violada diez o veinte veces al día. Algo humano se pierde para siempre en estas mujeres. Mi madre ya no fue la misma nunca más [...]. Para mí fue como si de pronto necesitara ser adulta. Y no me gustaba vivir. Lo veía todo con los colores más sombríos [...]. En lo único que pienso es en lo fuerte que era mi abuela. Siempre le he estado agradecida. En la guerra hubo muchas mujeres que fueron así de fuertes y ella misma decía que no sabía por qué, pero que de pronto se sentía fuerte.

Aquellos días de mayo de 1945 cambiaron para siempre la vida de toda la familia de Waltraud. Su madre tuvo desde entonces episodios de paranoia. La abuela descubrió que tenía reservas insospechadas de fuerza emocional. Y Waltraud y su hermana se enfrentaron al traumático final de la infancia. Para Waltraud tuvo otra consecuencia: desde aquel momento fue pacifista comprometida.

Los que escuchábamos a Waltraud estábamos horrorizados. No solo por la abominable naturaleza de la historia, sino porque nunca habíamos oído hablar de aquellos sucesos. Puede que se debiera a que, hasta la caída del Muro de Berlín, los occidentales no tenían acceso ni a los lugares donde ocurrieron crímenes ni a los testigos de los mismos. Pero también se me ocurrió otro motivo por el que los occidentales hubieran prestado poca atención a estas atrocidades. Y es que es incómodo pensar que nuestros aliados fueron culpables de estos horrendos crímenes de guerra, y los medios británicos y estadounidenses aún son reacios a presentar como víctimas incluso a alemanes totalmente inocentes.

35

Shigeaki Kinjou y la matanza de los inocentes

Yo sabía ya desde el comienzo que hablar con personas que habían vivido momentos extraordinarios durante la segunda guerra mundial permitía captar detalles que no se apreciaban leyendo libros y documentos. Pero de lo que no me di cuenta al principio es de lo mucho que puede aprenderse visitando los lugares donde ocurrieron los hechos. Por ejemplo, hasta que recorrí las inmensas estepas del oeste de Járkov no comprendí el entusiasmo que debieron de sentir los artilleros de los tanques durante el avance alemán del verano de 1942. Y cuando visité el páramo del norte de Murmansk, en la península de Kola, comprendí por qué los marinos aliados se habían sentido tan aislados en la Unión Soviética, esperando un convoy de regreso. Pero el escenario histórico más valioso que visité fue la isla japonesa de Tokashiki. Solo es accesible por vía marítima, desde Okinawa, pero incluso desde el mar Tokashiki es un lugar notable.

La isla es famosa por su belleza natural. Los acantilados detienen las olas del mar de la China oriental y sus colinas están alfombradas de árboles y una exuberante vegetación. Iba con el equipo de filmación por las desiertas montañas y al acercarnos a un despeñadero me acordé de los marines que se habían abierto paso en aquella espesura en marzo de 1945. No me extrañaba que los veteranos me hubieran hablado con tanto odio de aquel «saltar de isla en isla». Las bajas norteamericanas pudieron ser terribles, como lo fueron en la vecina Okinawa. No se veía a más de cinco metros, así que los defensores contaban con una ventaja evidente.

Pero en marzo de 1945 los soldados japoneses se enteraron de que aquellas ventajas ya no servían para nada. Lo único que conseguían prolongando la lucha en los bosques de Tokashiki era posponer lo inevitable: la superioridad norteamericana en armamento y apoyo técnico garantizaba la derrota japonesa. Pero todos los soldados del ejército imperial habían jurado no rendirse. Atrapados en Tokashiki, sabían que no tenían más remedio que luchar (y morir) en la isla.

La situación de los soldados estaba clara, pero ¿y la de los civiles de Tokashiki? Es verdad que no habían jurado quitarse la vida, pero creían que debían lealtad absoluta al emperador. Shigeaki Kinjou tenía entonces dieciséis años y sabía qué se esperaba de todos los habitantes de la isla.

—Éramos el pueblo del emperador. Los japoneses le pertenecíamos como si fuéramos sus hijos. Éramos sus criaturas. Así que trabajábamos en una empresa familiar con el emperador en la cima. Teníamos que sacrificar la vida por el emperador.

El kamikaze era un modelo de comportamiento y los noticiarios japoneses glorificaban sus hazañas. En una película de propaganda de la época incluso se ve al kamikaze recibiendo la bendición del emperador. Un oficial lee un mensaje a un grupo de pilotos kamikazes que esperan el momento de partir para la misión suicida. El oficial dice: «Estas palabras son del emperador: Los que han atacado individualmente al enemigo han hecho un gran trabajo y producido resultados notables. Qué valientes fueron al sacrificar su vida por la patria».

—Yo pensaba [por entonces] que los kamikazes eran auténticos héroes. Creía que sacrificaban la vida por la patria. Y que [como] civiles, también nosotros deberíamos estar dispuestos a sacrificarnos por la patria cuando se presentara la ocasión.

También a los civiles de Tokashiki les habían dicho:

—Que no saldríamos vivos si los norteamericanos nos hacían prisioneros. Nos contaron que si nos capturaban nos matarían. Creo que es uno de los motivos por los que hubo tantos hombres dispuestos a suicidarse.

Después de conducir unos cuarenta minutos montaña arriba llegamos a nuestro punto de destino. Un lugar aislado en aquella aislada isla. Salté la valla contra serpientes que rodeaba el despeñadero y me sentí como si hubiera soltado todas las amarras que me unían al resto del mundo. Estaba rodeado de monte y bosque. Los arroyos bajaban entre las piedras y la estrechez del espacio convertía su rumor en rugido.

Allí se reunieron unos ochocientos aldeanos el 27 de marzo de 1945. Eran mayoritariamente ancianos, mujeres y niños, y estaban muy desesperados. Muchos estaban al borde de la histeria, pensando que los norteamericanos los matarían cuando los capturasen, incluso corrieron rumores de que antes los torturarían a todos. De repente estalló cerca una bomba norteamericana y parece que aquel solo hecho hizo de catalizador. Un anciano empuñó una rama y agredió a su familia con ella.

Cuando Shigeaki Kinjou y su hermano, que tenía diecinueve años, vieron lo que sucedía, supieron lo que les aguardaba.

—Entendimos lo que iba a pasar, quiero decir, matar a la familia. Por lo general era el padre el encargado, quiero decir de matarla. Pero nuestro padre no estaba con nosotros. Estaba en paradero desconocido. —Shigeaki comprendió de pronto que la responsabilidad de cumplir los deseos del emperador, del ejército imperial y de los ancianos de la aldea (personas e instituciones que veneraba) había pasado de su ausente padre a sus hombros y los de su hermano. Los dos tenían que matar a su madre, al hermano menor y a la hermana—. No lo hablamos. No nos dijimos ni una palabra. Fue como telepatía. No dijimos «Hagámoslo ya» o «Muramos juntos» ni nada por el estilo. Estábamos destinados y obligados a morir.

A su alrededor reinaba el caos más absoluto, ya que las familias se estaban matando entre sí en el reducido espacio del despeñadero. Shigeaki y su hermano se encararon primero con su madre.

—Probamos a estrangularla con una cuerda y muchas otras cosas, hasta que nos decidimos por otra solución. Cogimos una piedra y le abrimos la cabeza. Esa barbaridad le hicimos a nuestra madre. Yo no paraba de llorar [...]. En mi vida he llorado tanto [...]. Luego matamos a nuestro hermano y a nuestra hermana. —Shigeaki y su hermano sabían qué debían hacer a continuación—. En el estado psicológico en que me encontraba yo sabía que tenía que morir y que mi suerte era esa [...]. Nos llegó el turno de suicidarnos.

Pero confiesa que a pesar de todo sentía «cierta resistencia a morir». Mientras hablaba con su hermano sobre «lo que hacer a continuación», pasó corriendo un chico que les dijo: «Es mejor matar americanos antes de morir, al menos uno». Shigeaki y su hermano «dudaron un momento», pero admitieron que un ataque suicida contra el enemigo era preferible a matarse entre sí. Salieron juntos del despeñadero y se lanzaron contra los norteamericanos. Entonces descubrieron que, en contra de lo que les había dicho el ejército imperial, el enemigo no disparaba contra civiles desarmados. Fueron capturados y acabaron la guerra con vida. Pero aquel día murieron en el despeñadero unos trescientos veinte japoneses, unos se suicidaron, otros fueron suicidados por sus familiares.

Cuando lo conocí, en 1999, Shigeaki seguía buscando la lógica de lo que habían hecho él y su hermano.

—No los maté por odio ni nada parecido. Pero creo que nos habían manipulado de un modo espantoso, y sufro, y no he dejado de sentirme culpable desde entonces.

No cabe duda de que Shigeaki y su hermano (y los demás aldeanos que se concentraron aquel día en el despeñadero) habían sido «manipulados». Como hemos visto, el ejército japonés difundía el rumor de que los norteamericanos mataban a todos los que se rendían, y los aldeanos creían que el emperador deseaba su suicidio. Pero también intervinieron factores culturales de mayor alcance. El suicidio tiene una larga tradición en Japón, donde se considera una forma aceptable (casi admirable) de poner fin a un problema que nos puede. Esto no cambió con el proceso democrático de posguerra. Cuando estuve allí para filmar leí en la prensa que un estudiante se había suicidado porque había hecho muy mal un examen, y otra noticia sobre una pareja de adolescentes que había hecho un pacto suicida porque sus padres se oponían a sus relaciones. En la actualidad se suicidan al año alrededor de treinta mil japoneses, más del doble de la media de suicidios en Estados Unidos o Gran Bretaña.

La predisposición cultural japonesa a considerar el suicidio una opción digna en condiciones extremas de tensión emocional fue sin duda un factor determinante en el desarrollo de los espantosos sucesos del 27 de marzo de 1945 en Tokashiki; como también lo fue el miedo, engendrado por el ejército imperial, a morir a manos de los norteamericanos. Ahora bien, cuando había filmado aquella mañana en Naha, la animada capital de la isla de Okinawa, la entrevista con Shigeaki Kinjou, ninguno de estos factores me había permitido hacerme una idea de cómo había llegado a producirse algo tan horrendo. Pero cuando estuve en el despeñadero de Tokashiki, donde se produjo el suicidio en masa, y sentí la intensa claustrofobia de estar rodeado de monte y bosque, empecé a comprender.

Epílogo

Después de pasar todos estos años dando vueltas a la motivación humana y a las convicciones de las personas en la segunda guerra mundial hay dos puntos que quisiera subrayar. Uno es la importancia de recordar el carácter pasajero de nuestra vida y del mundo que nos rodea. Samuel Willenberg, Estera Frenkiel y muchos otros vieron que el mundo se les venía encima sin que ellos tuvieran ninguna culpa. Durante un instante la vida parecía segura, discurría por un cauce estable y ordenado. Cuando se daban cuenta, su vida estaba hecha pedazos. Comprendieron que nada es obligatoriamente como es. Que todo es frágil.

El otro punto se refiere a la versatilidad de la conducta y la actitud de las personas. ¿Somos como somos porque tenemos cualidades inherentes para ello o porque nos condiciona el ambiente? Sin duda somos una mezcla de ambas soluciones, pero actualmente creo que muchas personas están más determinadas por la «ética situacional» (la educación, la cultura del entorno) de lo que nos gustaría imaginar. Por ejemplo, he conocido a antiguos nazis que se abrieron un próspero camino en la democrática Alemania de posguerra y a antiguos comunistas que recientemente se han enganchado al capitalismo desenfrenado. Cambiaron cuando cambió la situación. Y cuando dejaron de serles útiles, abandonaron las ideologías que antaño habían sido fundamentales para sus convicciones.

Pero el ejemplo más espectacular de la fuerza que puede tener la situación para influir en el comportamiento de las personas lo vi a principios de los años noventa, cuando trabajaba de montador en *Timewatch*, la serie documental de la BBC. Encargué y luego fui productor ejecutivo de una película producida por Catrine Clay, sobre un niño polaco llamado Alojzy que a los cuatro años fue arrebatado a su madre por los nazis durante la guerra.

Heinrich Himmler, jefe de las SS, estaba tan obsesionado por la idea nazi de «raza» que quería «atraer toda la sangre nórdica del mundo para quedárnosla nosotros». A este fin ordenó que se hiciera una criba de la infancia polaca y se seleccionara a los niños «aptos». Estos chicos y chicas de aspecto ario debían ser apartados de sus padres y llevados a Alemania para ser educados como alemanes. Himmler alegaba: «Muchos dicen: "¿Cómo podéis ser tan crueles para quitarle el hijo a la madre?". A eso respondo: "¿Cómo podéis serlo vosotros, que dejáis en el otro bando a un brillante enemigo futuro que matará a vuestros hijos y a vuestros nietos?"».[1]

Se crearon documentos que decían que Alojzy había perdido a su madre al nacer y que su padre había sido un mando de las SS fusilado por los polacos. Ya no era polaco ni se llamaba Alojzy; era alemán y se llamaba Alfred Binderberger.

Alojzy no recordaba nada de los cuatro años que vivió en Polonia. Uno de sus recuerdos más antiguos se refería al momento en que había salido del orfanato alemán donde estaba interno y había llegado a la casa de sus nuevos padres:

—Subí las escaleras, había flores muy bonitas a izquierda y derecha. Me pareció estar en el cielo. Vi a mi abuelo, y a mi madre, todos estaban muy contentos y me miraban. Vino el abuelo, me dio la vuelta como a un recluta y dijo: «Sí, un chico bien constituido». Estaba satisfecho.

Alojzy fue educado como un típico niño nazi. Su padre adoptivo era miembro del partido desde hacía años y trabajaba en la fábrica de armas Krupp. Su nueva madre trabajaba en unas oficinas de la Luftwaffe. Y todos eran muy felices. «Mi madre era el altar de la familia —contaba Alojzy—. Y la relación entre mi madre y mi abuelo era muy estrecha. Era la niña de sus ojos. Y como yo era lo mismo para mi madre, yo era el favorito de mi abuelo.»

Cuando terminó la guerra tenía siete años.

—La derrota de Alemania me afectó mucho. Hitler era mi ídolo. El hombre que había engrandecido Alemania. De repente, de la noche a la mañana, aparecieron banderas blancas en todas las ventanas y me eché a llorar. Pero entonces dijimos: «Ha sido obra de los comunistas, ellos se rindieron».

Al acabar la contienda, la madre biológica de Alojzy quiso recuperar a su hijo. Averiguó su nombre alemán y lo buscó por todas partes, escribió a la Cruz Roja y se puso en contacto con todas las organizaciones e instituciones que creyó que podían ayudarla. Al final localizó a la familia alemana del muchacho y le escribió, solicitando la devolución de su hijo. Pero la familia alemana lo quería y se negó.

—Los Binderberger no quisieron devolvérmelo —contaba la mujer—. Esperé. Para mí fueron los años peores. No puede usted figurarse lo que se siente. Fue el período más difícil.

La madre de Alojzy se enfrentaba a un serio problema. Cuando averiguó el paradero de su hijo era ya el año 1948 y la política de los aliados había cambiado. Las necesidades emocionales del muchacho se consideraban prioritarias. Y, en cualquier caso, pocos occidentales veían con entusiasmo la idea de devolver a un niño a la Polonia comunista.

Sin embargo, cuando cumplió doce años, los padres adoptivos decidieron contarle que no era hijo biológico de ellos.

—Recuerdo que volví de la escuela de buen humor. Entré en la sala y me llevé una sorpresa. Estaban todos allí, mis padres y mis abuelos. Y mi padre tenía una carta en la mano. Dijo: «Alfred, te esperábamos. Tenemos que decirte una cosa. Esto es una carta de tu madre». Yo le dije: «Papá, no seas tonto, mamá está aquí». «No, me refiero a tu verdadera madre.» «¡Venga ya!» «Es de Polonia», añadió. Y me puse furioso. ¡Yo, de Polonia! Mi padre dijo: «Bueno, quizá sea una alemana que no pudo salir de Polonia». Yo dije: «Olvídalo. De todos modos, yo no soy polaco, rotundamente no». Permítame explicarle algo en relación con esto. Durante la guerra hubo aquí muchos trabajadores extranjeros, de la Europa del Este. En realidad, eran esclavos. Extraían el carbón y otras cosas. Mi abuelo les daba unas monedas de vez en cuando. Pero tenían un aspecto espantoso... sin afeitar [...] en vez de zapatos llevaban periódicos atados con cuerdas [...] mal vestidos, sucios. Y la gente decía: «Fijaos en esos polacos, son infrahumanos».

La madre de Alojzy había escrito una carta desgarradora para preguntar si su hijo sabía que lo buscaba desde hacía años, y terminaba: «Te suplico que, como hijo mío que eres, me escribas unas líneas y me mandes una foto tuya. Se me hace muy larga esta espera hasta que pueda estrecharte contra mi pecho. Tu madre que te quiere». Incluía fotos de ella que Alojzy rompió en pedazos delante de sus padres adoptivos.

—Luego me enteré —explicó Alojzy— de que mi abuelo había interceptado sus cartas durante dos años. Las cartas iban dirigidas a mi padre, pero mi abuelo las abrió y las contestó, imitando la firma de mi padre, y no dijo a nadie ni una palabra sobre el particular. Eso demuestra el gran amor que sentía por mí. No quería perderme.

Pero Alojzy no conocía aún otro secreto, más triste aún. Su querida madre adoptiva tenía cáncer. Murió un año después.

—Mi mundo se hizo pedazos. No creo que nadie haya querido a su madre tanto como yo quise a la mía [...]. Me acuerdo de ella todos los días. Solo le digo eso.

Cuando el padre volvió a casarse Alojzy tenía catorce años. Pronto hubo tensiones en la familia. Alojzy no congeniaba con su madrastra y viceversa. Y en este inesperado clima de crispaciones Alojzy quiso conocer a la madre polaca que no había dejado huella en su memoria.

—Lo hice porque estaba resentido con mi padre —dijo con franqueza—. Quería fastidiarle, hacerle daño. Me quedé estupefacto cuando dijo: «Adelante, puedes ir».

Alojzy partió hacia Polonia en 1953, con quince años.

—¿Qué sabía yo de Polonia? Sabía que allí hacía mucho frío. Que había osos y lobos. Y bosques interminables. Que los polacos duermen encima de los hornos. Que no se lavan y que llevan pieles. Eso decía la propaganda de Göbbels.

Cuando llegó a la estación de Poznan, ya de madrugada, estaba muerto de impaciencia.

—No paraba de pensar en lo que iba a decirle. Al final decidí que bajaría del tren y le diría: «Aquí estoy. Solo quería verte una vez, me vuelvo en el siguiente tren a Coblenza».

—Se limitó a darme la mano. «Buenos días», y nada más —recordaba la madre—. Nada más. Tuve que tragarme las lágrimas.

—Ella no hacía más que mirarme —recordaba Alojzy—. Qué sonrisa y qué cara de ángel. Mi madre era muy hermosa, y lo sigue siendo. Tenía unos ojos azules asombrosos.

—Él tenía toda la estampa de las Juventudes Hitlerianas —añadió la madre—. Un alemán típico [...] decía que los polacos habíamos empezado la guerra. Yo le dije que no, que no era verdad y que pronto se enteraría.

Lo que ocurría era que Alojzy no sabía cómo hablar con su madre.

—Al principio estuve en contra, en todo momento, siempre en contra. Lo peor era que no sabía cómo dirigirme a ella. Procuré conservar la tercera persona, el estilo formal. Evité el «tú» y «madre».

Concluida la visita, Alojzy se enfrentó a un dilema: ¿se quedaba con su madre «verdadera» y recién encontrada o volvía con su padre adoptivo y su madrastra? Tardó poco en decidirse. Entró espectacularmente en el dormitorio de la madre, la llamó «mamá» por primera vez y le dijo: «Mamá, me quedo».

El problema era que Alojzy había vuelto a obrar impulsivamente.

—Fue igual que con mi padre, en Alemania. Lo que le dije a él se lo dije espontáneamente, movido por la ira. A ella se lo dije por compasión. Pero ¿qué podía hacer? Esperaba encontrar la forma de salir de aquel lío. Porque es que además estaba la situación política; cuando entrabas en Polonia entregabas el pasaporte y firmabas un papel. Y el hombre dijo: «Vuelva dentro de una semana». Y volví la semana siguiente y me dijo que firmara otro papel. Yo no sabía lo que firmaba, no lo entendía. Mi madre estaba junto a mí y guardaba silencio. Así que firmé y pedí el pasaporte. «¿Qué pasaporte? —dijo el hombre—. Ahora es usted ciudadano polaco.» Y diciendo eso, guardó el pasaporte en el cajón de la mesa. No pude salir durante dieciséis años. Ni para ir a Alemania ni a ningún otro país.

Alojzy completó sus estudios en Polonia y fue a la Universidad de Varsovia. Pero nunca se sintió totalmente aceptado en su tierra natal y echaba de menos a su familia alemana. No le dejaron salir de Polonia para asistir al entierro de su abuelo ni al de su padre. «Cuando las cosas están así —comentó Alojzy— es el desastre absoluto.»

No obstante, creía haber aprendido algo de su extraordinaria vida.

—Soy el mejor ejemplo de que podemos amarnos y comprendernos. De que un niño polaco puede ser amado por padres alemanes. Por decirlo de otro modo, en Polonia fue como si me reencontrara con mi madre alemana. Era lo mismo, la misma ternura. Incluso puede que mi madre polaca fuera un poco más tierna. Pero básicamente era lo mismo. El mismo amor, la misma dedicación al hijo.

La historia de Alojzy pone de manifiesto la tremenda influencia que ejerce la situación en el desarrollo humano. Un chico polaco de cuatro años que se transforma en un alemán feliz y seguro, un miembro de las Juventudes Hitlerianas que creía que los polacos eran «esclavos». Es un aviso de que no venimos al mundo con ninguna clase de ideología y que de niños absorbemos los valores que nos rodean. Solo el 15 % de los niños secuestrados en Polonia por los nazis volvió a su patria de origen. Probablemente habrá muchos viviendo en algún lugar de Alemania, sin saber nada de su origen polaco; quién sabe, es posible que algunos sigan considerando a los polacos inferiores a los alemanes.

Aunque los testimonios contenidos en este libro son más complejos que la historia de Alojzy, esta, a pesar de todo, plantea que «lo que está bien» y «lo que está mal» dependen para muchas personas de lo que decreta la sociedad de la época. Como dijo el novelista Samuel Butler hace más de cien años, «Moralidad es lo que es costumbre en nuestro país y lo que opinan actualmente los de nuestra misma clase. El canibalismo es moral en un país caníbal».

Pero yo no soy tan determinista. Siempre hay alguna alternativa. Y algunos seres humanos excepcionales, como Alois Pfaller y Vladímir Kantovski, optaron por enfrentarse a las costumbres dominantes. Aunque sospecho que personas así hay menos de lo que nos gustaría creer.

Lo cual significa en términos prácticos que para mejorar las posibilidades de tener la vida que queremos necesitamos concentrarnos más en la cultura que nos rodea; no solo en la familia y otros grupos a los que pertenezcamos, sino también en el sistema político que nos rodea. La mejor protección es procurar que la ética situacional de la sociedad en general se someta al imperio de la ley y a los principios básicos de la humanidad; valores que después de la segunda guerra mundial cristalizaron en la Declaración Universal de los Derechos Humanos y en la Convención Europea sobre Derechos Humanos. Fingir que no pasa nada reprobable y pensar solo en uno mismo no suele ser una opción sostenible. Pasar por alto las «pequeñas» injusticias cuando empiezan aumenta la dificultad de contener otras mayores que las seguirán. En última instancia, la mejor forma de no volverse «caníbal» es impedir que el lugar en que vivimos se vuelva un «país caníbal».

Si el carácter y las ideas de la mayoría tienden a cambiar con las circunstancias, también se sigue de aquí que hemos de pensar en los testimonios de este libro con humildad. «Eso es lo malo que tiene la vida actualmente —me dijo un antiguo nazi en cierta ocasión—. Gente que nunca ha sido puesta a prueba va por ahí juzgando a gente a la que sí se ha puesto a prueba.»

Y aunque esta confesión no me impidió condenar lo que había hecho en la guerra, sus palabras hicieron que meditara con más cuidado la respuesta a la pregunta ¿qué habría hecho yo en su lugar?

Al final, todos tenemos que decidir por nosotros mismos cómo cambiar modificando circunstancias. La adversidad podría hacer florecer lo mejor que hay en nosotros, pero también revelar lo peor. ¿Qué piensa usted? ¿Qué habría hecho en el lugar del otro?

Cronología

1939

FRENTE OCCIDENTAL (Incluida la Polonia ocupada)	FRENTE ORIENTAL	FRENTE DEL PACÍFICO
23 de agosto: Alemania y la Unión Soviética firman un pacto de no agresión.		
1 de septiembre: las tropas alemanas invaden Polonia.		
3 de septiembre: Gran Bretaña y Francia declaran la guerra a Alemania, en conformidad con los tratados firmados previamente con Polonia.		
27 de septiembre: Varsovia se rinde.		
29 de septiembre: Alemania y la Unión Soviética trazan con exactitud la frontera que las separa y se reparten Polonia.	**17 de septiembre**: el Ejército Rojo invade Polonia oriental.	
4 de noviembre: se ordena a los judíos de Varsovia que se concentren en un sector de la ciudad.		
	30 de noviembre: el Ejército Rojo ataca Finlandia.	

1940

FRENTE OCCIDENTAL (Incluida la Polonia ocupada)	FRENTE ORIENTAL	FRENTE DEL PACÍFICO
	Enero: los finlandeses sorprenden a las fuerzas soviéticas conteniendo su avance y resistiendo con tenacidad.	

1940

FRENTE OCCIDENTAL
(Incluida la Polonia ocupada)

Primavera: ***Estera Frenkiel***, sus padres y otros 160.000 judíos polacos son concentrados por los nazis en una pequeña zona de Lodz (véase capítulo 15).

9 de abril: los alemanes invaden Noruega y Dinamarca.

10 de abril: los daneses se rinden tras un día de combate.

19 de abril: soldados británicos y franceses desembarcan en Noruega.

3 de mayo: las tropas aliadas obligadas a abandonar gran parte de la Noruega continental.

10 de mayo: Alemania invade Holanda, Bélgica y Luxemburgo.

10 de mayo: Winston Churchill reemplaza a Neville Chamberlain en la jefatura del Gobierno británico.

14 de mayo: el general Heinz Guderian se pone al frente de su división acorazada, atraviesa el teóricamente inexpugnable bosque de las Ardenas y parte en dos el frente francés.

FRENTE ORIENTAL

Febrero: el Ejército Rojo contraataca en Finlandia. Los británicos y los franceses acuerdan enviar más ayuda a Finlandia.

15 de marzo: los finlandeses firman la paz con la Unión Soviética. La guerra se acaba a condición de que los finlandeses cedan territorio, como el puerto de Hango.

FRENTE DEL PACÍFICO

1940

FRENTE OCCIDENTAL (Incluida la Polonia ocupada)	FRENTE ORIENTAL	FRENTE DEL PACÍFICO
27 de mayo: los británicos comienzan a embarcar en las playas de Dunquerque.		
28 de mayo: Bélgica se rinde.		
10 de junio: Mussolini une sus fuerzas a las de Hitler y declara la guerra a los aliados.		
	15 de junio: tropas soviéticas ocupan Lituania, primero de los tres países bálticos que se someterán a la URSS.	
22 de junio: se firma la rendición francesa en Compiègne.		
	21 de julio: los países bálticos «votan» por unirse a la Unión Soviética para no ser ocupados.	
Agosto: comienza la batalla de Inglaterra en el cielo del sur de Gran Bretaña.		
7 de septiembre: primer ataque aéreo alemán contra Londres.		
		27 de septiembre: Japón se une al Eje y se alinea con Alemania e Italia.
Finales de septiembre: los británicos ganan la batalla de Inglaterra.		
16 de noviembre: 400.000 judíos polacos concentrados en el gueto de Varsovia, cerrado ya con muros y torres de vigilancia.		
29 de noviembre: estreno en Alemania de *El judío errante*, infame película de propaganda antisemita, dirigida por Fritz Hippler (véase capítulo 29).		

1940

FRENTE OCCIDENTAL (Incluida la Polonia ocupada)	FRENTE ORIENTAL	FRENTE DEL PACÍFICO
		Diciembre: ***Hajime Kondo*** es llamado a filas por el ejército japonés y comete atrocidades en la guerra contra China (véase capítulo 8).

1941

FRENTE OCCIDENTAL (Incluida la Polonia ocupada)	FRENTE ORIENTAL	FRENTE DEL PACÍFICO
6 de abril: Alemania ataca Yugoslavia.		
12 de abril: Yugoslavia se rinde a Alemania.		
20 de abril: Alemania ataca Grecia.		
27 de abril: los alemanes toman Atenas.		
Mayo: aumentan las pérdidas navales de los aliados en el Atlántico; en abril, el ataque alemán destruyó casi 500.000 toneladas de la flota naval.		
10 de mayo: Rudolf Hess, el perturbado lugarteniente de Hitler, vuela a Escocia por su cuenta con intención de negociar la paz con Gran Bretaña.		
22 de mayo: paracaidistas alemanes se lanzan sobre Creta.		

1941

FRENTE OCCIDENTAL
(Incluida la Polonia ocupada)

28 de mayo: las tropas aliadas salen de Creta.

Septiembre: ***Erna Krantz***, de Múnich, advierte que los judíos han empezado a llevar una estrella de David en la ropa. Pero sigue apoyando el régimen nazi (véase capítulo 25).

FRENTE ORIENTAL

22 de junio: Alemania pone en marcha la Operación Barbarroja, la invasión terrestre más grande de la historia: tres millones de soldados atacan a la Unión Soviética.

10 de julio: los alemanes toman Minsk, capital de Bielorrusia. El Ejército Rojo está en franca retirada. Pocos días después de la invasión, unidades nazis de exterminio fusilan a los hombres judíos y, poco después, también a las mujeres y a los niños.

Mark Lazarevich Gallay, piloto soviético, culpa a la aviación soviética y a su pésima actuación de las purgas promovidas por Stalin entre las fuerzas armadas en los años treinta (véase capítulo 26).

El lituano ***Petras Zelionka*** interviene en la operación alemana de limpieza de aquel otoño y mata a hombres, mujeres y niños judíos (véase capítulo 2).

8 de septiembre: los alemanes llegan a las afueras de Leningrado y comienza el asedio.

FRENTE DEL PACÍFICO

25 de julio: Japón ocupa bases militares en toda Indochina.

26 de julio: Estados Unidos y Gran Bretaña suspenden todas las operaciones financieras japonesas y restringen la exportación de materias primas, entre ellas el petróleo, que Japón necesita con urgencia para su maquinaria militar.

1941

FRENTE OCCIDENTAL
(Incluida la Polonia ocupada)

16 de septiembre: los buques de guerra norteamericanos escoltarán a los convoyes británicos hasta la mitad del Atlántico.

Octubre: ***Lucille Eichengreen***, su madre y su hermana menor, de Hamburgo, son enviadas al gueto de Lodz en uno de los primeros cargamentos de judíos que iban a ser expulsados del Reich (véase capítulo 19).

FRENTE ORIENTAL

19 de septiembre: los alemanes toman Kiev, capital de Ucrania. Caen prisioneros unos 600.000 soldados soviéticos en uno de los movimientos envolventes más espectaculares de la historia militar.

10 de octubre: los alemanes se alzan victoriosos en las dos grandes batallas de movimientos envolventes, la de Briansk y la de Viazma. Caen prisioneros otros 650.000 soldados del Ejército Rojo.

Wolfgang Horn, un soldado alemán, vive «el día más emocionante de su vida» matando soldados soviéticos en Viazma (véase capítulo 9).

16 de octubre: pánico en Moscú. Stalin se debate entre huir y quedarse en la capital.

20 de octubre: Stalin decide quedarse en Moscú y ordena el estado de alarma.

Vladímir Ogrizko es uno de los miembros de la policía política que hace cumplir la orden (véase capítulo 20).

FRENTE DEL PACÍFICO

Octubre: el ***doctor Ken Yuasa***, oficial del ejército japonés, es enviado al hospital militar de Roan, en la provincia china de Shansi, donde ayuda a hacer experimentos humanos (véase capítulo 28).

7 de diciembre: los japoneses atacan la base naval de Pearl Harbour, en las islas Hawái. Horas después, se ponen en marcha las fuerzas japonesas para atacar los destacamentos británicos del Lejano Oriente, entre ellos el de Hong Kong.

8 de diciembre: Estados Unidos y Gran Bretaña declaran la guerra a Japón.

11 de diciembre: Alemania e Italia se solidarizan con su aliado japonés y declaran la guerra a Gran Bretaña y a Estados Unidos.

25 de diciembre: Hong Kong se rinde a los japoneses.

1941

FRENTE OCCIDENTAL (Incluida la Polonia ocupada)	FRENTE ORIENTAL	FRENTE DEL PACÍFICO
	6 de diciembre: detenido el avance alemán en las mismas puertas de Moscú (entre otras cosas por culpa del invierno, para el que las tropas alemanas no están preparadas), Stalin ordena el contraataque. Los alemanes retroceden, pero siguen estando a ciento cincuenta kilómetros de Moscú.	***Connie Sully***, enfermera voluntaria británica, es una de las mujeres violadas por los soldados japoneses (véase capítulo 18).

1942

FRENTE OCCIDENTAL (Incluida la Polonia ocupada)	FRENTE ORIENTAL	FRENTE DEL PACÍFICO
		17 de enero: los japoneses toman Kuala Lampur, capital de Malasia.
		9 de febrero: los japoneses atacan Singapur.
Marzo: mes en que la marina británica sufre más pérdidas en el Atlántico: se hunden más de 800.000 toneladas en barcos de guerra y más de 250 buques mercantes.		**15 de febrero**: Singapur se rinde. Es la mayor derrota de la historia militar británica: 130.000 soldados aliados son hechos prisioneros.
		9 de marzo: los japoneses se apoderan de Java y de Rangún, la capital de Birmania.
Primavera: ***Oskar Gröning***, de las SS, llega a Auschwitz mientras crece el número de judíos exterminados en el campo (véase capítulo 3).	**12 de marzo**: las fuerzas soviéticas atacan Járkov, en Ucrania oriental.	
		9 de abril: la península indonesia de Batán cae en poder de los japoneses.

1942

FRENTE OCCIDENTAL (Incluida la Polonia ocupada)	FRENTE ORIENTAL	FRENTE DEL PACÍFICO
Samuel Willenberg es enviado al campo de exterminio de Treblinka (véase capítulo 12) cuando la «solución final» empieza a funcionar a toda máquina.		**9 de mayo**: los norteamericanos consiguen una victoria pírrica en la batalla del Mar del Coral. La escalada de victorias japonesas llega a su fin.
31 de mayo: la RAF destruye Colonia; intervienen más de 1.000 bombarderos; en ese momento es el mayor bombardeo de la historia de la aviación.		
31 de mayo: el general Erwin Rommel lanza en el desierto una importante ofensiva contra los aliados.		
21 de junio: Rommel captura Tobruck, en la costa libia. Caen prisioneros unos 35.000 soldados aliados.	**28 de junio**: tras repeler el ataque soviético en Járkov, los alemanes inician la Operación Azul, una gigantesca ofensiva motorizada cuyos objetivos son Stalingrado, a orillas del Volga, y los campos petrolíferos de Bakú, en el Cáucaso.	**6 de junio**: la marina norteamericana vence a los japoneses en la batalla de Midway, en la que hunde cuatro portaaviones enemigos.
	7 de julio: el convoy británico PQ17, con destino a la Unión Soviética por el océano Glacial Ártico, es atacado por los alemanes; de los 36 buques mercantes se hunden 23.	
20 de agosto: los alemanes repelen el ataque de comandos aliados contra Dieppe; intervienen 6.000 soldados, dos tercios de los cuales mueren o son capturados.	**23 de agosto**: los alemanes llegan al Volga y a las afueras de Stalingrado.	**7 de agosto**: los marines norteamericanos desembarcan en Guadalcanal, una de las Islas Salomón; es la primera ofensiva terrestre de Estados Unidos en la guerra del Pacífico.

1942

FRENTE OCCIDENTAL
(Incluida la Polonia ocupada)

23 de octubre: el general Montgomery y Rommel se enfrentan en la batalla de El Alamein, en el desierto del oeste de Alejandría.

2 de noviembre: el avance de Montgomery obliga a Rommel a retirarse; la batalla de El Alamein es de los aliados.

FRENTE ORIENTAL

Otoño: ***Alexéi Bris*** se queja de la conducta de los nazis en Ucrania y se une a la resistencia local (véase capítulo 5).

26 de octubre: ***Tatiana Nanieva***, enfermera soviética, es capturada por los alemanes (véase capítulo 14).

11 de noviembre: el general Von Paulus lanza un ataque masivo contra Stalingrado para acabar con la resistencia soviética antes del invierno.

El soldado soviético ***Suren Mirzoyan*** es uno de los defensores de Stalingrado (véase capítulo 21).

19 de noviembre: el Ejército Rojo inicia la Operación Urano, cuyo objetivo es aislar en Stalingrado al 6.° Ejército alemán.

24 de noviembre: los dos brazos de la envolvente Operación Urano cierran el círculo y los alemanes quedan cercados en Stalingrado.

12 de diciembre: el mariscal de campo Von Manstein organiza una operación de rescate para salvar a los alemanes cercados en Stalingrado.

FRENTE DEL PACÍFICO

1942

FRENTE OCCIDENTAL (Incluida la Polonia ocupada)	FRENTE ORIENTAL	FRENTE DEL PACÍFICO
	30 de diciembre: Von Manstein no puede romper el cerco soviético de Stalingrado y se ve obligado a retirarse.	

1943

FRENTE OCCIDENTAL (Incluida la Polonia ocupada)	FRENTE ORIENTAL	FRENTE DEL PACÍFICO
21 de enero: sublevación del gueto de Varsovia: los judíos que quedan se enfrentan a los alemanes.	**31 de enero**: el mariscal de campo Von Paulus entrega Stalingrado al Ejército Rojo; caen prisioneros 90.000 soldados alemanes.	
23 de enero: el general Montgomery toma Trípoli.	**Invierno**: ***Vladímir Kantovski***, de la 54.ª Compañía Penitenciaria soviética, participa en un ataque suicida contra las líneas alemanas (véase capítulo 6).	
		4 de febrero: los norteamericanos conquistan la isla de Guadalcanal; mueren 25.000 japoneses.
	8 de febrero: el Ejército Rojo recupera Kursk.	
	15 de marzo: los alemanes contraatacan y recuperan Járkov.	**Primavera**: ***Peter Lee*** es enviado al campo japonés de Sandakan, al norte de Borneo, con otros prisioneros de guerra británicos y australianos (véase capítulo 13).
	17 de abril: en el bosque de Katyn, cerca de Smolensk, los alemanes encuentran los restos de más de 4.000 oficiales polacos asesinados por la policía política soviética.	

1943

FRENTE OCCIDENTAL
(Incluida la Polonia ocupada)

13 de mayo: el Afrika Korps es derrotado y acaba la resistencia alemana en el norte de Africa.

16 de mayo: el general Stroop, de las SS, anuncia el aplastamiento de la insurrección de Varsovia, con casi 14.000 judíos muertos, o capturados y camino del campo de Treblinka.

10 de julio: los aliados desembarcan en Sicilia: es la Operación Husky.

25 de julio: Mussolini pierde el apoyo del rey de Italia y el Consejo Fascista lo destituye de la jefatura del Estado.

27 de julio: la RAF lanza bombas incendiarias sobre Hamburgo; mueren 40.000 alemanes; es uno de los ataques aéreos más destructivos de la guerra.

2 de agosto: los judíos «de confianza» del campo de Treblinka se sublevan y 150 consiguen escapar.

3 de septiembre: los británicos desembarcan en Mesina, en el extremo sur de Italia; es el primer desembarco aliado en la Europa continental.

FRENTE ORIENTAL

5 de junio: los alemanes lanzan una gran ofensiva contra Kursk y alrededores; es la Operación Ciudadela.

9 de julio: el Ejército Rojo detiene el avance alemán en Kursk.

14 de julio: en Projorova, cerca de Kursk, se libra la mayor batalla de tanques de la historia, con cerca de 2.000 carros de combate enfrentados. Los alemanes retroceden.

22 de julio: los alemanes sacan a ***Alexandr Mijailovski*** de su casa de Maximoki, Bielorrusia, para que haga de buscaminas humano (véase capítulo 11).

22 de agosto: Járkov vuelve otra vez a manos soviéticas.

Otoño: ***Zinaida Pitkina*** ingresa en una de las organizaciones soviéticas más secretas: SMERSH (véase capítulo 23).

FRENTE DEL PACÍFICO

1943

FRENTE OCCIDENTAL (Incluida la Polonia ocupada)	FRENTE ORIENTAL	FRENTE DEL PACÍFICO
8 de septiembre: los italianos se rinden.		
9 de septiembre: los británicos y los norteamericanos desembarcan en Salerno, al sur de Nápoles.	**25 de septiembre**: el Ejército Rojo recupera Smolensk.	
1 de octubre: los aliados toman Nápoles.		
14 de octubre: los judíos «de confianza» se sublevan en el campo de Sobibor; escapan alrededor de 300 prisioneros.		**1 de noviembre**: los norteamericanos lanzan una gran ofensiva contra las islas Salomón.
Toivi Blatt se encuentra allí (véase capítulo 17).	**6 de noviembre**: el Ejército Rojo recupera Kiev.	
4 de diciembre: primera conferencia de Teherán entre Churchill, Roosevelt y Stalin. Los aliados occidentales se comprometen a abrir otro frente (el Día D) en la primavera de 1944.	**Invierno**: ***Jacques Leroy***, un belga de las SS, es herido en Ucrania (véase capítulo 22).	**20 de noviembre**: los norteamericanos atacan Tarawa, en las islas Gilbert.
		4 de diciembre: los japoneses toman Changteh, en China central; durante la operación emplean gas tóxico.

1944

FRENTE OCCIDENTAL (Incluida la Polonia ocupada)	FRENTE ORIENTAL	FRENTE DEL PACÍFICO
22 de enero: los aliados desembarcan en Anzio, al sur de Roma.	**27 de enero**: el Ejército Rojo rompe el cerco de Leningrado y hace retroceder a los alemanes. Durante el asedio ha muerto alrededor de un millón de civiles soviéticos.	**2 de enero**: los norteamericanos invaden Nueva Guinea.

1944

FRENTE OCCIDENTAL (Incluida la Polonia ocupada)	FRENTE ORIENTAL	FRENTE DEL PACÍFICO
		31 de enero: los norteamericanos siguen «saltando de isla en isla» y organizan un ataque en las islas Marshall.
19 de marzo: las tropas alemanas ocupan Hungría, su aliada. Poco después 700.000 judíos húngaros son enviados a Auschwitz.	**2 de abril**: el Ejército Rojo entra en Rumania.	**Marzo-abril**: batalla de Imphal, en la frontera entre la India y Birmania. Los británicos impiden que los japoneses invadan la India.
18 de mayo: los aliados vencen por fin en la larga y dura batalla de Montecassino, al sur de Roma.		
4 de junio: los aliados entran en Roma.		
6 de junio: Día D, los aliados atacan las playas de Normandía; es el mayor desembarco anfibio de la historia.	**22 de junio**: el Ejército Rojo lanza un gran ataque (más de un millón de soldados) contra el Grupo de Ejércitos del Centro de los alemanes. Los soviéticos rompen el frente alemán y avanzan hacia Minsk, capital de Bielorrusia.	**18 de junio**: «el tiro al blanco de las Marianas», llamado así por la elevada cantidad de aviones japoneses derribados por los aviones norteamericanos en el mar de Filipinas.
20 de julio: atentado contra Hitler, que solo resulta herido en la explosión de la bomba que ha puesto el conde Claus von Stauffenberg en la sala de conferencias del cuartel Guarida del Lobo.	**3 de julio**: los soviéticos entran en Minsk.	**21 de julio**: los marines norteamericanos desembarcan en la isla de Guam.
Karl Böhm-Tettelbach, oficial de enlace de la Luftwaffe en el cuartel de Hitler, está en el complejo cuando estalla la bomba (véase capítulo 31).		En la campaña de Guam, ***James Eagleton*** y su unidad fusilan a los japoneses que se rinden (véase capítulo 7).

1944

FRENTE OCCIDENTAL
(Incluida la Polonia ocupada)

1 de agosto: el ejército polaco clandestino sale a la superficie para combatir a los alemanes. Esperan recibir ayuda del Ejército Rojo, que avanza hacia allí.

25 de agosto: los aliados liberan París.

8 de septiembre: cae sobre Londres el primer cohete V2.

17 de septiembre: los aliados inician la Operación Huerto en la que tropas aerotransportadas tomarán los puentes de la frontera con Alemania. Los británicos se rinden en Arnhem durante la operación.

2 de octubre: los alemanes aplastan finalmente la sublevación de Varsovia. Mueren unos 15.000 soldados del ejército polaco clandestino más 200.000 civiles. Stalin apenas les ha ayudado y no ha ordenado al Ejército Rojo que apoye la revuelta.

7 de octubre: los judíos que trabajan en las cámaras de gas y los hornos crematorios de Auschwitz se sublevan. Se sofoca la rebelión.

FRENTE ORIENTAL

FRENTE DEL PACÍFICO

20 de octubre: los norteamericanos desembarcan en Leyte, Filipinas.

23-26 de octubre: gran batalla naval entre norteamericanos y japoneses en aguas filipinas, la mayor de la historia, con casi 300 navíos en acción. Vencen los norteamericanos al cabo de tres días y los japoneses pierden sus últimos cuatro portaaviones

1 de noviembre: un avión japonés se estrella y hunde el destructor norteamericano Abner Read; es uno de los primeros ataques kamikazes.

1944

FRENTE OCCIDENTAL
(Incluida la Polonia ocupada)

16 de diciembre: los alemanes lanzan una contraofensiva por las Ardenas.

FRENTE ORIENTAL

FRENTE DEL PACÍFICO

Diciembre: el teniente ***Hiroo Onoda*** es enviado a Lubang, una isla de las Filipinas, a combatir en régimen de guerrillas; pasa allí sin rendirse veintinueve años (véase capítulo 24).

1945

FRENTE OCCIDENTAL
(Incluida la Polonia ocupada)

30 de enero: se distribuye la película alemana más cara hasta el momento, *Kolberg*, protagonizada por ***Kristina Söderbaum*** (véase capítulo 32).

13 de febrero: el Ejército Rojo toma Budapest después de sitiarla durante 50 días.

13/14 de febrero: la RAF bombardea Dresde y mata a más de 50.000 personas.

Primavera: ***Alais Pfaller*** escapa finalmente de su internamiento en el campo de concentración alemán (véase capítulo 4).

Manfred Freiherr von Schröder, antes funcionario del Ministerio de Asuntos Exteriores alemán y luego oficial del ejército, conoce la existencia de Auschwitz y «aparta la mirada» (véase capítulo 27).

FRENTE ORIENTAL

17 de enero: el Ejército Rojo termina la conquista de Varsovia.

27 de enero: las fuerzas soviéticas liberan Auschwitz.

31 de enero: el Ejército Rojo entra en suelo alemán por primera vez.

11 de febrero: los «tres grandes» se reúnen en Yalta. Stalin confirma que declarará la guerra a Japón cuando Hitler sea derrotado y apoya la fundación de las Naciones Unidas. Se acuerdan las fronteras definitivas de Polonia y Stalin promete elecciones libres en la Polonia liberada.

FRENTE DEL PACÍFICO

3 de febrero: primer ataque aéreo norteamericano con bombas incendiarias contra una ciudad japonesa (Kobe).

Paul Montgomery participa en bombardeos posteriores (véase capítulo 1).

26 de febrero: los marines norteamericanos toman Iwo Jima, a menos de mil kilómetros de Tokio.

10 de marzo: los B29 norteamericanos bombardean Tokio; mueren como mínimo 80.000 personas; es el bombardeo aéreo más mortal hasta este momento de la guerra.

1945

FRENTE OCCIDENTAL
(Incluida la Polonia ocupada)

15 de abril: los británicos liberan el campo alemán de Bergen-Belsen. En los terrenos del campo se encuentran 10.000 cadáveres.

16 de abril: el Ejército Rojo ataca Berlín.

18 de abril: la batalla del Ruhr termina con la victoria de los aliados, que hacen 350.000 prisioneros; el mariscal de campo alemán Walter Model se suicida.

25 de abril: las fuerzas norteamericanas y las soviéticas se encuentran en Torgau, Alemania: el frente oriental y el occidental son ya solo uno.

30 de abril: el Ejército Rojo toma el Parlamento alemán, en el centro de Berlín. Poco después de las 15:30, Adolf Hitler se suicida en el búnker de la Cancillería del Reich.

1 de mayo: los soviéticos entran a sangre y fuego en Demmin, en el este de Alemania. La madre de ***Waltraud Reski*** es violada múltiples veces (véase capítulo 34).

5 de mayo: los mandos alemanes firman la rendición incondicional y termina la guerra en Europa.

FRENTE ORIENTAL

FRENTE DEL PACÍFICO

19 de marzo: los británicos recuperan Mandalay, Birmania antes en manos japonesas.

27 de marzo: suicidio colectivo en la isla japonesa de Tokashiki. ***Shigeaki Kinjou*** mata a su madre y a su hermano (véase capítulo 35).

1 de abril: el presidente norteamericano Roosevelt muere. Ha vivido para ver que Stalin incumplía muchas promesas hechas en Yalta, entre ellas el derecho de los polacos a tener elecciones libres.

Mayo: ***Masayo Enomoto***, del ejército imperial japonés, comete atrocidades en China (véase capítulo 10).

1945

FRENTE OCCIDENTAL
(Incluida la Polonia ocupada)

Mayo/junio: los británicos entregan a 40.000 cosacos a las autoridades de la URSS (entre ellos hay muchos ciudadanos no soviéticos) y a miles de combatientes yugoslavos a su enemigo el mariscal Tito, contraviniendo en ambos casos la política aliada.

El tío de **Maria Platonov** es uno de los cosacos ilegalmente entregados (véase capítulo 16).

19 de mayo: el oficial británico Nigel Nicolson organiza la entrega de los yugoslavos contrarios a Tito (véase capítulo 30).

26 de julio: se hacen públicos los resultados de las últimas elecciones generales británicas, celebradas el 5 de julio. Los laboristas vencen a los conservadores. Winston Churchill cede el puesto de primer ministro a Clement Attlee.

FRENTE ORIENTAL

FRENTE DEL PACÍFICO

11-12 de mayo: prosiguen los ataques kamikazes contra la flota norteamericana. El portaaviones *Bunker Hill* es alcanzado y hay casi 400 muertos.

21 de junio: la batalla de Okinawa termina con la rendición de los japoneses. Ha sido la campaña más larga de la guerra del Pacífico.

16 de julio: se prueba con éxito la primera bomba atómica en el desierto de Nuevo México. La noticia se comunica inmediatamente al presidente norteamericano Truman, que está en la conferencia de Potsdam.

1945

FRENTE OCCIDENTAL (Incluida la Polonia ocupada)	FRENTE ORIENTAL	FRENTE DEL PACÍFICO
		6 de agosto: se lanza la primera bomba atómica sobre Hiroshima, ciudad de la principal isla de Japón. Mueren en el acto cerca de 70.000 personas y muchas más sufrirán en el futuro las consecuencias de la radiación.
		8 de agosto: con la aprobación de sus aliados occidentales, la Unión Soviética declara la guerra a Japón y entra en Manchuria.
		9 de agosto: los norteamericanos lanzan la segunda bomba atómica sobre Nagasaki, ciudad de la isla de Kiushu.
		14 de agosto: los japoneses se rinden incondicionalmente, pero a condición de que se respete la institución del emperador. La segunda guerra mundial ha terminado.

Agradecimientos

Recientemente entrevisté a uno de los más famosos capitanes de submarino de la marina alemana durante la segunda guerra mundial, y le pregunté qué cualidades eran necesarias para ser comandante de un submarino en acción. Contestó: «La cualidad más importante de un comandante de un submarino durante la guerra era una buena tripulación».

Y mi propia experiencia en televisión confirma que sus palabras se ajustan tanto a la realización de un programa como al lideraje de la tripulación de un submarino. Es por ello que tengo una enorme deuda con varios equipos de producción que he tenido la suerte de liderar a lo largo de los años.

Las personas cuyos trabajos de investigación y periodismo me han ayudado a hacer posible este libro son: Martina Balazova, Tanya Batchelor, Saulius Berzinis, Fumio Kanda, Sally Ann Kleibal, Wanda Koscia, Tomasz Lascia, Karen Liebreich, Tilman Remme, Detlef Siebert, Dominic Sutherland, Frank Stucke, Anna Taborska y Elena Yakoleva. Quiero asegurarme de que la enormidad de su contribución individual a las diversas series de televisión que he producido y dirigido queda suficientemente agradecida, y me congratulo en hacerlo aquí.

Pero durante los últimos veinte años he trabajado también con otros investigadores y asistentes de producción en todo el mundo que han sido también de gran ayuda, y cuyos nombres quiero citar también con gratitud: Ian Affleck, Friederike Albat, Maria Azarianc, Valeri Azarianc, Maria Belyakov, Marcel Joos, Miho Kometani, Marita Kraus, Adam Levy, Michaella Lichenstein, Sue McConachy, Anya Narinskaya, Maria Razumovskaya, Jon Rees, Stanislav Remizov, Corinna Stuermer, Roksolyana Shumeiko, Taras Shumeiko, Eric Shur, Elena Smolina, Manfred Oldenburg, Hong Quin, Alexandra Umminger, Doris Wong, Jason Wordie y Alicija Zakauskaite.

Nadie ha trabajado conmigo de forma continua durante los últimos veinte años, pero dos de ellos estuvieron cerca de hacerlo. Martin Patmore ha fotografiado a la mayoría de las personas que aparecen en este libro. Ha sido la mejor compañía en nuestros viajes alrededor de todo el mundo. Y Alan Lygo ha sido el director de la mayoría de nuestros programas. Su contribución es muy importante, y de hecho ha hecho las funciones de productor ejecutivo más que de editor. Les estoy enormemente agradecido a los dos, y espero que ellos también consideren que una relación tan estrecha conmigo ha valido la pena.

Si nombrara a todos los cámaras, personal de posproducción, coproductores, secretarias y ejecutivos de televisión implicados en estas dos décadas de trabajo necesitaría varias páginas más. Les doy las gracias a todos ellos. Y mis gracias no son menos sinceras por el hecho de que por cuestiones de espacio no pueda citarlos a todos aquí.

En Ebury Press, Jake Lingwood y Martin Redfern han sido de gran ayuda en este proyecto. Andrew Nurnberg se ha superado en su ayuda a mejorar mi estilo literario. Mi jefe en la BBC, Keith Scholey, me ha dado su generoso permiso para escribir el libro y para utilizar el material de la BBC en su elaboración. Su apoyo ha sido muy valioso.

Un gran número de personas, incluyendo a mi suegro, el profesor Derek Brewer, a mi esposa, Helena, y al profesor sir Ian Kershaw, han leído las pruebas de este libro y les agradezco sus comentarios.

Pero mi mayor agradecimiento es para todas aquellas personas que accedieron a ser entrevistadas y a contestar mis preguntas. Muchos de ellos han muerto en los últimos años desde que los filmamos. Pero la historia que ellos explicaron continúa viva.

Notas

Capítulo 2. Petras Zelionka y los campos de exterminio nazis

1. Conviene tener en cuenta que los alemanes no invadieron Rusia el 22 de junio de 1941, sino la Unión Soviética. Antes de entrar en territorio ruso tuvieron que abrirse paso por Ucrania, Bielorrusia y los países bálticos (que a la sazón eran parte de la Unión de Repúblicas Socialistas Soviéticas). Además, muchos soldados del Ejército Rojo eran soviéticos, pero no rusos. Esta diferencia tiende a olvidarse, sobre todo desde la desaparición de la URSS. Incluso en la época, muchos alemanes y muchos aliados suyos hablaban de la invasión «de Rusia» y del enemigo «ruso», un error en el que también cae Petras Zelionka durante la entrevista.

Capítulo 5. Alexéi Bris y el fin del sueño ucraniano

1. Véase Lawrence Rees, *War of the century*, BBC Books, Londres, 1999, p. 30.
2. *Hitler's table talk*, Weidenfeld and Nicolson, Londres, 2000, velada del 23 de septiembre de 1941.
3. Discurso del 5 de marzo de 1943, citado en Timothy Patrick Mulligan, *The politics of illusion and empire*, Praeger, Londres, 1988.
4. Citado en Robert Wistrich, *Who's who in nazi Germany*, Routledge, Londres, 1995, p. 142.

Capítulo 11. Alexandr Mijailovski y los buscaminas humanos de los nazis

1. Citado en Timothy Patrick Mulligan, *The politics of illusion and empire*, Praeger, Londres, 1988, p. 142.
2. *Hitler's table talk*, Phoenix Books, Londres, 2000, velada del 23 de septiembre de 1941.

Capítulo 14. Tatiana Nanieva y la venganza de Stalin

1. Véase *Auschwitz: The nazis and the «final solution»*, pp. 190-192.

Capítulo 15. Estera Frenkiel y las alternativas en el gueto

1. Véase Lucille Eichengreen, capítulo 19.
2. Citado en Yitzhak Arad, Israel Gutman y Abraham Margaliot (eds.), *Documents on the Holocaust*, University of Nebraska Press y Yad Cashem, 1981, p. 283.
3. Lucjan Dobroszycki (ed.), *The chronicle of the Lodz ghetto 1941-1944*, Yale University Press, 1984, p. 252, anotación del 14 de septiembre de 1942.

Capítulo 16. Maria Platonov y la traición de los británicos

1. Archivos Nacionales EE.UU. 740.00119 Control (Italy)/5 -1445.

Capítulo 20. Vladímir Ogrizko y el pánico de Moscú

1. Alan Bullock, *Hitler y Stalin: parallel lives*, HarperCollins, 1991, p. 768.

Capítulo 21. Suren Mirzoyan y la lucha cuerpo a cuerpo en Stalingrado

1. Citado en General Walter Warlimont, *Inside Hitler's headquarters 1939-45,* Presido Press, 1964, pp. 303-305.

Capítulo 24. Hiroo Onoda y la negativa a rendirse

1. Citado en J. Noakes y G. Pridham (eds.), *Nazism 1939-1945*, vol. II: *State, economy and society 1933-1939*, University of Exeter Press, 1984, p. 591.

Capítulo 26. Mark Lazarevich Gallay y la inspiración mortal de Iósif Stalin

1. Recogido en los diarios de Göbbels, anotación del 10 de julio de 1937, véase Ralph Reuth (ed.), *Goebbels diaries,* vol. 3, Múnich, 1990, p. 198.

Capítulo 29. Fritz Hippler y *El judío errante*

1. Citado en David Welch, *Propaganda and the german cinema 1933-1945,* Oxford University Press, Oxford, 1983, p. 301.
2. Citado en *ibid.*, p. 301.

Capítulo 32. Kristina Söderbaum y hacer cine para los nazis

1. David Welch, Propaganda and the G*erman cinema 1933-1945,* Oxford University Press, 1983, p. 291.
2. *Ibid.*, p.287.
3. Veit Harlan, *Im Schatten meiner Filme. Selbstbiographie,* Gütersloh, 1966, p. 260; y Welch, *op. cit.*, p. 97.
4. Discurso del 17 de abril de 1945, citado en R. Semmler, *Goebbels, the man next to Hitler,* Londres, 1947, p. 194.

Epílogo

1. Véase *Timewatch: stolen child,* producido por Catrine Clay, emitido por BBC2 en febrero de 1993. Véase también la nota de Himmler, «Algunas ideas sobre cómo tratar a la población extranjera del Este», mayo de 1940, traducción inglesa en J. Noakes y G. Pridham (eds.), *Nazism 1919-1945,* vol. 3, Exeter University Press, 1988, p. 933.

Índice alfabético

Índice

Tercera parte
Combatir y matar al «inferior» y al «subhumano»

Cuarta parte
Prisioneros

Quinta parte
Soldados de la fe

Sexta parte
SERVIDORES DEL RÉGIMEN

SÉPTIMA PARTE
SUICIDIOS COLECTIVOS